Modernity and Self-Identity:
Self and Society in the Late Modern Age

现代性与自我认同

晚期现代中的自我与社会

[英] 安东尼·吉登斯（Anthony Giddens）著
夏璐 译

中国人民大学出版社
·北京·

致 谢

在本书的撰写过程中，我获得了众多人士直接或间接的帮助。我非常有幸能够在一系列范围较广的研讨班中讨论本书所提出的一些观点，而其中有两次尤其具有思想上的继发性：一次是在剑桥大学社会与政治科学学院，另一次则是在加利福尼亚大学圣巴巴拉分校社会学系。我要感谢参加这些研讨班的成员给我提出的很多有教益的评论及有价值的建议。除此以外，许多人也以仔细且富于批判性的态度阅读过本书的初稿。这方面，我尤其要向以下诸位同人表示感谢：齐格蒙特·鲍曼（Zygmunt Bauman）、戴维·赫尔德（David Held）、刘易斯·科泽（Lewis Coser）以及丹尼斯·朗（Dennis Wrong）。我获益于特雷莎·布伦南（Teresa Brennan）最多，她对初稿的评论使我受益匪浅。本书中有许多观点显然得益于戴尔德丽·博登（Deirdre Boden），从她长久以来寄送给我的诸多资料、未发表的论文以及与她的直接讨论中，我收获颇丰。编辑安·博恩（Ann Bone）对本书形式与内容上的建议使得本书增色不少，从而使本书出版。我还要感谢在本书撰写过程中提供过帮助的另外一些人士，他们是：理查德·阿佩尔鲍姆（Richard Appelbaum）、凯蒂·吉登斯（Katy Giddens）、萨姆·霍利克（Sam Hollick）、哈维·莫洛奇（Harvey Molotch）、海伦·布伦特（Helen Blunt）、埃夫里尔·西蒙兹（Avril Symonds）和约翰·汤普森（John Thompson）。

安东尼·吉登斯

目　录

导　论

在20世纪与21世纪之交，现代性问题——包括其过去的发展与现时的制度形式——作为社会学的一个基本问题再次出现在世人面前。人们早已意识到社会学与现代制度的浮现之间的关联，然而，直到今天我们才发现，不仅这些关联比我们以前所意识到的更为错综复杂，而且对现代性本质的再思考也必须与对社会学分析前提之重构并行展开方才有效。 *1*

就其能动机制、其侵蚀传统风俗习惯之程度以及其在全球所发挥之影响而言，现代制度与以前的所有形式的社会秩序都迥然不同。然而，这些并非仅仅是外在的转型：现代性事实上彻底地改变了人们日常社会生活的实质，也影响了我们经验中最为个人化的那些方面。我们必须从制度层面来对现代性加以理解；然而，由现代制度所引起的日常生活之嬗变，以一种直接的方式与个体生活融合，进而与人的“自我”（self）交织在一起。事实上，现代性的显著特征之一就在于外延性（extensionality）与意向性（intentionality）这两极之间日渐增多的相互关联：一极是全球化的诸多影响，另一极是个人的禀赋。本书的目标即分析上述这种相互关联的实质，并提供一套用于思考这些问题的概念框架。在导论中，我将尝试对本书所要研究的主题在整体上给予总括的概要论述，所以我也期望读者能容忍这种写作处理方式所带来的个别性的重复。

尽管本书的核心关注点在于自我问题，但它毕竟不是一本心理学著
2 作。本书所要突出的重点是考察一种新的自我认同机制的出现。这种新的机制，一方面由现代性的诸多制度所形塑，另一方面也同时形塑着现代性诸制度本身。自我并非一个被外在影响所决定的被动实体。在人类形成自我认同的过程中，不管他们行动的特定背景如何具有地方特性，每个个体都会对那些在后果和启示上均带有全球性的社会影响有着直接的促进和增强作用。

社会学，以及在更广泛意义上的社会科学，都是现代性的制度反身性（institutional reflexivity）之内在要素，而这些内在要素也恰是本书所要讨论的基本现象。除了学术研究之外，其他所有形式的操作手册、辅导指南、治疗著作及自助性调查都有助于现代性的反身性之形成。因此，在一些不同情境中，我会大量地参考社会研究成果与实际的“生活指南”，这一策略并非一种为了一个确定的主题提供文献佐证之手段，实际上其本身就是我所要寻求确认的社会现象或发展趋势的一种征候。这些成果和指南不仅仅是“有关”社会过程的作品，而且在某种程度上也是建构社会过程的素材。

总体而言，本书的核心更多地体现的是分析性而非描述性特征，并且，在论述的一些关键之处，我会依靠理念形态的（ideal-typical）研究路径来阐明我的观点。我试图在现代性的核心部分寻找出一些与自我反身性进行互动的结构性特征，但我并不准备从细节层面去讨论上述过程在特定情境中会如何进行，或存在何种例外与反向趋势。

开篇第一章便为整个研究划定了一个框架。以一项具体的社会研究为例证，该章节评估了现代性发展的几个关键方面。除了制度反身性之外，现代社会生活的特征还包括时空重组这一深刻过程，并辅之以脱域机制（disembedding mechanisms）的扩展——该机制将社会关系从特定场所的控制中强行解脱出来，并通过宽广的时空距离对其加以重新组合。时空重组，加之脱域机制，使得现代性所固有的制度特质变得极端化和全球化，也导致日常社会生活的内容与实质发生转型。

现代性是一种后传统的秩序，然而在这种秩序下，传统和习惯等秩
3 序保证机制并未被理性知识的必然性所替代。怀疑，即现代批判理性的

普遍性特征，渗透到日常生活和哲学意识当中，并形塑了当代社交世界中一个总体的存在性维度。现代性将极端怀疑的原则制度化，并坚持认为所有知识都以各种不同形式的理论假设存在着，即某些观点理论上可能非常正确，但原则上却随时可被修正，在特定时刻甚至有可能被丢弃。日益积累起来的专门知识体系既构成了重要的脱域影响，同时亦体现着权威的多种来源；这些来源处于经常性的相互竞争状态，并产生出不同的效果。在我所谓之“极盛”现代性或“晚期”现代性（即我们现今所处的世界）的情境下，自我以及自我所赖以存在的更为宽泛的制度场景，便不得不以反身性的方式出现。然而，这个任务必须在令人眼花缭乱的多样化的选择与可能性中方能得以完成。

在充满不确定性和多重选择的情形下，信任（trust）与风险（risk）这一组概念有着特殊的应用性内涵。我的观点是，信任是人格发展中至关重要的一般性现象，它与脱域机制和抽象体系的世界也有着显著及特定的关联。在其一般的表现形式中，信任与个体对本体安全感的早期获得直接相关。婴儿与护理人员之间所建立起的那种信任提供了一种“疫苗”，使其得以屏蔽掉潜在的威胁和危险，而即便是日常生活中最单调平凡的活动也难以避免这些威胁和危险。在此种意义上，信任是建立“保护壳”所需的最基本要素，而该保护壳在自我与日常现实的互动过程中牢牢护卫着“自我”。具体而言，信任能把潜在的偶发事件“搁置”起来，而个体如果真要严肃地细想这些事件，便会使他们的意志变得麻痹，或者，他们会产生一种被吞噬的感觉。相较而言，在其更为具体的表现形式中，信任是个体与抽象体系进行互动的媒介；这些抽象体系清除了日常生活中的传统内容，并产生了全球化的影响。在此情境下，信任一跃成为那种为日常的实践活动所渴求的信念。

现代性是一种风险文化。我这么说，并非意味着社会生活从根本上比以前更具风险性，因为对发达社会中的大多数人而言，实际情形并非如此。相反，无论是对非专业人士来说还是对技术专家来说，风险的概念都是他们用以组织社交世界的方式中最基本的构成要素。在现代性的条件下，伴随着对知识环境进行反身性组织的手段，未来被持续不断地拖拽至现实中。现代性条件下，任何一个领域似乎总是被切割、被

4 拓殖。然而，这种拓殖本质上绝非完整的：在对计划与其预期结果背离的程度进行评估时，对风险的考量则是必不可少的。风险评估追求精确度，甚至量化度，但就其本质而言这种评估是不完美的。鉴于现代制度体系的易变性特征，同时伴以抽象体系的可变及经常性的矛盾性本质，大多数的风险评估形式事实上包含许多无法估量的因素。

现代性减少了某些特定领域和生活方式的总体风险，但同时也引入了一些先前年代所知甚少或者全然未知的新的风险参数。这些参数就包括后果严峻之风险（high-consequence risks）：它们源自现代性社会体系的全球化特征。晚期的现代世界，即我所谓之极盛现代性世界，有着对未来的启示录般的预见性；这并非因为它会不可避免地步入灾难，而是因为引入了前代人未曾遇见和经历过的风险。无论人类在国际谈判与军备控制等方面有多大进展，只要核武器（甚或是制造核武器所必需的知识）依然存在，只要先进的科学技术继续被用于新式武器的研发与制造，那么大规模毁灭性的战事就必定会发生。既然作为外在于社会生活的现象之一的自然在某种意义上将面临因其受制于人类行为而导致的终结，那么生态灾难的风险亦将构成日常生活中不可避免之一部分。其他后果严峻之风险，例如全球经济运转机制的崩溃或极权主义超级大国的兴起，都将成为我们当代经验中同样不可避免之一部分。

在极盛现代性的时代，远距离事件对近距离事件及个人私密关系之影响将变得越来越普遍。在这方面，传统的纸媒或电子媒体都明显地发挥了核心作用。从最初的书写经验开始，靠媒体来传递的经验长久以来都对个体的自我认同和社会关系的基本组织产生着深远的影响。伴随着大众传媒（尤其是电子传媒）的发展进步，个体的自我发展与社会体系
5 （乃至全球体系）之间的相互渗透正变得日益显著。因此，从某些深远的方面来看，我们现今所居住的“世界”与之前各历史时期的人类所栖息的世界截然不同。就许多方面而言，当今的世界是一个单一的世界，它拥有集中统一的经验规则（例如有关时空的基本坐标）；但与此同时，这个世界也在制造着各种新型的分散与多元。尽管如此，那些由电子媒体来发挥核心作用的社会活动领域，并非是鲍德里亚（Baudrillard）所谓的“超现实”。这一观念将那些靠媒体传递的经验的广泛影响与现代

性社会体系的内部指涉性（internal referentiality）混为一谈，而事实上，上述体系在很大程度上具有自主性，并且为其自身基本影响力所决定。

在现代性的后传统秩序中，同时伴随着靠媒体所传递的新型经验，自我认同遂成为一种具备反身性特征的、有组织的活动。自我的反身性投射，虽存在于前后一致却又不断被修正的传记式叙述中，却发生于经抽象体系过滤后的多种选择之情境下。在现代社会生活中，生活方式这一概念具有特殊的重要意义。传统的控制力愈发丧失，同时，人们的日常生活愈发被本土与全球的交互辩证所重构，个体就愈发会在多样性的选择中被迫对生活方式的选择进行讨价还价。当然，标准化的影响也是存在的，最为显著的即体现在商品化的形式中，这是因为资本主义的生产和分配构成了现代性制度的核心要素。然而，由于当今社会生活的“开放性”，亦由于人类行为所处场景的多元化和“权威”之多样性，故在自我认同和日常活动的构成中，生活方式的选择变得日益重要。具备反身性特征的、有组织的生活规划，通常被认定为经专业知识过滤后对风险的考量，而上述规划亦成为自我认同形成过程中的核心特征。

我们对生活方式的理解可能会由于其与生活规划相互关联而产生误差，而这需要在最开始就厘清。部分是由于生活方式这一术语被广泛用于广告和其他促销手段中，人们或许会认为，“生活方式”仅仅指涉那些更为富裕的群体或阶级的某种物质追求，而贫困的人群则或多或少被完全排除在对生活方式进行选择的可能性之外。在某种实质意义上，这 6
种判断是确凿无误的。在国家层面以及世界层面，有关阶级与不平等的问题与本书观点紧密联系在一起，然而在此我并不准备具体阐明这些不平等。毫无疑问，阶级分化以及不平等的其他基本界线（例如与性别或族群相关联的某些要素）可以依据通向自我实现和赋权的不同路径来进行界定，这些路径将在下文予以详细讨论。读者需要牢记于心的是：现代性制造着差异、排外与边缘化。现代制度在保持解放的可能性之外，还同时制造着自我压抑而非自我实现的机制。然而，如果读者以为本书所分析的现象仅影响具备优厚物质条件的人们，那可就“失之毫厘，谬以千里”了。实际上，“生活方式”也指涉在极为恶劣的物质条件下的人们的决策与行动过程，故这样的生活方式有时也或多或少会涉及对更为分散的行为与消费形式的刻意拒绝。

所谓“私密关系的转型”即处于本土性与全球性二者互动之间的某一极。私密关系有其反身性及其内部指涉秩序。尤为重要的是，一种作为个人生活新领域的原型的“纯粹关系”（pure relationship）逐渐浮现。在纯粹关系中，外在的标准已被消解；这一关系的存在也仅仅是为了其所能给予的某种奖励。而在纯粹关系的情境中，只需通过个体之间相互揭露的过程，信任便会产生。换言之，信任可以不再以人际关系以外的其他标准（例如亲属关系、社会义务或传统责任）来界定。一如与之密切相关的自我认同，在外部环境发生变迁和转型的大背景之下，纯粹关系同样需要受到长期的反身性控制。

纯粹的人际关系预先假定“承诺”（commitment）为其前提。承诺是信任的一种特定形式；反过来，承诺也必须被理解为内部指涉系统的一种现象，即一种对人际关系的承诺，对相关一人或多人的承诺。于是乎，纯粹的人际关系预设了信任机制，而这一机制的结果之一便是纯粹的人际关系整合了人们私密关系的需求。因此，一如诸多社会评论家所
7 做的那样，仅仅将当代的“对私密关系的追寻”视作对更广泛、更客观的社交世界的消极反应，则毫无疑问是个错误的看法。可以肯定的是，专注于纯粹的人际关系有可能使得人们形成一种防御模式以对抗外在不断扩张的世界。但事实上，这种关系却被来自更大范围社会体系的、靠媒体所传递的影响完全渗透，并且，社会体系会主动地把那些影响施加到上述关系的各个领域中。总之，无论是在个人生活中还是在范围较广的社会环境中，再次占用和赋权这两种过程与剥夺和损失总是交织在一起的。

在上述过程之中，个体经验与抽象体系之间诸多不尽相同的联系也逐渐浮现。“再技能化”（reskilling）——知识和技能的再次获得——无论涉及的是个人生活的私密关系还是更为广泛的社会活动，都是对抽象体系的剥夺效果之普遍性反应。它随着周遭情景的变化而变化，同时也积极回应着情景的特定要求。当个人面临生活中重大转折或者要作出决定命运的决策时，每个个体均有可能加深自身的再技能化。然而，再技能化总是片面化的，同时亦可能受到专业知识“可修正”特性以及专业

人士间内部论证之影响。信任的态度，与更为实用的接受、怀疑、拒绝和逃避等态度，虽共存于将个体活动与专业体系联系在一起的那个社会空间，然而其关系并非融洽之至。在极盛现代性时期，对科学、技术以及其他形式的艰深的专业知识，普通人表现出的态度同样是混合型的，如崇敬和冷淡、赞同和焦虑、热情和厌恶等，而这些态度也大量体现在哲学家和社会分析学家的各类著作中。

自我的反身性，连带着抽象体系的影响，对身体及心理过程都产生着广泛的影响。身体越来越少地作为一种外在“给予物”运作于现代性内部指涉体系之外，而是渐渐变成以反身性来进行自我动员的实体。事实上，大规模对形体外表进行自我陶醉式保养的运动，所想表达的是深埋于人们内心的、欲主动对身体进行建构和控制的一种忧虑。身体发展和生活方式之间存在一种一体化的联系，即表现在对特定身体形态的追求之上。然而，作为一种对生物机制和过程的社会化反映，更多、涵盖 8
面更广的因素也都很重要。在生物的生殖、基因工程与各种医学干预的领域，身体正在逐渐成为一种选择的现象。这些不单单影响到个体，实际上，在身体发展的个人方面与全球因素之间存在着密切的联系。例如，生殖技术与基因工程，便是自然进入人类活动领域的一般性演进过程的构成部分。

一般来讲，科学、技术与专业知识在我所谓之“经验的封存”中发挥着根本性作用。现代性与自然之间存在工具性关系的观点，以及科学见解中不应包含伦理或道德问题的观点，早已为众人所熟稔。然而，我试图从以制度因素解读晚期现代秩序这一方面来重新思考上述问题，而这种解读即以内部指涉性展开。现代制度的全部主旨即在于为人类行动创造大环境：这种大环境以现代性自身之动态过程为依据而展开，并与外部标准（即外在于现代性社会体系的元素）割裂开来。尽管也存在大量例外和反向趋势，但日常的社会生活却愈发变得既与“原初”自然状态割裂，又与各种有关人类存在问题和困境的经历割裂。疯子、罪犯与重病患者被隔离于正常人群体之外，而“色情描写”被“性意识”所取代——后者随之转入幕后而逐渐隐蔽起来。对绝大多数人而言，经验的封存意味着个体与不同事件和情景之间的直接接触将变得稀少而肤浅，这些事件和情景却能使得个体的生命历程与有关道德和有限生命这样广泛的论题联结起来。

一如弗洛伊德所认为的，由于存在着现代社会生活之复杂性所要求的对愧疚感日益增多的心理压抑，故上述情况并未发生。更准确地说，现实中所发生的是一种制度性压抑。在我看来，在这种制度性压抑中，占据最重要位置的是羞耻感而非愧疚感。羞耻与自我陶醉密切相连；然而，如前所述，认为自我认同正日益变为自我陶醉则是错误的。自我陶醉是各种不同心理机制的一种，某种意义上说，它也是一种病态，诞生
9 于自我的认同、羞耻与反身性投射三者之间的相互关联性。

在晚期现代性的大背景下，个人之无意义感——那种认为生活未能提供任何有价值的东西的感受——正逐渐成为根本性的心理问题。我们应该依据对日常生活所提出的道德问题的压抑来理解上述现象，但这些问题没有答案。“有关人类存在的孤立状态”并非每个个体与其他人的分离，而是他们道德资源的分离，而这些道德资源是人们过一种圆满惬意的生活所不可或缺的。自我的反身性投射催生出自我实现与自我驾驭的方案。但是，对自我来说，只要这些可能性在很大程度上被视作现代性的控制体系之延展，那它们便会缺乏道德意义。“真实性”一方面成为一种卓越的价值，另一方面亦构成一种自我实现的框架，但它所代表的却是一种道德上发展迟缓的进程。

然而，对有关人类存在问题之压抑并未达至彻底之程度，在晚期现代性时期，由于工具控制体系日益赤裸地运作且其负面后果也日益明显地显露，对上述压抑的反向作用也以各种形式浮现。在本土与全球之间相互关联日益紧密的大环境下，对生活方式的选择愈来愈能引发诸多道德问题，而面对这些问题我们又不能简单作出非此即彼的判断。解决上述问题需要各种形式的政治参与，而后者正是由新兴的社会运动所预言并由其引发的。“生活政治”——它关注个体和集体层面上人类的自我实现——逐渐从“解放的政治”所投射的阴影中浮现。

解放——进步主义启蒙运动的首要任务——虽然呈现不同表现形式，然其本质就是为生活政治方案的出现奠定条件。在当今世界，虽然分歧使人们四分五裂，各种压迫也成为世界的基本特征，但解放政治之

重要性并未降低。不过，随着生活政治的出现，其各种关注点也逐渐融入这些早已存在的政治上的各种尝试中。在本书结论部分，我将会勾画出生活政治议程的主要构成要素；正是这一议程要求我们直面特定的道德困境，并迫使我们重新提出曾为现代性制度所排除在外的、有关人类存在的诸问题。

第 1 章
极盛现代性的轮廓

10 我将通过描述一项社会学研究所得出的若干成果来展开我的论述，在这一过程中，我将不得不相对武断地将这些成果从某具体领域中抽取出来。朱迪丝·沃勒斯坦与桑德拉·布莱克斯利合著的《第二次机会》是一部研究离婚与再婚问题的著作。[1] 该书描述了婚姻破裂这种现象在长达数十年的时段内对 60 组父母和孩子的影响。两位作者指出，离婚是人们私人生活中的危机，会危及人们的安全和幸福感，但也为他们的自我发展与未来幸福提供了新的机会。分居和离婚会导致长时段的焦虑和心理困扰，但一如作者所说，由婚姻解体带来的改变同时亦能提供可能性，使人们得以“在情感上逐渐成长”，“培养新的能力和自豪感”以及“以前所未有的能力去增强私密关系”。

沃勒斯坦和布莱克斯利认为，夫妻分居是个标志，“它使得框定后续行动过程的某种特定意象变得固化。愤怒常常根植于婚姻解体的过程中，并从其中逐渐酝酿：配偶一方突然觉察对方正与双方共同的好友有染；一方在没有任何提醒的情况下以一张便条告知对方说婚姻已名存实亡；一方在没有任何征兆的情况下突然带着孩子不辞而别并且不留下任何地址……”不管夫妻双方在共同生活时是如何失意与令人绝望，解体的婚姻总是令人惋惜。

11 双方在一起共同生活的时间愈长，哀痛期所持续的时间就愈久。哀痛源自双方所共享之欢乐和经验的丧失，再加上双方曾对婚姻关系所抱有之希望的幻灭。即便是哀痛过程未发生，其结果也是双方长时期被受伤害的感觉所包围，这又可能会导致绝望和心理崩溃。对绝大多数人来说，由离婚所产生的种种感觉似乎不会随岁月流逝而完全消失；事实上，这些感情却有可能被随后的事件再次激发，例如前任配偶再婚、经济窘困以及为如何抚养子女而引起的争吵等。如果一方对另一方的情感投入依然很深，甚至是消极投入，那么在这样的情境中，则其结果会变得充满痛楚。

沃勒斯坦和布莱克斯利认为，经历哀痛阶段对于离婚后的“重塑自身”过程至关重要。任何成功与前任解除婚姻关系的人都面临着建立“新自我感”、“新认同感”的重要任务。在一段长期的婚姻生活中，每个个体的自我认同感都与配偶密切相关，同时也和婚姻本身紧密相连。经历一次破裂婚姻之后，每个人都必须“重返其早期经验，为着能独立生活，以及为着把握因离婚而获得的第二次机会而找寻可表现独立性的意象与基础”。

分居者或离异者需要道德上的勇气来尝试新的关系、发掘新的兴趣。在此种情景之下，许多人开始对其自身的判断力及能力丧失信心，并且逐渐感到对未来进行计划是毫无价值的。“他们感到生活让自己处处碰壁，且基本上难以预测；他们得出结论，认为最好的计划也会出错，于是对于长期甚至短期的目标都没有信心去制定，更不用说将之付诸实施。”要克服这些情绪，就需要人们面对挫折时具备耐心，以及具有改变已成形的个人特点和习惯的意愿。父母处于离异状态的孩子同样也需要类似的品质，因为家庭解体中受到严重伤害的往往是这些孩子。对此，沃勒斯坦和布莱克斯利在书中写道：“父母处于离异状态的孩子比那些失怙或失恃的孩子面临着更多的困难。死亡是不可逆转的，但离婚则发生在能改变他们心智的活着的人之间。对父母和解的幻想嵌入孩子的心灵深处……直到最后与父母分开并离开家庭，他们才能克服这种 12
幻想。”[2]

个人的问题、个人的尝试和失败以及个人的种种关系，所有这些能够让我们了解有关现代性社会景观的哪些问题呢？虽然持此意见的人不多，但仍有人认为，个人感受以及个人所关注的事物在任何时间和任何地点都是相同的。或许为大多数人所接受的看法是：现代性的来临致使个体的外部社会环境发生了重大变迁，这同时也影响了婚姻、家庭及其他制度安排；然而人们会一如既往地继续他们的生活，并尽其所能地应对周遭的社会转型。但个体有其他选择吗？社会情境既不与个人生活相分离，同时也不仅仅是一种外在于个体的环境。在致力于解决个人问题的同时，个体也在积极主动地为重建其周围的社会活动领域而贡献着自己的力量。

极盛现代性的世界在不断延展中，并确定无疑地会超越个体性活动与个人化参与所组成的社会大背景。这一大背景充满着无数风险和危险，在其中，“危机”一词有着特别的用途；它不仅仅被视为一种断裂，而且或多或少被视为一种持续的事态。然而，这一大背景却也深深地侵入自我认同与个人感受的核心。沃勒斯坦和布莱克斯利在其著作中提到的人们在离婚后所重新获得的“新认同感”，非常准确地表现了“重新发现自我”这一过程；而后者作为一种主动干预和转型的过程，则是现代性的社会条件强加于我们所有人身上的现象。

沃勒斯坦和布莱克斯利在“危险与机遇”这一章总结了其研究结论。尽管这一短语已是老生常谈，然而它不仅应用于婚姻及其紊乱后果之研究，而且也适用于作为整体的现代性世界。我们现如今所谓之“个人的种种关系”这一术语范围为私密关系和自我表达提供了机遇，而这些机遇在许多较为传统的语境下显得很是缺乏。同时，在某种特定意义下，上述关系则会变得既有风险性又有危险性。与性生活及婚姻生活相关联的行为及情感模式已显得愈来愈多变、不稳固和“开放”。收获必
13 然不小，然而有更多未经开垦的领土尚待我们去探索，这其中势必会伴有新的危险。

此处试以两位作者已深入讨论过的一个现象为例，即变化中的继养家庭之性质。现如今，包括成人和儿童在内的许多人都生活在继养家庭之中——这一现象并非像以前一样是由配偶一方死亡导致，而是由离婚之后婚姻关系重组而导致的。继养家庭中的儿童也许会拥有两位父亲和两位母亲、两家的兄弟姐妹以及由父母再婚所产生的复杂亲属关系。就连家庭成员相互间的称谓也增添了些许困难：孩子应该称继母为“妈

妈”，还是可以直呼其名？商讨解决这些问题对家庭中所有当事方来说，既显得有些艰难，又增加了心理上的重负，然而，简洁明了地实现新型社会关系之机遇也并非不存在。我们可以肯定的是，此处所涉及的变化并非外在于每个个体。事实上，新型的扩大式的家庭关系必须得由最直接卷入此类关系中的相关个体去建立。

焦虑自然而然地与各类危险关联在一起。焦虑由令人不安的客观环境（或由之而产生的威胁）所导致，然而它也有助于人们形成适应性的反应机制和新的创新精神。《第二次机会》的作者在书中重复使用了如“痛苦”、“担忧”、“伤逝”等负面术语，同时也使用了如“勇气”、“决心”等正面术语。生活以随机方式抛出个人问题，在认识到这一点之后，有些人就以逆来顺受的麻木态度去回避这些问题。然而，当先前形成的行为模式已不再可行之时，许多人则选择以更为积极的态度去抓住那些伴随问题而来的新机遇并进而改变其自身。这些焦虑、危险和机遇新在何处？现代性的制度安排又以何种方式显著地影响着它们？我将在下文中尝试解答这些问题。

《第二次机会》是一本社会学著作，但该书的读者群绝不仅仅局限于社会学家。治疗专家、家庭问题咨询专家、职业社会工作者以及相关的专业人士都有可能读到此书。普罗大众尤其是新近离异者将极有可能参阅此书，并把其中的观点和结论与其自身的生活状况联系起来。作者也充分认识到上述可能性。尽管该书主要是作为一部呈现一组确定的研究成果的学术著作而写就，然而由较为分散的短小篇幅所构成的文本 *14*
也呼应了新近分居或离异者有可能会遵循的实践反应与行为过程。毫无疑问，很少有著作能够对总体的社会行为产生重大影响。《第二次机会》这本书亦然：它只是目前大量涌现的有关婚姻与离异问题的专业书及畅销读物中的一本而已。这些书籍是现代性的反身性的一部分：它们通常的作用是构建和变更其所描述或分析的社会生活的各个方面。任何人，只要他对当今的婚姻问题有所思考，或正面对婚姻破裂的情景，或经历长时段的私密关系，都会对婚姻和离异在社会层面的现状及意义有所认知（而它们也并非总是分散的意识）。这些知识并不是真实社会现状的附带产品，它们是实际生活的组成部分；从更广范围来讲，在现代性的种种条件下，社会生活的所有场景皆是如此。

不仅如此，某种意义上，每个个体都可以意识到现代社会活动的反身性章程（reflexive constitution）及其对个人生活所产生的可能的影响。对我们来说，在一段过去被称为“生命周期”的时间段内，自我认同构成了我们跨越现代性的不同制度场景的轨迹，而“生命周期”这一术语在非现代的场景比在现代的场景中更具恰当性。我们每个人不仅拥有，而且经历着个人的成长历程，而后者是依据有关可能的生活方式的社会或心理信息流，并以一种反身性的态势形成的。现代性是一种后现代秩序；在这种秩序中，“我将如何去生活”这一问题只有在如吃穿住行等日常生活的琐事中方能得到答案，而且只有在自我认同的不断呈现中方能得到解释。

现在，让我们把目光从个体生活层面转向更高一层的制度化层面。为了给本研究提供一个整体上的大背景，我们必须先给现代性这一令人烦恼的喧嚣嘈杂的现象作一番特征刻画。

现代性：总体考察

在本书中，我是在一个较为宽泛的意义上使用“现代性”这一术
15 语的。它具体指在后封建时期的欧洲首先形成，而后却在20世纪日益具有世界和历史性影响的制度及行为模式。“现代性”可被大略理解为“工业化的世界”，但前提是我们必须认识到工业主义并非现代性仅有的制度维度。[3] 在此，工业主义指的是在生产过程中由物力和机械的大规模使用所体现出的社会关系。这样一来，这种社会关系便是现代性的一个制度轴心。现代性的第二个制度维度是资本主义，这一术语指代一种包含竞争性产品市场与劳动力商品化过程的商品生产体系。上述两个维度在分析上均有别于监控制度（institution of surveillance），后者是与现代社会生活之出现相联系的组织化权力急剧增长的基础。此处，监控指的是针对相关人群的监督性控制。具体而言，它或以福柯概念体系中的

“可见式”监督形式出现，或以利用信息来协调社会活动的形式出现。这种监督性控制进而又与在“战争的工业化”场景下发生的、以暴力手段进行的控制相区别。现代性揭开了“整体战”时代的序幕，在这一时代，各类武器——尤其是核武器——潜在的破坏力变得日益巨大。

现代性催生了一些独特的社会形式，其中最为引人注目的就是民族国家（nation-state）。当然，直到人们认识到社会学的固有趋势是始终将社会作为其指定的研究对象，上述观察才变得无关紧要。然而，至少在现代性的时代，社会学家眼中的“社会”就是指民族国家，但这通常只是隐晦的概念等同，而不是直白的理论化等式。民族国家作为一种社会政治实体在本质上与绝大多数传统秩序大相径庭。首先，它仅作为一个更宽泛的民族国家体系的构成部分而发展着（这一体系在当今已具备全球化特征）；其次，它具有特定形式的领土性（territoriality）和监控能力；最后，它垄断着对暴力手段的有效控制。[4] 在国际关系文献中，民族国家通常被视为“行动者”，即“能动”（agents）一方而非“结构”（structures）一方，并且这种处理手段有其确定的理由。这主要是因为，现代国家是具备反身性特征的监控体系，即便它们在严格意义上无法进行任何“行动”，它们也会在地缘政治层面遵循已协调好的政策和计划来行动。因此，现代国家就成为现代性更普遍化的特征——组织兴起——的典型例证。现代组织的特征，与其说在于其规模或科层制特 16
征，不如说在于其既认可的又需要的那种集中性反身性监控。当人们提及现代性时，所指涉的不仅仅是组织的种类和数量，还包括组织过程本身——跨越无限的时空距离而对社会关系所采取的规范化控制。

在许多关键方面，现代制度与所有前现代的文化和生活方式都是不连续的。“现代时期”（modern era）与先前所有历史时期相比有许多不同特征，其中最为明显之处即在于现代性极大的动力机制。现代世界是一个“飞速发展的”世界：不仅其社会变迁的速度远远快于先前各种制度，而且其社会变迁的广度和深度也与以前迥然有别。借助这些特征，现代世界的社会变迁深刻地影响着早已存在的社会习俗与行为模式。[5]

那么，如何来解释现代社会生活独特的动力特质呢？要回答这个问题，我们将会涉及三个（或三组）主要元素，而其中的每个（组）元素都是本书所要展开论述的观点的基础。第一个元素，我称之为“时空分离”（separation of time and space）。诚然，所有的文化都有某种时间估算的既定模式，以及对自身进行空间定位的方式。个体在其中无法感知未来、现时及历史，这样的社会是不存在的。每一种文化都有特定的标准化的空间标识，用以表现其特殊的位置意识。然而，在前现代情境下，时间和空间只是通过具体位置的情境性而联结在一起。

规模较大的前现代文化发展出更为正式的计时与定位方法，如日历以及（以现代标准看来）十分粗略的地图。毫无疑问，这些是在时空中“拉开距离”的先决条件，大量不同形式的社会体系的出现也预示了它们的涌现。但是在前现代时期，对多数人以及对日常生活中绝大多数的平常活动来讲，时间和空间基本上仍通过具体位置来联结。时间标识不仅与社会行动的具体位置相连，而且与这种行动的实质相连。

将时间从空间中分离首先需要涉及时间的“虚空”维度的发展，这一重要杠杆同样也把空间从具体位置中抽离。通常，机械时钟的发明与广泛应用可恰如其分地被视作上述过程的基本表现形式，但需要注意的
17 是，我们不能用过于肤浅的方式来解释这一现象。机械钟表的广泛应用不仅促进而且意味着日常生活的方方面面都会发生深刻的结构变迁，这些变迁不仅仅是本土性的，而且不可避免地成为全球趋势。我们当今生活的世界拥有全球通用的计时系统以及标准化的时区，从社会层面和个人经验层面来讲，它与所有前现代时期的世界都不尽相同。作为整个地球在平面上的投射，世界地图上的任何位置都没有孰重孰轻之分。在使具体的空间“虚空化”的过程中，地图是与钟表相关联的一种象征符号。它不仅是一种表明“何物存在于何处”（即自然地理学）的描述模式，更是社会关系中最基本转型的构成要素。

时空的虚空化过程绝非一种直线式发展，它以一种辩证的形式不断推进。在时空分离过程形成的社会情境下，“鲜活的时间”（lived time）可以以多种形式存在。不仅如此，时空之间的切割并不意味着从此以后二者就变成人类社会组织中格格不入的元素。恰恰相反，时空切割为它们的再次重组提供了坚实基础，这种重组以协调不必考虑其具体位置的社会活动这一方式而展开。如果已处于分离状态的时空没有再次融合，

则不论是组织的种类和数量，还是组织过程本身，都将变得不可思议。现代社会组织意味着，在物理层面上彼此分开的许多人类行动可被精确地协调。这些行动“何时发生”与“在何处发生”直接相连，并非如前现代时期那样必须经过具体位置的中介方能产生联系。

所有人都能体会到时空分离对由现代性引入人类社会事务中所产生的巨大动能的基础性意义。这一现象使得“利用历史去创造历史”的观念普遍化，并深入使现代社会生活逐渐脱离传统束缚的过程。伴随着标准化的“过往”与普遍适用的“未来”被创造的过程，上述历史真实性（historicity）就其形式而言遂成为全球性现象，如“2000 年”这种日子成为全人类认可的标识。

对现代性的动力特质施加影响的第二个主要元素是“社会制度的脱域机制”（disembedding of social institutions），而上文所涉及的时间和空间的虚空化过程对这一机制的形成亦至关重要。我仔细斟酌才挑选了“脱域”这一隐喻来与“分化”（differentiation）这一概念分庭抗礼，而
后者往往被社会学家当作将前现代与现代社会系统进行对比的手段。分 *18*
化承载着社会系统的功能渐进分离的意象，以至于前现代社会中以某种松散形式组织起来的行为模式会随着现代性的到来而变得更专门化、更精确化。毫无疑问，这一观点基本上是有根有据的，但它未能抓住有关现代制度本质和影响的核心要素——社会关系“摆脱”（lifting out）本土情景的过程以及社会关系在无限的时空轨迹中“再形成”的过程。确切地说，上述“摆脱”即我所谓之“脱域”，而由现代性所引入的时空分离过程加速进行，脱域为其关键因素。

脱域机制可分为两种类型，我将其分别称为“象征标识”（symbolic tokens）与“专家体系”（expert systems），两者合起来又可称为“抽象体系”（abstract systems）。象征标识是交换媒介，它具备标准价值，因而在多元场景中其指代意义可相互替换。货币便是象征标识最典型、最重要的例证。尽管某些规模较大的前现代社会体系都发展出了各自的货币交换形式，然而只有在现代性出现及逐渐成熟后，货币经济才变得愈加复杂化和抽象化。由于时间被视为一种信用手段，而标准化的价值亦使从未谋面的人们之间的交易得以顺利进行，故货币这种象征标识本

身就可以把两者联结在一起并置于同等重要之地位。相比之下，专家体系则通过对技术性知识的利用将时间和空间联结起来，而这些技术性知识的有效性独立于利用它们的具体从业者和当事人。在现代性的各种条件下，这种专家体系无孔不入，渗透到社会生活的方方面面，从食品到药品、从住房到交通，不一而足。事实上，专家体系并不局限于专门的技术知识领域，它们能扩展至各类社会关系以及个人的私密关系中。医生、顾问和治疗师等群体在现代性专家体系中的重要性丝毫不亚于科学家、工程师和技术专家。

这两类专家体系本质上都依赖于信任；一如前文所述，信任这一概念将在本书中起到举足轻重的作用。信任与信心（confidence）不同，
19 后者被齐美尔称为正式交易中所涉及的“弱的归纳性知识”。[6] 生活中的某些决策正是基于归纳性推论而做出的，而后者又是由过去的趋势或在某种程度上被认为是现如今得以依赖的过去的经验而得出的。这种信心或许是信任的要素之一，但其本身并不足以界定一种信任关系。信任意味着将有一次迈向承诺的跨越，而承诺又是“信仰”的一种品质。信仰是一个不能再简化的元概念，它与时空无关，却与无知有关联。我们无须信任一个总在我们眼前活动且其活动能被直接监控的人。这一点可通过下文实例说明。如果有一项工作，它不但单调乏味、报酬低廉，而且人们想自觉做好这件工作的积极性很低，那么这通常是“低信任度”岗位;“高信任度”岗位上的工作，则绝大多数在无管理或监督人员在场的情境下展开。[7] 与之类似，当特定个体或多或少全然熟知某一技术系统的时候，对这些个体则不缺乏信任。就专家体系而言，信任限定了一些技术性知识的范围，后者是大多数人拥有的、经常影响他们生活的那些编码信息。

就种类和层级而言，信任可以千差万别，但信任作为基础却支撑着我们赖以对自身行动加以定向的众多日常决策。然而，信任过程并非总是我们有意识地决策的结果；在更为通常的情景下，信任是一种作为决策基础的智慧的一般化态度，植根于信任和人格发展之间的关联中。所有人都能自主决定是否信任他人，这种现象很常见，因为这源自现代性的第三个主要元素——现代性的内在反身性（上文已提及，下文还将做

深入探讨）。但是，信任所暗含的信仰往往会抵制这种精打细算的决策模式。

在与特定的情景、个人或体系发生关联，或在一个更为一般化的层次上，信任的态度与个体和群体的心理安全感直接相联系。在现代性的条件下，信任与安全、风险与危险以种种具有历史独特性的方式并存。例如，在日常社会活动中，一方面，脱域机制换回了相对安全的宽阔场域。如今，生活在工业化国家以及其他某些地区的人们都普遍免受前现代时期人们日常所面临的危险——如那些源自恶劣自然环境的危险。另一方面，脱域机制本身也会制造新的风险与危险，它们有可能具有本土性，也有可能是全球性的。人工配方食品也许会含有传统食品所没有的 20
毒素，而环境的危害则可能在整体上对地球的生态系统构成威胁。

现代性从本质上讲是一种后传统秩序。时空转型与脱域机制一道，驱使社会生活脱离固有的规则或惯例的控制。这是彻底的反身性得以产生之背景，而反身性正是施加于现代制度动力机制之上的第三种主要影响。现代性的反身性必须与内在于所有人类活动的、加之于行动的自反性监控区别开来。现代性的反身性指的是一种敏感性，具体指社会生活的大多数面向及其与自然的物质关系对受到新信息或知识影响而产生的长时性修正之敏感性。这些信息或知识并非伴随现代制度的出现而产生，但它们是构成现代制度这一复杂现象的重要成分，主要是因为在现代社会条件下存在着对反身性进行反思的诸多可能。正如《第二次机会》一书中所讨论的，社会科学在现代性的反身性中发挥着基本的作用，它们并非仅仅以自然科学的方式来“积累知识”。

然而，从社会科学和自然科学两方面来讲，现代性的反身性却最终 21
混淆了启蒙思想的期许——尽管这种反身性本身便是启蒙思想的产物。现代科学与哲学的先驱们坚信他们自身为社会与自然世界知识之牢固确立开辟着道路，他们认为，只有克服传统教条方能获取理性，随之出现的是一种取代了习惯与习俗之随意性特质的确定性感觉。但实际上，现代性的反身性却削弱了知识的确定性，即便是在自然科学之核心领域亦是如此。于是乎，科学不再依赖于证据之归纳性积累，而更侧重于方法论上的怀疑原则。一个特定的科学信条，无论其之前怎样受推崇，亦无论其怎样确信无疑，都有可能被修正，或者依据新观念或新发现而被全然抛弃。现代性与激进的怀疑主义之间互为必需之关系是一个大问题。一旦公之于众，它不仅会使哲学家困扰，而且会让普通人产生“存在性的烦恼”。

现代性的动力机制

时空分离：使得跨越广阔时空领域（乃至全球体系）的社会关系发生联结之条件

脱域机制：由象征标识和专家体系构成（二者合在一起即抽象体系），它使得互动摆脱了场所的特殊性

制度化反身性：定期把知识应用于社会生活之情境中，并成为社会生活组成和转型的建构性要素

本土性、全球性与日常生活的转型

现代性的全球化趋势内在于上文所勾勒出的对其动力机制的影响中。时空分离和重组、脱域机制以及现代性的反身性均意味着普适性，后者解释了现代社会生活遭遇传统的惯例时所产生的特质——扩张主义。从某种意义上讲，现代性所导致的社会活动之全球化是世界性联系逐渐发展的过程，如体现在民族国家体系或国际劳动分工中的那种遍及世界的联系。然而，从一般意义上讲，全球化概念最好被理解为对时空疏离的基本方面的表达。具体而言，全球化涉及了事件产生和消亡的交汇，以及“远距离的”社会事件和社会关系与本土背景的交织。我们若想理解现代性的全球性蔓延，则应首先认知本土性环境与活动的疏离及
22 与长时段变迁之间不断发展的关系。一如上文所述的每一个过程，全球化必须被理解为一种辩证的现象，处于疏离关系某一极的事件通常会在另一极制造出相异甚至相反的事件。本土性与全球性之间的辩证关系恰是本书所论的基本要点之一。

就某些脱域机制的后果而言，全球化意味着无人能“逃脱”由现代性所导致的转型。例如，核战争或生态灾难所导致的全球性风险便使得

无人能躲避其影响。现代制度的其他诸多方面（包括那些在小范围内运作的制度）都影响着高度“发达”地区之外那些生活在更为传统情境下的人们。然而，在那些发达的地区，就日常生活的本质而言，本土性与全球性之间的关联早已被束缚在一系列更为深刻的演变情景中。

我们可以直接从脱域机制所施加的长期影响来理解上述演变，它们使得日常活动的诸多方面变为去技术化状态。这一状态并非仅仅指技术专家独占日常知识这一简单过程，这是因为专业知识领域存在很多难以衡量或争论激烈的方面。它也不是一个单向过程，这是因为作为现代性反身性的一部分，专家的信息经常会以各种不同的方式被外行人所重新获取。这种观察适用于社会学家及其他专家的学术创作，诸如《第二次机会》等学术著作中的研究发现很有可能会被人们应用于有关婚姻或离异的决定的情境中。脱域机制中的信任并非仅限于外行人，这是因为在由抽象体系所限定的现代社会生活之诸多方面，没有人能成为专家能手。于是，生活在现代性条件下的人们无一不受到诸多抽象体系之影响，并且最多也只能处理各自专业领域内的表层知识。

不过，并非只有技术专家才能意识到抽象体系的脆弱和限度。很少有人能对其所接触的技术知识体系保持坚定不移的信任，而且，无论是否出于有意识的行动，人们都会对由这些体系所提供的行动之不同可能性进行选择，或者直接脱身而去。信任通常与实际中的接受融合 23
在一起，即个人与现代性制度之间的一种“关于努力的协定”（effort-bargain）。人们对抽象体系的种种怀疑或敌视态度，也可能与其对其他体系的想当然的信赖和平共存。例如，一个人也许会竭尽全力地去避免食用含添加剂的食品，但如果他不能自耕其食，那么他就必然只能信任“自然食品”供应商提供的优质产品。又如，当一个人不再着迷于正统的医学时，那么他就有可能转而信任整体论医学。当然，这只是信仰的转移。对一位忍受着疾病痛苦的患者来说，不管他的病如何恶化，他都有可能对有关治愈的所有专业知识均持怀疑态度，以致拒绝接触医护人员。但即便是一个极端反对医护的人，也会发现想要完全拒绝医学和医疗实践体系的影响是绝不可能的，因为它们早已深深影响了“知识环境”的诸多方面和日常生活的具体要素。例如，这些体系也会对涉及食品生产的规则产生影响，无论这些食品就本质而言是“人工的”还是“自然的”。

经验的传递

实际上，人类所有的经验都具有可传递性——通过社会化，尤其是通过对语言的掌握来实现。在个体记忆以及集体经验制度化这两个层面上，语言和记忆具有内在关联性。[8] 对人类生活而言，语言是时空疏离的主要及原初手段，它使人类活动得以超越动物经验的即时性。[9] 一如列维-斯特劳斯所言，语言就是一台时间机器，它让跨越代际的社会习俗得以再现，同时也让过去、现时和未来之间的分化成为可能。[10] 口语是一种媒介和踪迹，由于人类掌握了语言的结构特性，故口语在时空
24 长河中的消失与其意义在超越时空情景中的保持得以并行不悖。因此，口述与传统不可避免地紧密联系在一起。一如沃尔特·翁在其关于言说和文字的研究中所指出的，口头文化“非常看重过去，它们根植于高度保守的制度以及口述和写诗的过程中，具有程式化和相对固定化的特征，旨在保存那些在过去经验基础上历经千辛万苦而获取的知识——由于缺乏文字记录，故这些知识极易消逝”[11]。

尽管列维-斯特劳斯和其他学者以巧妙的方式探寻了文字与“火热的”（hot）、充满活力的社会体系之间的关系，然而只有英尼斯及紧随其后的麦克卢汉以一种精致的方式从理论上归纳了媒体对社会发展的长效影响（尤其是在现代性产生这一背景下的影响）。[12] 二位学者均强调了主流媒体类型和时空转型之间的密切联系。媒介在何种程度上能对时空关系产生影响，并非主要取决于其自身携带的内容或“信息”，而是取决于其形式以及可再生产性。例如，英尼斯指出，纸草作为书写媒介被引入，极大地扩展了行政管理体系的范围，因为它比以前所用的原料更易运输、储存及再生产。

现代性与其“自身的”媒体，即早先的印刷文本以及后来的电子信

号密不可分。现代制度的发展和扩张与经验传递的剧增直接相关，而上述传播形式又为经验传递和发展创造了条件。在手工制作书籍的年代，读者的阅读权必须有先后顺序，即书籍一定要从一人传向另一人。从本质上讲，前现代文明时期的书籍和文本仍作为延续传统的工具而存在，并且在性质上几乎都是“经典”。而印刷品则能轻易地超越时空的限制，因为它们几乎可以同时被分发给众多读者。[13] 古腾堡（Gutenberg）《圣经》出现仅仅半个世纪后，全欧洲各大城市中如雨后春笋般出现了数百家印刷店。现如今，印刷品仍然是现代性及其全球网络的核心。实际上，人类每种已知的语言都已被付梓，即便是在那些文化程度较低的社会，印刷品以及制作和解释这些印刷品的能力都是行政管理和社会协作不可或缺的手段。据已知数据，自古腾堡时代以来，全球印刷品的数量 25
每 15 年就会翻一番。[14]

印刷术的产生对早期现代国家以及其他先前的现代性制度的兴起产生了重要影响，但若要追溯极盛现代性的起源，则大众印刷媒体和电子通信之间日益交织在一起的发展显得更为重要。时下通行的观点认为，大众传播印刷品出现的时代早于电子信息时期。麦克卢汉尤其认同此观点，他甚至激进地将这两者对立起来。就纯粹时间次序而言，上述观点无疑是正确的，因为报纸——大众印刷品最好的例证——的确早于电视机一个世纪而问世。然而，如果仅仅将两者中的一方视为先于另一方而出现的某一阶段，就容易引起人们的误解，因为从很早开始，电子通信就对大众印刷品的发展有着至关重要的意义。例如，尽管电报的发明略迟于日报和期刊的首次繁盛期，然而电报却是现如今的报纸以及“新闻”概念本身的基础。后来，电话和无线电通信则进一步拓展了这种联系。

早期报纸（以及所有种类的期刊）在完成时空分离这一过程中发挥了重要作用，但这一过程由于印刷品和电子媒体的整合而成为一种全球现象。现代报纸的发展历程便可以印证该现象。因此，布鲁克-格罗斯（Brooker-Gross）考察了报纸在时空“影响范围”上的变迁。她发现，在电报普及之前，19 世纪中叶的美国报纸上所刊登的典型新闻用语，与 19 世纪初期和后来的新闻用语均迥然相异。报道发生在美国一些偏远城市中的事件所使用的新闻术语，并不具备当下报纸所具备的那种为后世读者所习惯的即时性。[15]

布鲁克-格罗斯指出，在电报出现以前，新闻故事仅描述那些最近发生的身边之事；事件发生的距离越远，其见诸报端的时间就越迟。来
26 自远方的新闻以一种她所谓“地理包裹”的方式呈现。例如，来自欧洲的材料确实是以包裹形式随邮船而来，而且也将以其被发现时的形式呈现给读者，即“一艘邮船抵达伦敦，随之而来的有如下新闻”。换言之，通信渠道和时空差异所带来的压力，直接形塑了印刷类新闻的呈现方式。而随着电报以及之后的电话和其他电子媒介的引入，日益成为主宰新闻内容的决定因素是事件本身，而非事件所发生的场域。绝大多数新闻媒介都带着一种“特权感”来认知自己所处的位置，这种特权感具体表现为对本土新闻的偏爱，但也仅在事件具备特殊性这一背景下方能产生。[16]

毋庸置疑，电视、电影和视频所呈现的视觉影像创造了可传递经验的本质结构，而这却是印刷品所不能提供的。然而，像报纸、期刊及其他印刷品一样，这些电子媒介既是现代性的脱域化和全球化趋势的表达，也是形成这种趋势的工具。在现代制度的建构过程中，作为重组时空的基本形式，印刷媒介与电子媒介之间的相似性比其差异性更为重要。在现代性条件下，可传递经验所具有的两个基本特征恰恰体现了这种相似性。第一个特征便是“拼贴画效应”（collage effect）。当事件几乎完全超越场域而决定新闻内容的时候，媒体的表现形式便是把故事和新闻术语并置，但这两者除了“适时性”和“连贯性”之外并无任何相似之处。报纸和电视节目指南均为这种拼贴画效应的重要例证。此效应是否真如某些人认为的，标志着叙事的消失，以及符号与其所指意义的分离？[17]当然不是。拼贴画的确不是叙事，但是大众媒体中不同新闻术语之共存也并非意味着符号的混乱丛生。相反，并排呈现的不同故事体现了转型的时空环境所独具的连贯性次序特征，而在这时空转型中，对场域之限制也大多会消失。当然，这些故事的简单累加并不会构成单一叙事，但它们依赖于（并以某种方式表现了）思想和意识的统一性。

27 现代可传递经验的另一个主要特征就是“远距离事件对日常意识

的入侵”（intrusion of distant events into everyday consciousness），具体而言，即日常意识以一种对远距离事件的察觉而被组织起来。例如，新闻报道中的诸多事件或许被人们视为外在的和遥远的，但是它们经常进入人们的日常活动。可传递经验催生的熟悉性会经常性地制造出“现实倒置”感，这意味着当人们碰到真实的客体和事件时，似乎会感到它们在媒体上比在现实中更为具体。此外，人们在媒体上通常能以平常心态接触日常生活中罕见的诸多经验（例如与死亡过程的直接接触），而若要正面面对这些真实现象则会导致心理上的困境。后文将继续展开对此现象的探讨。概言之，在现代性条件下，媒体并不反映现实，反而在某些方面形塑着现实。但这并不意味着我们能得出如下结论，即媒体创造了一个仅包含符号和意象的“超现实”自主王国。

那种认为现代性正处于分裂和离析状态的观点已沦为老生常谈。有人甚至断言，这种分裂标志着社会发展到超越现代性的一个崭新阶段——后现代时期——正在浮现。然而，现代制度的统一性特征与其分散性特征均为现代性（尤其是极盛现代性）的核心。时空的“虚空化”启动了建立单一的、无预先存在物的“世界”的过程。在大多数前现代文化（包括中世纪欧洲文化）中，时间和空间与上帝和精神的领域以及“地位的特权化过程”相融合。[18] 概言之，文化的多种不同模式和前现代“世界体系”的意识特质共同形塑了碎片化的人类社群。相比之下，晚期现代性则创造了如下一种情景：人类变成了“我们”，面对的却是无“他者”存在的问题和机遇。

极盛现代性及其存在性指标

极盛现代性具有许多特性，包括对“天意理性”（providential reason）的广泛质疑以及对科技的双刃剑作用的认知，即科技为人类创 28
造了风险和危险的新指标，同时也提供了诸多有益的可能性。对天意理性的质疑不仅仅局限于哲学家和知识分子的著作与思考中，实际上，对反身性的存在性指标的觉知早已在更广层面上变为反身性自身之一部分。生活在极盛现代性所生成的“世界”里犹如驾驶重型卡车般会有力不从心之感。[19] 这种感觉不仅仅在于发生了多少持续且深刻的变迁过程，更在于这些变迁往往既不符合人类之期望也不服从人类之控制。人们所期待的那种社会和自然环境将会逐渐依从理性秩序的愿景早已无法实现，而现代性的反身性则与此现象密切相连。人类知识若要分析和描述某行动，须得对该行动之环境保持长时性的进入状态，这便创造了一系列不确定性，并为后传统的知识主张增添了循环和易出错的特质。

天意理性——认为对事物属性日益增加的世俗化理解会内在地使人类的生存更为安全、更有所益的那种观点——带有源自前现代时期命运观的残余。命运的观点或许会带有犹豫的色调，但也总会暗示事件的进程早已以某种方式被预设。在现代性的情景下，传统的命运观点可能依然存在，但更多的时候，这些观点与那种视风险为基本元素的看法不相一致。把风险当作风险来接受，是现代性的抽象体系强加于我们的一种倾向，这意味着要承认人类活动的任何方面都并不遵循一种早已预设好的进程，且所有活动都有可能是偶然发生的。在这种意义上，现代性的特征可被准确定义为乌尔里克·贝克所谓之“风险社会”[20]，其指涉意义远超出现代社会生活引入了人类不得不面对的新型危险形式这一事实。生活在“风险社会”，意味着对行动的开放式可能性（积极的或消极的）要抱有一种精打细算的态度，作为全球范围中的个体，我们在当代的社会存在中持续遭遇着上述种种可能性。

由于现代社会活动具有一种尚无内在规律的被条件反射似的动员起来的动力机制，故其本质上具有一种反事实的特质。在一个后传统的社会空间，个体和集体在任何特定时刻都会触及人类行为潜在进程的模糊
29 界限（以及与之相伴的风险）。在这些可能性选项中进行抉择总是一件“仿佛的”事情，即在“可能的”世界之间进行挑选的问题。生活在现代性的情境下最好被理解为反事实的惯常性沉思，而并非一种简单的切换——从作为传统文化特征的“朝向过去”切换至“朝向未来”。

鉴于晚期现代性的极端反身性特征，未来并非仅仅包括对尚未发生的事件的期待。“未来”以一种知识流缓慢进入与其相关的客观环境的

形式在当下被组织起来，而正是这一相同过程，经常会以明显悖论的形式混淆上述知识流所昭示的期待。在极盛现代性的制度体系中，未来学的广为流行并非一种异常的偏见，仿佛古代算卦师在当代的翻版一样。实际上，它认为，在风险评估的情境中，对反事实的可能性之考量内在于反身性之中。诚然，从某些方面看，这种观点早已被建构进现代制度之中。例如，从很早时起，保险就不仅与资本主义市场中的风险相关联，而且也与个体和集体众多特质的潜在未来相关联。保险公司一方对未来的推算本身即一种风险事业，而要对风险的某些关键方面进行限定则是可能的，不过这在绝大多数实际行动场景中无法实现。对保险公司来说，风险核算通常是非常精确的，而且这些公司一般情况下都会试图排除风险的那种与大样本概率核算不契合的方面，那便是“上帝的行动”。

生活总是处处充满危险与风险。与前现代体系相比，为什么在现代社会生活中，风险评估与反事实思维倾向会显得尤其重要？或许还应该在这个问题之后再加上一个关于专业知识的问题：鉴于在前现代文化中人们也向诸如魔术师或术士等专门人士咨询问题，那么现代性中的信任和抽象体系有什么不同寻常之处？事实上，在上述情景的每个方面，前现代体系与现代性制度在主体上都存在重大差异。就第二个问题而言，*30*
这些差异体现在抽象体系的各个方面，同时也体现在技术知识与外行知识两者关系的性质上。前现代社会有专家，但极少有技术体系，尤其是在较小社会。因此，这些社会中的个体成员（如果他们愿意如此）完全有可能仅依据其自身或直系亲属的本土知识来过他们的生活。相比之下，在现代，这种与技术体系的脱离则是不可能的。正如我在前文已指出的，对地球上的每个人，尤其是对生活在现代性核心区域的那些人来说，这在某些方面是正确的。

当我们将前现代体系与现代体系进行比较时，技术知识与外行知识两者的差异主要涉及专业技术的获得和普通人的信息。前现代文化中的专业知识倾向于依赖那些不明确成文的程序和符号；否则，由于识文断字是少数人小心守护的一种垄断权力，故当这种知识被编纂成典籍时，普通人便无法获得。因此，对专业知识中深奥元素的保持（尤其当此种深奥元素与“技能和艺术”分离时）可能是专家所获得的非同常人之地位的主要根基。而在现代体系中，专业知识的深奥元素与其不可言说的神圣性之间极少相关或全然无关，但它依赖长期训练与专业化之结合——尽管专家们（如社会学家们）毫无疑问会经常性地筑起一道由术语和仪式所组成的防线以保护其专业知识的独特性。事实上，专业化是现代抽象体系最关键的特征。如果人们有可资利用的资源以及获取知识的时间和能量，那么现代专业体系所囊括的所有知识原则上可为所有人使用。但在现实中，现代的人不管如何聪明，都只能成为现代知识体系一两个小领域的专家。这一事实意味着抽象体系对绝大多数人来讲都是晦涩难懂的。这种晦涩特质是脱域机制情境中信任的延伸部分的重要元素，而且它恰恰源自抽象体系需求和培育的那种专业化的强度本身。

现代专门技能的专业化性质直接导致现代性的不稳定且失控的特征。与大多数前现代专门技能相比，现代专业知识以其反身性特征被
31 高度利用着，同时总体上趋向于持续的内在完善或自我增效。专家们能否解决问题，往往取决于他们是否有能力清晰而准确地界定问题，而这种能力又进一步催生出更精深的专业化倾向。然而，对某个给定问题界定得越精确，对相关人士来说，所涉及的知识领域就越发模糊不清，并且他们就越不可能预见他们的贡献在其知识所能应用的范围之外的后果。尽管专业知识在更广范围的抽象体系内形成，但这些知识本身所关注的问题却变得日益狭窄，并且易于制造出未曾预见且难以掌控的后果——推动专业知识进一步发展，因此上述现象便陷入一种不断重复的状态。[21]

专业化的知识技能与其异常后果相结合便解释了为何反事实思维和风险概念的中心地位在现代性的条件下会显得如此重要。在前现代文化中，“超前思维”通常有两种含义：或对既存经验之归纳性运用，或问询于占卜者。例如，人们在播种谷物之前，心中要有对将来食物需求的预判以及对季节变化的感知。依传统而形成的耕作方法（或许还加上巫师的建议）会被用于联结现实需要和未来的成果。在现代生活中，经过长时段的适应，人们可以通过把早已定型的习惯与特定专家有关“普通修缮”（general repairs）和意外事件的建议相结合来继续生活。而专家

自身——再强调一次，他们并不构成一个特征鲜明可被辨析的阶层——则可能通过坚决地专注于狭窄的某一领域来推进其专业工作，而忽略更广范围的后果与意义。在这种情境下，风险评估便被“埋入”稳步建立的行为模式中。但在任何时候，这些实践都有可能突然被废弃或受制于更为彻底的转型。

专业知识并不创造稳定的归纳领域，而内在不稳定的新情形和新事件则是抽象体系延伸部分不可避免的后果。在人类行为被反身性灌输的那些范围之外，仍存在很多危险（如地震或其他自然灾害），但这些危 32
险中的大多数都被上述行为范围所过滤（有些则是那些范围主观造成的）。通常，我们不以保险公司做核算的方式来理解风险，而是将它视为可被精确估算的概率的指标。但在晚期现代性的情境下，由于形成风险的知识环境随时随地在变化，故许多风险并不能被精确估算，甚至那些在相对封闭的环境下所作的风险评估也仅在“另行通知前”才有效。

为什么现代性与个体认同相关?

我想指出，在极盛现代性的条件下，发生于自我认同与全球化两者中的转型是本土性和全球性这组辩证范畴的两极。换言之，个人私密生活之变迁，与极其广泛的社会关系的确立有直接联系。但这并非意味着我否认存在多种居于上述两极之间的联结纽带，如那些联结中央政府与地方组织的纽带。但是，极盛现代性所引入的时空疏离程度是如此深远，以至于“自我”和“社会”在人类历史中首次于全球性大背景下实现相互联结。

在极盛现代性情境下，各种不同因素直接影响着自我认同与现代制度之间的关系。一如前文所强调，现代性将一种基本的动力机制引入人类活动，伴随该机制而来的还有信任机制和风险环境的变迁。有人认为，与先前的时代相比，现代是一个高度焦虑的时代。我并不赞同这一观点。焦虑和不安全感一样影响着除我们当下时代以外的其他所有时期，而且我们几乎没有理由认为，那些在规模更小且更为传统的文化中的生活比我们当今的生活更为稳定。不过，当前普遍存在的焦虑从内容到形式毫无疑问业已改变。

现代性的反身性延伸至自我的核心部位。换言之，在一个后传统秩序的情境中，自我变成了一个“反身性过程”（reflexive project）。个体
33 生活之变迁总会涉及心灵重组，后者在传统文化中以“生命礼仪”（rites de passage）的形式被仪式化。在这些文化中，虽然集体层面上的事在代际传递过程中几乎不发生任何变化，然而身份认同的改变却清晰可见——如个体从青春期迈向成年这一过程那样清晰。相比之下，在现代性的情境下，自我之改变则必须被视为个人变迁和社会变迁两者相连的反身性过程的一部分来供人们探求和构建。沃勒斯坦和布莱克斯利在其研究中就明确强调了这一点，并且她们的研究不仅是有关这一过程的真实记录，而且更对这一过程做出了重要贡献。一如两位作者所说，人们在婚姻解体后逐渐形成的“新自我感”，作为开创新型社会形式的过程之一部分而被建构，这些新型社会形式的主要例证即现代继养体制中涉及的那些形式（“抚养”这一术语是相对较为晚近的发明，有助于表达此处所描述的内容）。沃勒斯坦和布莱克斯利所分析的“回顾个人早期经历”之过程正是以反身性方式所形成的自我认同的构成部分。该过程并不局限于生活中的危机，而是涉及与心灵组织相关的现代社会活动的一般性特征。

在上述情境中，抽象体系不仅深深影响了现代性的制度秩序，而且也深深影响了自我的形成与延续。例如，儿童的早期社会化日益倾向于依赖专家（儿科医生和教育学家）的建议和指导，而非代际的直接启蒙——这些建议和指导本身就是对专家们正在从事的研究的反身性回应。作为学术领域中的专门学科，社会学和心理学因此以一种直接的方式与自我之反身性相关联。抽象体系和自我之间最具特色的联结，将会随着所有种类的治疗和咨询模式的兴起而被研究者发现。解释治疗手段的发展可以有多种路径，其中一种便是纯粹消极的，即把它视作对现代制度施加于自我经历和情感逐渐削弱的影响的回应。或许有人会认为，现代性打碎了笼罩于小型社群和传统之上的保护框架，并代之以更为庞

大、更为客观的组织。更为传统的社会场景能为人们提供心理支持和安全感，而在一个缺乏这两者的世界里，人们感受到的只有迷失和孤独。 34 于是，人们便会求助于作为抽象体系之一的治疗，而它遂成为一种世俗化的告解手段。

我并不想说这个观点应该被全然抛弃，因为它无疑仍包含合理的因素，但是我们有足够的理由认为该观点实质上并不恰当。自我认同在现代性条件下呈现出诸多问题，但这与传统情境下自我与社会的关系截然不同。这不仅仅是种失落的情境，而且也不意味着焦虑程度必然加深。治疗不仅是应付新焦虑的一种手段，而且是自我之反身性的一种表达。后者一如更广泛的现代性制度，在个体层面上以同等尺度平衡着机遇和潜在的灾难。

有关这一观点的内容将在后续章节中进一步阐述，但在此之前，我们将探讨与自我和自我认同等概念相关的一般性问题。这些思考，加上截至目前本书所提出的观点，将在整体上为本研究提供一个通用的概念框架。

注　释

［1］Judith Wallerstein and Sandra Blakeslee，*Second Chances*（London：Bantam，1989）.

［2］Ibid.，quotations from pp. 293，294，296，297 and 308.

［3］其他部分主要观点的更详尽阐述，参见 Anthony Giddens，*The Consequences of Modernity*（Cambridge：Polity，1990）。

［4］Anthony Giddens，*The Nation-State and Violence*（Cambridge：Polity，1985）.

［5］参见 Giddens，*Consequences of Modernity*。

［6］Georg Simmel，*The Philosophy of Money*（London：Routledge，1978），p. 179.

［7］Alan Fox，Beyond Contract（London：Faber，1974）. 为数不多的有关体系中的信任的概括性论述，参见 Susan P. Schapiro，"The social control of impersonal trust"，*American Journal of Sociology*，93，1987。

［8］参见 Paul Connerton，*How Societies Remember*（Cambridge：Cambridge University Press，1989）。

［9］Giddens，*Central Problem in Social Theory*（London：Macmillan，1979）.

［10］Claude Lévi-Strauss，*Structural Anthropology*（London：Allen Lane，1968）.

［11］Walter J. Ong，*Interfaces of the Word*（Ithaca：Cornell University Press，1977）.

［12］Harold Innis，*Empire and Communications*（Oxford University Press，1950）；Marshall McLuhan，*Understanding Media*（London：Sphere，1967）.

［13］Christopher Small，*The Printed Word*（Aberdeen：Aberdeen University Press，1982）.

［14］J. M. Strawson，"Future methods and techniques"，in Philip Hills（ed.），*The Future of the Printed Word*（London：Pinter，1980），p. 15.

［15］Susan R. Brooker-Gross，"The changing concept of place in the news"，in Jacquelin Burgess and John R. Gold，*Geography*，*the Media and Popular Culture*（London：Croom Helm，1985），p. 63.

［16］参见 E. Relph，*Place and Placelessness*（London：Pion，1976）. Joshua Meyrowitz，*No Sense of Place*（Oxford：Oxford University Press，1985）。

［17］让·鲍德里亚（Jean Baudrillard）尤其持这种观点。参见 Mark Poster，*Jean Baudrillard*（Cambridge：Polity，1989）。

［18］Yi-Fu Tuan，*Topophilia*（Englewood Cliffs：Prentice-Hall，1974）；Robert David Sack，*Conceptions of Space in Social Thought*（London：Macmillan，1980）.

［19］Giddens，*Consequences of Modernity*. 罗西瑙以一个全然不同的比喻作出了同样精彩的论述，参见 James R. Rosenau，*Turbulence in World Politics*（London：Harvester，1990）。

［20］Ulrich Beck，*Risikogesellshaft*：*Auf dem Weg in eine andere Moderne*（Frankfurt：Suhrkamp，1986）.

［21］有关这一问题，参见 Zygmunt Bauman，*Modernity and Ambivalence*（Cambridge：Polity，1990）。

第 2 章
自我：本体安全与存在性焦虑

有关自我认同的论述，必须从个体心理构造的整体画面这一角度 35
来展开。在以前的著述中，我曾提出，这一画面应该采取“分层模型”（stratification model）的形式。[1] 我们由如下假设而展开论述：从各方面来讲，成为人类，就是每时每刻都要确知自己当下的行为及其原因。这个观点的逻辑在存在主义现象学和维特根斯坦哲学的视域曾得到充分探讨。我们日常行为一而再再而三所创设的社会习俗，当下正处于由我们丰富多彩的生活情境中作为“正在进行”之一部分而出现的能动者所进行的反思性监控中。在这种意义上，反思性觉知是所有人类行为的特征，也是前文所述大批量出现的制度反身性的特定条件，而制度反身性又是现代性的内在构成部分之一。人类持续性地监控着其自身活动的场景，久而久之，这便成为人类活动的特征之一，而且这种监控总是带有推理的特征。换言之，如接受质询，能动者通常都能提供有关他们所从事的活动的本质及有关原因的推理性解释。

然而，人类能动的知识性并不局限于对其行为条件的推理性意识。
多数能够“进行下去”的因素在实践性意识层面上得以继续，并被整合 36
进日常生活的连续性中。实践性意识被融合进对人类行为的反思性监控中，但这种融合是“非意识性的”（non-conscious），而非“无意识的”（unconscious）。在社会活动的进程中，实践性意识的诸多形式无法“在头脑中持久”，这是由于它们心照不宣或理所应当的特质构成了让行动者得以专注于手头事务的基本条件。然而，把推理性意识和实践性意识严格区分开并不存在认知障碍，这是因为在无意识和意识之间总是存在界线的。从定义上讲，认知和情感支配的无意识模式明确地抗拒被拉回有意识状态中，即便被拉回，也仅仅以歪曲或变换的方式呈现。

本体安全和信任

实践性意识是本体安全感的认知依托和情感依托，而本体安全感又是所有文化中大部分人类活动的基本特征。本体安全的概念与实践性意识不言而喻的特征密切相连，借用现象学的术语来说，与日常生活中“自然态度”所假设的一种“归类涵括”（bracketing）密切相连。一种无序状态（chaos）潜伏于日常行为和话语之极为琐细的另一面，此种无序并不仅仅是指组织上的无序，而且指人们对事物与他者的真实感本身之丧失。加芬克尔所从事的针对日常语言的“实验”与有关人类存在之基本特征的哲学反思紧密地联系在一起。[2] 要回答最简单的日常询问，或是要应对最粗略的评论，便要求归纳涵括那些向个体开放的近乎无限可能的范围。若要使一种给定的回应具有“合适性”或“可接受性”，需要一个共享的（然而却未得到证明以及无法证明的）现实性框架。有关人物和事物的共享现实感是坚实的，同时也是脆弱的。其坚实性经由日常社会互动场景之高信度来表现，主要是因为这些场景来自普通能动者的生产与再生产。加芬克尔的实验与过往习俗相违背，这些习俗根深蒂固的属性，致使这种违背引起了坚持旧有习俗者迅速而剧烈的反应。

37 这些反应是认知和情感失去方向后的反应。只要沿着加芬克尔的研究所提出的方向去探索，我们就会发现：自然态度的脆弱性也是显而易见的。现在所发生的情形是：日常生活习俗通常得以成功牵制住的焦虑如洪水般不断涌出。自然态度把有关我们自身、他人和他物（或曰客体）的问题进行分类涵括，并将其视为理所应当的，以便使日常活动得以继续进行。如果以一种直言不讳的方式提出这些问题，那么它们的答案比那种认为知识在整体上均“缺乏基础”的观念更为不确定。或毋宁这样讲，内在于解决这些问题过程中的困难也是如下问题的基本构成部分，即知识和主张表面上“可证明之”形式为何无法获得完全稳固的根基。我们为了生活，通常会把一些问题视为理所应当的，而经历了数个世纪的哲学探索，人们发现这些问题早已消亡在怀疑主义的凝视之下了。这些问题包括那些被恰当地冠以“存在性”之名的问题，由那些正经历心理危机阶段的人们，或从哲学分析层面，或从一个更为实践性的层面提出。这些问题涉及时间、空间、延续性以及身份认同。在自然态度中，行动者把他们持续进行的，然却绝非根植于他们所遵从的互动习俗之上的行为之存在性指标视为理所当然。从存在主义角度来看，这些指标心照不宣地认定了持续时间和延展空间的种类，以及客观事物、他人和（对本研究而言尤为重要的）自我的身份认同。

在抽象的哲学层面探究这些问题，与在实际生活中“经历”它们截然不同。在日常习俗有序性之另一面形成威胁的无序状态，从心理学上可被视为克尔凯郭尔（Kierkegaard）所谓之“畏惧”（dread）——一种被焦虑所淹没的景象，这种焦虑直抵我们那种“存活于世”的连贯性感受的深处。实践性意识以及由它再生产的日常惯例有助于将上述焦虑归类并涵括之，这不仅是因为它们所蕴含的社会稳定性，而且因为它们在形成一种有关存在性问题的“宛若”情境中所体现出的不可或缺的作用。它们提供了导向模式，后者在实践层面“回答”了有关存在的框架之诸多问题。这些“回答”的锚定方面（anchoring aspects）是情感性的而不仅仅是认知性的，认清这一点对下文的分析极为重要。在不同的文 38
化情境中，日常生活连贯性中的“信念”可通过对存在性问题提供象征性解读来获得。我们将会看到，这种获得途径的效度会显得非常重要。但是如果没有一种相应水平的基本情感承诺（在我看来，其起源大多是无意识的），意义的认知框架就不会创造那种信念，而信任、希望和勇气都与这种承诺密切相关。

从人类心理发展的角度来看，上述信任是如何获得的呢？是什么创造了一种能使个体得以历经过渡时期、危机与高风险环境的本体安全感呢？处于现实的存在主义锚定中的信任源自婴儿早期经验，它在情感及一定程度的认知意义上基于对人的可信度之信心而形成。在回应并呼应D.W. 温尼科特（D.W.Winnicott）的观点时，埃里克·埃里克松（Erik Erikson）所说的“基本信任”构成了原初的关联（original nexus）。从这种关联中，朝向他人、他物以及自我身份认同的一种情感—认知复合导向模式得以浮现。[3] 基本信任的体验是厄恩斯特·布洛克（Ernst Bloch）所说的特定“希望”的核心，并源自蒂利克（Tillich）所说的“存在的勇气”。通过早期看护者爱怜的注意而得以发展，基本信任以一种命定的方式把自我身份认同与他人之评价联结在一起。基本信任认定的婴儿与早期看护者之间相互亲密的关系，本质上具有无意识的社会性。这种关系的存在先于“主我”（I）和“宾我”（me），并且也是这两者之间任何分化的本原。

从本质上讲，基本信任与时空在人际的组织状态相联结。对养育者不同身份的觉知源自情感上对“缺席”（absence）的接受，即婴儿对那些今后不再出现在其生活中的看护者之回归抱有信念。基本信任的形成通过温尼科特所说的“潜在空间”（事实上也是一种时空现象）而得以实现，这种空间在距离上把婴儿和主要看护者区隔开，事实上却把他们联系在一起。潜在空间的出现，使婴儿得以实现从无所不能状态向掌握现实原则的过渡。然而，此处的“现实”不应仅仅理解为一个给定的他物，而应该被视为一组通过婴儿与看护者之间的相互关系而形成的经验。

39 从早期生活开始，潜在空间里婴儿和看护者之间的关系逐步形成，在此过程中，习惯和日常惯例发挥着基础性作用。日常惯例、协调性习俗的再生产以及本体安全感之间的重要联系在人们后来的活动中逐渐得以形成。我们从上述联系中能够明白，为何日常惯例中看似较为次要的方面会被赋予加芬克尔“实验”所揭示的情感重要性。而与此同时，日常惯例也表现出其早期与各类准则相结合之后所蕴含的深层次矛盾。一如维特根斯坦所明确指出的，日常活动从来都不会以一种自动的方式进行。就对身体和话语的控制而言，行动者为了能在社会生活中“继续”，必须保持持续的警觉。对习惯和日常惯例的保持是抗击威胁性焦虑的重要堡垒，就此而言，它本身就是一种充满张力的现象。

一如温尼科特所言，婴儿总是“处于难以置信的焦虑的边缘”。娇小的孩童并非一个完全的“存在者”（being），而是一个“进行中的存在者”（going-on being），他必须经看护者所提供的养育环境方能逐渐成形。[4] 通过培养一种“存在感”以及与“非存在感”分离，日常惯例之准则有助于构建一种存在的“成形框架”，而该框架正是本体安全的基础。它包含着朝向他物的诸多方面的导向，这些方面会将象征性残留物注入人们后来的生活中。“过渡性客体”——借用温尼科特的术语——连通着婴儿和看护者之间的潜在空间。这些最初的“非我客体”（正如那些总是与之密切相连的日常惯例一样），既是抵御焦虑的防护措施，也与有关客体和个人稳定世界之初显经验相联结。过渡性客体先于弗洛伊德（Freud）所说的“现实性检验”（reality testing）而存在，这是因为它们是儿童借以实现从无所不能的控制到操纵型控制的具体手段之一部分。

在我看来，正常环境中儿童对其看护者的信任可被视为一种抵御存在性焦虑的“情感疫苗”——一种抵御未来威胁和危险的保护措施，使人们在以后可能面临令人消沉的境遇时仍能保持希望和勇气。基本信任是一种与周遭行动和互动环境中的风险与危险相关的遮护装置。它还是 40
防护甲或“保护壳”的主要情感支撑，所有正常个体都会借助它们来处理日常生活中的事务。

就生理和心理健康而言，生命的存续内在地服从于风险。人类行为受传递性经验的影响如此之深，加之人类行动者自身所拥有的计算能力，意味着人类的每个成员（原则上）都可能会被焦虑压垮，令他们焦虑的是实实在在的生活所暗含的各类风险。那种排除了负面可能使人最终选择普遍的希望态度的“不受伤害”感，实际上源自基本信任。保护壳实质上是一种“非现实”感，而并非对安全的确信无疑：它是实践层面上对可能发生事件的涵括，而这些事件则可能会威胁能动者的生理或心理完整性。它所提供的防护措施可能会暂时亦可能会永久地被偶然事件所穿透，而这些事件的发生恰恰表明内在于所有风险的那些负面偶发性都是真实可及的。驾驶员们在途经重大交通事故现场之后难道不会小心翼翼地慢速行驶一段吗？这样的例证（并非以一种违反事实的抽象可能性方式，而是以一种生动的、可触及的方式）表明了驾驶的风险，并因此导致保护壳暂时破裂。但是相对的不受伤害感不久又会出现，驾驶员则因此又会加速。

强调理所应当惯例与本体安全之间的相互依赖关系，并不意味着“事物的恩泽感”（sense of the beneficence of things）源自对习惯的固执坚持。相反，对现有惯例的盲目追随和顺从，无论以何种形式出现，都是一种神经强迫症的迹象。这种强迫性（无论何种原因）根源于婴儿的失败，它敞开了潜在空间从而使基本信任得以生成。此种诞生于不可把握的焦虑中的强迫性缺乏某种特定的希望，而后者却能创造超越现有模式的社会活动。如果说惯例是成长中的个体之自主性的核心要素，那么
41 其结果便是，在社会生活的情境中，有关如何“进行下去”的实践的熟练程度并不会对创造性造成伤害，反而会促发创造性且亦由创造性推动。其典型案例便是语言的习得和对语言的应用，而在话语领域内所适用的一些原则也同样适用于学习和经验的早期形式。

创造性，即在涉及先定的行为模式时所具备的能够在行动及思考上有所创新的能力，它与基本信任密切相关。就其本质而言，信任本身在某种特定意义上便是具有创造性的，因为它需要一种敢于“跃入未知领域”的执着精神，或是一种随时准备接受新鲜体验的将自己托付于命运的状态。然而，信任他人也意味着（有意识或无意识地）面临可能存在的缺失，就基本信任的具体情形而言，即看护者所提供的援助可能存在的缺失。对缺失的害怕催生了人们的努力，故而儿童在情感上的付出与他们对“认知性工作”的学习一起催生了维持基本信任的人际关系，而对认知性工作的学习则必须置于甚至是最为重复性的习俗设定过程这一背景中。

人们创造性地与他人相处，或融入客观世界，某种意义上讲就是心理满足和发现“道德意义”的基本构成部分。我们无须凭借神秘的哲学人类学便能认识到，创造性的经验作为一种日常现象，既是个人价值感的基本支撑，也是心理健康的基本支撑。如果个体不能创造性地生活，那么无论这是肇因于对惯例的强迫性设定，还是由于个体无法充分有效

地与周围的个人和客观世界形成紧密联系，他们都有可能患上慢性忧郁症或精神分裂症。温尼科特指出，在儿童早期生活中，“一般的可期待的环境”是这种创造性参与和融入得以发展的必要条件。用温尼科特的术语来讲，婴儿必须跨越一个“疯狂”阶段，“该阶段以一种专属婴儿的方式使婴儿变得疯狂”，并且“如果该阶段在婴儿后期生活才出现，那才真是完全疯了”。在婴儿习得早期惯例以及与其看护者之间的潜在空间得以开放的阶段，他们的“疯狂”就是他们的创造性。婴儿“创造着客观世界，但如果那客观世界并未存在于彼处的话，它也不会以那样的方式被创造出来”[5]。

基本信任的建立是自我身份认同的精致化，同样也是与他人和客观世界身份认同的精致化之条件。婴儿与看护者之间的潜在空间提供了否 42
定其他客体作为“非我”的手段。从婴儿与主要看护者相结合的阶段起，婴儿就把自身与看护者区分开来，而与此同时，看护者也降低了满足婴儿需要的持续的关心程度。这种分离为早期的非我（not-me）提供了自我呈现的潜在空间，在某些方面正与成年人心理治疗中所达到的分离阶段遥相呼应。在婴儿早期的依恋中，如果信任和可靠性没有出现一种完整断裂，那么就可能会导致严重的后果。在婴儿和成人患者中，信任是一种模式，它应对的是隐含在潜在空间开放过程中出现的时空缺失。当然，有些时候，时空缺失也是被有意识造成的。例如，有的婴儿患者被心理医生允许可以与其看护者分开，这是因为心理医生认为要培养这些婴儿的自主性。

焦虑与社会组织

我在前文已指出，人类在其早期生活中所习得的日常惯例以及熟稔掌握这些惯例的形式，不仅仅是人们针对给定的他人与客观世界的调适模式，而且是在情感上对“外在世界”这一现实的接受。如果没有这种接受，人类便不可能有安全的生存环境。同时，这种接受是通过对非我的认识所形成的自我认同的根源。尽管这一观点强调人类在早期与现实接触时的那种情感维度，但该观点与维特根斯坦所提供的有关外在现实本质的观点完全兼容。虽然维特根斯坦哲学有时会被其阐释者拉入相对主义的阵营，但维特根斯坦本人显然不是相对主义者。他认为，存在一个被普遍体验了的外在现实世界，但就行动者借以组织他们的行为这一点来讲，上述现实世界却并未直接反映在习俗之有意义的构成成分中。意义并不是通过对外在现实的描述而被建构起来的，也非包含在规范我们与那个外在现实进行接触的符号学编码中。相反，“那些不能诉
43 诸言辞之物”——在日常实践层次上与他人和客观世界之间的交流与互动——构成了能诉诸言辞之物以及涉及实践性意识的意义的必要条件。

因此，认知言辞之意义，即有能力把言辞当作使日常惯例得以成型的基本构件而加以使用。我们对现实的认知，并非通过察觉现实本来的样子，而是通过观察日常实践中所形成的差异之结果完成的。举例而言，我们要认知“桌子”这个词所表达的意思，就是要去认知桌子的用途，而认知其用途又能让我们了解到桌子与其他功能性物体（如椅子或长凳）在用途上的差异。讨论某物的意义即假定了差异的存在，但这些差异并不仅仅是结构主义意义上能指（signifier）之间的差异，在日常经验中还作为现实的一部分而被接受。

在习得语言之前，那些经由语言意义才得以体现的差异，主要在婴儿与看护者之间的潜在空间之中得以呈现。现实并不仅仅是此时此地（即直接的感性认识的时空背景），尤其是对缺席之认同和改变。缺席即暂时处于视野之外，或指完全未曾接触过却依旧被认为“就存在于彼处”的那种状态。因此，对外在现实世界的研习在很大程度上可理解为经验之传递。虽然此种经验的绝大多数丰富的内容要依赖于语言细节之进一步分化，然而人类对外在现实本质的把握显然形成得更早。要想知晓那些缺席者和缺席物的特征，就必须依靠基本信任所提供的情感安全。某些人生活中挥之不去的非现实感可能以多种形式呈现，而这种感觉的出现都源自他们孩提时期未能较好成型的基本信任。这些人不免认为他物或他者仅是一种虚幻的存在，抑或不能对自我身份认同之连续性保持一种清晰的认知。

焦虑必须被置于它与个体所形成的整体安全体系的关系中方能得到较好理解，而不能仅仅被视为与特定风险或危险相联系的独特现象。几乎所有研究焦虑的学者们都同意，焦虑必须与恐惧区分开来。恐惧是对特定威胁的反应，因而具有确定的对象。相比于恐惧，一如弗洛伊德所言，焦虑“忽视对象的存在”。换言之，焦虑是个体情感的一种一般化状态。弗洛伊德进一步指出，在任何给定情境中，人们对焦虑的感知程度很大程度上取决于个人“在面对外在世界时的知识和权力感”[6]。“焦 44
急的准备就绪状态”（anxious readiness）的场景与焦虑本身大为不同，因为前者是有机体面对威胁源时在生理和功能上做好准备的条件。为行动所做的准备，一如既往地催生并加速了人们面对危险时的一种适当反应，而焦虑本身并不具有促进效应，它倾向于麻痹而非催生相关的行动。[7]

由于焦虑具有弥散性，故它呈现一种游离状态：由于缺乏特定的对象，故焦虑能依附于一些物件、特质或情景，而后者对最初产生焦虑的事物会有一种间接（却也是下意识精确的）反应。弗洛伊德的著作中包含了不少典型的人物个案，这些人物一方面表现出多种固着症（fixation）或强迫症（obsession），另一方面却又似乎相对较少受焦虑感困扰。焦虑具有可替代性，即征兆一般会置换掉焦虑，它被采纳行为的僵化形式所“吞没”。然而这种形式又是紧张的，因为焦虑的爆发会出现在个人不能实现或被制止实现某一行为之时。就控制焦虑而言，替代物的形成具有两方面优势：第一，它们能使人免于直接体验源于犹豫不决的心理冲突；第二，它们阻止了焦虑从其本源而产生的进一步发展。于是，我们似乎有理由作出如下结论：焦虑并非源自无意识的压抑；相反，压抑及与之相关的行为征兆源自焦虑。焦虑实质上就是恐惧，只是这种恐惧不自觉形成的情感紧张氛围丧失了其对象，而这种紧张氛围表现的是“内在危险”而非外在具体化的威胁。我们应该在本质上把焦虑理解为一种无意识组织起来的恐惧状态。在一定程度上，焦虑感可被人们有意识地体验到，而当有人说“我感到焦虑”时，他们不仅体验了这种焦虑感，而且也认识到使他们焦虑的对象。这种情景与无意识水平上焦虑的“游离”特质相比显然大有不同。

所有个体都在不同形式的惯例基础上形成某种本体安全之框架。人们依据情感和行为的“程式”来处理危险以及与之相关的恐惧，而这种程式又是其日常行为和思想之一部分。就其对个体安全体系的完整性所
45 造成的（无意识地）可察觉之威胁而论，焦虑与恐惧不尽相同。对此，哈里·斯塔克·沙利文对焦虑的分析比弗洛伊德更加有用。[8] 沙利文强调，儿童生活很早期便出现了对安全感的需要，并且这种需要“对人类来讲，比源于饥饿与口渴的冲动显得重要得多”[9]。

一如温尼科特和埃里克松等学者，沙利文也强调婴儿早期的安全感源自看护者的培育，他依据婴儿对父母认可或不认可的敏感性解释了上述安全感。早在对他者的不满产生有意识的反应之前，对焦虑之体验便已通过对看护者不认可这一真实或想象的感受形成了。焦虑被理解为一种与他人反应以及与自尊的出现有关的“宇宙经验”。一旦基本安全体系建立起来，焦虑便会影响自我的内核，这也是为何个体难以使焦虑具体化之原因。由于与客观世界之建构性特征相关的自我认知变得模糊不清，逐渐增加的焦虑感便会威胁到对自我身份认同的认知。只有依据基本安全体系——本体安全感之源泉——这唯一途径，个体方能体验到与包含着他人和他物的那个世界相关的自我，而这一世界经由基本信任在认知上被组织起来。

焦虑与恐惧（或是对外在建构客体之忧虑）之间的区隔，常常伴随着人们对神经性焦虑与正常焦虑之间所作的进一步区分。[10] 然而，如果我们承认焦虑在根本上取决于无意识的活动，那么后一种区分似无必要。实际上，所有焦虑既是正常的也是神经性的：其正常性在于基本安全体系的机制总是囊括催生焦虑之因素；其神经性则在于焦虑“并无客体”，这是弗洛伊德常用的一个短语。焦虑对人的性格所产生的破坏性影响程度，或是在诸如强迫及病态恐惧行为中的表现程度，随每个个体的心理社会发展程度之变化而变化，但这些特质却不随焦虑种类之变化而变化，相反，它们与焦虑之程度及与之相关联的压抑之性质有关。

46 焦虑实际上根植于一种婴儿害怕与原初看护者（常常是母亲）相分离之恐惧中，这一现象对婴儿来说，既会威胁正在形成的自我的内核，也会在更为普遍意义上威胁本体安全感的内核。对失去的恐惧——通过

抚养者的时空缺席而形成的信任的消极面——是早期安全体系之弥漫性特征。它进而与一种由被抛弃感而促发的敌意相联系，这种抛弃感是爱的对立面，而爱则与信任相联系催生出希望和勇气。婴儿由焦虑所引起之敌意可被简单理解为对无助的痛苦反应。除非得到控制或引导，否则这种敌意会导致循环式的焦虑，尤其是当婴儿的发怒激起抚养者反弹式的敌意时更是如此。[11]

辨识（identification）与投射（projection）构成了克服潜在的循环式焦虑和敌意的主要手段。辨识是具有偏爱性和情境性的——对他者行为的特质或形式的承接，与焦虑生成形式的缓解或降低相关。辨识总是伴随着紧张与不安，既因为它具有偏爱性特征且含有投射机制，还因为它基本上是对潜在焦虑的防御性反应。看护者缺席——基本信任赖以形成的时空关系——所导致的焦虑，是辨识得以形成的第一推动力，同时也是以把握客观世界特征为目的的认知学习过程之开始。成为“他者之一部分”，意味着逐渐理解缺席以及“他者”作为一个独立个体的意义。

鉴于焦虑、信任与社会互动的日常惯例之间存在如此紧密之联系，我们可以恰当地把日常生活的诸多仪式理解为应对机制。这一论断并非意味着这些仪式可以用功能性术语来解释，即不把它们理解为降低焦虑之手段（以及社会互动之手段），而是指这些仪式与人们如何从社会层面管理焦虑密切相连。戈夫曼对路人之间“公民冷漠”现象的观察与卓越分析，有助于维持人们对普遍化信任的态度，而有赖于这种普遍化信任，公共场合中的互动方能顺利进行。[12] 这是日常互动中现代性“如何得以体现”的基本构成要素，通过将其与前现代情境中的典型态度相比较，我们便能理解此种现象。

公民冷漠表现了一种现代社会生活的公共情境参与者们所形成的隐 47
性契约（implicit contract），这种契约有关参与者之间的相互认可与保护。假设某人路遇另一人，通过有风度之一瞥，发现对方值得尊重，便迅速调整目光以显示自己对对方不构成威胁；对方亦会做出同样举动。在传统情境中，“熟人”与“陌生人”之间有着明显界线，故人们便不具有市民冷漠的仪式。他们或是避免直视对方，或是以一种显得粗鲁或在现代社会情境中会显得威胁的方式盯住对方。

一如戈夫曼所指出的，日常生活中信任与策略的仪式之意义远远超出对自己的自尊或他人自尊之保护（或贬损）。就它们所涉及的日常互动之实质而言——经由对身体形态、表情、目光及语言使用的控制，这些仪式触及了本体安全最根本的方面。

存在性问题

本体意义上的安全是指一种在无意识和实践性意识层面回答根本的存在性问题的过程，而所有的人类生活都会涉及此类问题。一如克尔凯郭尔所言，焦虑在一定意义上是与自由相伴随的，但自由并非人类个体之天赋特征，而是源自人类对外在现实与个人身份认同之本体论理解的获得。人类所获得的自主性源自其对传递性经验之范围的拓展能力，即洞悉那些感官带来的直接经验以外的其他物体与事件之性质。把这些都考虑到，我们便可对克尔凯郭尔有关焦虑是“自由的可能性”的描述进行再阐释。[13] 作为一种普遍现象，焦虑源自人们超前思考的能力和需要，这要求人们能预见到未来与当下行动现实反向相关的各种可能性。但在更深层的意义上，焦虑（或其相似物）源自一种特定的“信念”，
48 即坚信由本体安全所揭示的他人与他物之独立存在。

在婴儿早期心理发展过程中，其所要“回答”的首要的存在性问题便是“存在”本身，即对“外在现实”之本体论框架的发现。当克尔凯郭尔将焦虑（或单纯的恐惧）理解为“本质存在反抗非本质存在之斗争”（struggle of being against non-being）时，他其实直接指向的便是这个问题。对人类的每个个体而言，“存在”就是拥有本体性的认知。[14] 不论这一认知在婴儿逐渐成形的经验中与对自我身份认同的认知有如何紧密的相关性，两者之间仍有很大不同。“本质存在反抗非本质存在之斗争”是每个个体永恒的任务，它意味着人们不仅仅要“接受”现实，而且要去创造本体论意义上的参照点，并以之作为日常生活情境中“正在进行之事”的一个必要构成部分。在克尔凯郭尔看来，存

在（existence）就是“世界中的本质存在”（being-in-the-world）的一种模式。人类通过“进行”每天的日常生活来“回答”本质存在的问题，他们借助所从事的活动的本质来完成这种回答。一如下文将要提及的其他存在性问题，上述“回答”基本上是在行为层面上展开的。

在前现代情境中，传统在行动与本体论框架的联结上发挥着重要作用，传统为社会生活提供了一种专门适应本体论认知对象的组织性媒介。在最初阶段，传统对时间进行排序，以期限制与当下事实相反的未来的出现。所有文化（包括那些最为传统的文化）中的人们，都会区分未来、当前与过去，并以对未来可能性的考量来权衡当前行动之不同方案。然而，一如我们在上一章所言，当传统的行为模式居于主宰地位时，过去会把一系列“已被经验验证为真实的行为”插入未来之中。时间并非虚空，而是一以贯之的连接过去与未来的“本质存在模式”。此外，传统还创造了事物的固有感，它对认知元素和道德元素的糅合颇具典型性。我们所处的世界之所以呈现当下之形态，乃是因为它原本就应该是这个形态。当然，在诸多传统化的以及几乎所有理性化的宗教体系中，明确的本体论概念俯拾皆是，尽管这些概念或许会与传统行为本身之践行产生相当大的冲突。

第二类存在性问题所涉及的内容，与其说是本质存在的性质，不如说是外在世界与人类生命之间的关系。与时间之无限或“永恒”相比较，人类生命无疑是有限的，这其中便涉及了基本的时间维度。所有的 49
人类均生活于我所谓之“存在性矛盾”（existential contradiction）的情境中：作为具有自我意识并认识到生命有限性的本质存在，我们人类乃是无生命世界之一部分，然而却要从这无生命世界中开启我们的生命之旅。一如海德格尔（Heidegger）所言，“缘在”*（Dasein）是一种既有生有死，又对自身死亡之界限有着清晰认知的存在形式，而后者便是“非本质存在的存在性认知”（existential awareness of non-being）。蒂利克认为，“具备这种认知便能够认识到非本质存在乃是人自身存在之一部分”[15]。

* 海德格尔原文 Dasein 的英文释义为 be there，中文语境下有“此在”、“定在”、“亲在”等译法。北京大学外国哲学研究所张祥龙教授将其译为“缘在”，本书译者对比之后，遵从此译法。——译者注

如果以纯生物学视角来观察，死亡在某种程度上并不构成一个问题，它仅仅是有机体生理机能之终止。而与生物学意义上的死亡相反，在克尔凯郭尔看来，“主体性死亡”则是一种“绝对的不确定”，即对某物我们完全无法从本质上加以理解。而人类所面临的存在性问题便是如何接近主体性死亡，“该问题体现在如下情形，即有生命的个体无论在何种意义上均被排除在接近死亡的可能性之外，因为他无法在不牺牲自我的前提下以科学实验的形式足够近地接近死亡，同时也无法以科学实验的形式对实验进行控制，故他对死亡只能是一无所知”[16]。

在精神分析理论中，有限状态之存在性界限在焦虑的起源中并不占有显著地位。换言之，无意识的人无法设想其死亡状态，并非出于克尔凯郭尔给出的原因，而是因为无意识的人不具备时间感。在弗洛伊德的理论中，由死亡而引发的焦虑主要源于由失去他者带来的恐惧，并因此与个体在早年间对缺席的掌握直接相连。然而，上述两种解释之间的差异，与其说是本质的，不如说是表面的。因为如果我们无法理解“主体性死亡”，那么死亡就仅仅是从本质存在向非本质存在的过渡，而且对非本质存在的恐惧变成正处在发育阶段的婴儿的主要焦虑之一。婴儿生存所面临的危险首先便是缺失感或对缺失的预感，即婴儿能感觉到外在的人与物的恒定性取决于看护者所提供的稳定关系。可能发生的看护者缺失提供了一种原初的框架，与自我相关的对死亡和疾病的恐惧便产生于该框架中。在无意识层面上，我们或许可以认定，该婴儿无法设想其夭亡。一如弗洛伊德所指出的，我们所有人都在无意识地以自身死亡之
50 旁观者身份思考着生存问题。但是，人类关于有限性的意识，随着人类对时间范畴的认知性掌握日益增进而形成，并与一种极为基本的焦虑联系在一起。

对人类行动者而言，接受死亡认知在存在性意义上居于中心地位这一观点并非意味着必须赞同作为克尔凯郭尔和海德格尔学说基础的“真实性哲学”（philosophy of authenticity）。对海德格尔来说，死亡是“缘在”的最深层次的可能性，该可能性在将其自身显现为必然性的同时，也使得“真实的生命”成为一种选择。有限性使我们得以洞悉转瞬即逝的事件的寓意，如果没有有限之界限，这种寓意便不会存在。对有限

状态的认知所带来的“良心的召唤”，使得人类能认识到他们“作为面向死亡的存在（beings-unto-death）的时间本质”。海德格尔所说的“决心”（resolve）指的是一种紧迫性，它能使个体感到有必要在时间“耗尽”之前让自己专注于生命进程。[17] 海德格尔并非将此观点作为道德哲学而提出，而是把它当作对人类经验之真实性的解释而提出。然而，这种观点在超验基础上却是较难维持下去的。它首先指向一种受克尔凯郭尔所说的“致死之病”困扰的文明，克氏以此概念来指涉人类那种接受死亡作为事实终结之倾向性。[18] 虽然源于个体心理发展的那种对有限状态的焦虑是普遍存在的，但是死亡的文化表现却并非如此。宗教宇宙论在提炼和形成来世或循环重生等概念时或许会对这种焦虑加以利用。然而，它绝不会主要靠强调个人存在的短暂性来形成道德意义。

第三类存在性问题主要涉及的是他者的存在。在现象学的早期文献中，这一问题得到了最为深入的探讨，但我们要谨慎地避免那些使上述文献深陷其害的哲学错误。胡塞尔（Husserl）在笛卡儿（Descartes）理性主义基础上形成了他对人际知识的系统阐述。在这一观点的指引下，尽管个体能察觉他者的身体，却不能理解他者的意识。笛卡儿曾有句名言：“比起我的身体，我更了解我的灵魂。”他还说：“对别人，我仅仅能了解其身体，因为我无法接近那人的意识。”[19] 胡塞尔则认为，我们能把握住他者的感觉与经验，但这需要在对自己的感觉与经验的移情式推理（empathic inference）基础上方能实现。众所周知，这种观点之非充分性恰恰成为胡塞尔哲学中令人棘手的难点之一。于是，一种有关自我的超验哲学终结于一种无法弥补的唯我论中。 51

这种困境在维特根斯坦晚年的观点以及在更为精致的存在主义现象学中得以避免。自我意识与对他者的认知相比并不处于第一位，因为语言（具备固有的公共性）是打通两者的主要手段。并非主体间性（intersubjectivity）源自主体性（subjectivity），恰恰相反，是主体性源自主体间性。然而，鉴于儿童的早期经验先于其语言习得，我们又该如何扩展此种观点呢？此外，如果我们不同意胡塞尔的观点，那么在何种意义上他者的存在方能成为一个存在性问题？对这些问题的回答要依据前文已经阐述过的观点。对他者品性的认知，直接与个体对客观世界的早期探索相关联，同时也直接与后来成为自我身份认同既定感觉的最初激动相关联。个体并非在突发状态下偶遇他者的本质存在，相反，是以一种包含情感的认知方式去“发现他者”却在自我认知的形成初期占据重要核心地位。如果这些早期的发展过程没有及时就绪，则后续的语言习得亦将不可能发生。

“他者的问题”并非指个体如何实现从自身内在经验之确定性向不可知的他者的转变，相反，该问题指涉的是存在于对他者性格特征之认知与本体安全的其他主要中枢之间的固有联系。在婴儿的早期生活与成年人的活动中，对他者的信任源于有关稳定的外在世界的经验以及一以贯之的自我身份认同感。此处，对他者的可靠程度和正直品行的“信念”显得非常重要。对他者的信任始于个体的信赖这一情景，具体而言，即婴儿对看护者的信赖。但这种信任（或信赖）一方面先于婴儿将他者认知为“人”的意识而存在，另一方面也在其成年后形成了社会生活主体间性的构成要素。信任、人际关系以及对事物“真实性”的深信
52 不疑在成年人的社会生活中相伴而行。他者的回应对维持一个“可观察或可解释的”世界来讲必不可少，但我们绝不能完全依赖于这些反应。社会再生产不随物理世界的因果决定特征而展开，却总是随着对惯例之使用的偶发性特征而展开。此外，社会世界不应被理解为“第一自我”（ego）面临“第二自我”（alter）时的多种情景，而应被视为另一类情景，即每个人都能平等地参与到可被预见的社会互动之动态进程中。日常生活的有序性确是一种不可思议之现象，但它并不生发于任何形式的外部干预，相反，它是由日常行为者以一种完全有序的方式所带来的持续性成果。这种有序性是稳固且持久的，但是，某人对他者的轻轻一瞥，或语调之变化，或面部表情和身体姿势之改变，均会对其造成威胁。

第四类存在性问题涉及的内容正是自我身份认同。到底什么才是自我身份认同的确切含义？由于自我是某种紊乱的现象，故自我身份认同不能简单指涉其在时间上的延续性，而哲学家们常用这种方式来论及客观物体或事物的“身份”。[20] 自我的“身份认同”与作为一般现象的自我相反，它假定存在一种反身性认知。它是“自我意识”这一术语中个

体所“意识”到的那个东西。换言之，自我身份认同不是给定的，即个体行动系统之延续性结果，而是要在个体反思性活动中依据惯例被创造和维持的某种东西。

自我身份认同的一个重要话语特征便是“主我”、“宾我”、“你”（或其他对应表述）之间在语言学意义上的区隔。然而，我们对 G.H. 米德（G.H. Mead）所提出的与自我身份认同相关的主我及宾我概念不甚满意。在米德的理论中，“宾我”是一种身份认同，一种社会身份认同，是“主我”在儿童的心理发育进程中逐渐意识到的。在某种程度上，“主我”是个体主动的原初意志，制约着作为个人社会关系的反应的“宾我”。我们同意米德的如下观点，即婴儿在对其早期经验的社会场景的回应中，逐渐形成一个“自我”概念。但是，主我和宾我（以及主我、宾我和你）之间的关系是一种内在于语言中的关系，而不是联结个体之非社会化部分（即主我）与“社会自我”的那种关系。“主 53
我”是个语言转换器，它从术语的网络中获取其意义，而借助此网络，主体性的话语系统亦得以形成。运用“主我”及其他相关联的主体性术语的能力，是自我认知得以形成的条件，但不是限定自我认知的意义。

自我身份认同并非个体所拥有的一个特质（或特质集合）。它是每个人对其个人经历进行反身性理解而形成的自我概念。此处的身份认同依旧假定存在一种跨越时空的连续性，但是自我身份认同却是经行动者反身性阐释后的连续性。这就包括了“人格”（personhood）的认知构成成分。成为一个“人”不仅仅是要成为一个具备反思性的行动者，而且还需具备人的概念（用以描述自我及他者）。不同的文化场景对“人”的理解无疑是各异的，但所有文化中都有一些共通的与人的概念相关的要素。在不断变化的场景以及每个已知文化的独特情景中运用“主我”的能力，是人格反身性概念的最基本特征。

在普遍意义上分析自我身份认同的最好方式，便是将自我身份认同与那些自我感破碎或残缺的个体相对比。莱恩对这个问题发表过重要论述。[21] 他指出，本体意义上不安全的个体倾向于表现出以下特性：首先，个体或许会缺乏有关其生平连贯性的前后一致感，进而无法形成一种认为自己活着的持久观念。莱恩转引了卡夫卡（Kafka）笔下一位人物的表述："我从未在内心深处确信我存活着。"[22]时间经验中的间断性便是上述感受的一个基本特征。时间或可被理解为一系列离散的时刻，每个时刻均切断了先前经验与后续经验之间的联系，从而使连续性"叙事"无法形成。时常伴随上述感受而来的，还有对湮灭以及对被外在的冲击性事件吞没、摧毁或倾覆的焦虑。其次，在充满变迁的外部环境中，人们会着魔般地全神贯注于那些影响其存在的可能性风险，进而陷入行动上的瘫痪。于是，人们便体验了一把莱恩所说的"内在死亡"，这种状态源自人们缺乏抵挡冲击性危险的能力，这也是我前文所论及
54 的那种缺乏维持保护壳的能力的状态。被上述焦虑所吞没的人们或许会寻求"与周遭环境融合"，从而得以躲避那些长久以来困扰自己的危险。最后，人们无法形成或保持对自身正直品行的信任。个体会因为缺乏"自尊自爱的热情"而在道德上感到"空虚"。[23]颇为矛盾的是，行动者会经常审查自我的行为和思想。在这种托词之下，自我审查逐渐成为一种强迫症，其在经验上的结果与在其他情形中的感受相同，即自我在生命上的自发状态逐渐变为一种无生命状态。

正常的自我身份认同感恰是上述诸特性的对立面。首先，一个人若拥有正常且稳定的自我身份认同感，那么他便可以感触到其生平的连贯性。具体来讲，他的这种感触是通过反身性思考获得的，而且或多或少都可以将这种感触与他人沟通。其次，通过早期信任关系，这个人也能形成一个保护壳，从而在日常生活实践中"过滤"掉许多能对自我正直品行造成威胁的危险。最后，这个人会把上述正直品行作为有价值的事物接受下来。同时，他有着充分的自尊自爱进而得以维持一种自我依然"活着"的感觉。这种感觉是在反身性控制范围之内的，而非具备客观世界里的事物那样的惰性特质。

自我身份认同的存在性问题与个人生平的脆弱性质有着紧密联系。一个人的身份认同既不体现于其行为中，也不体现于他者对其行为的反应中（尽管这一点相当重要），而是体现于一种"能让特定的叙事模式持续下去"的能力。如果一个人想要在日常生活中维持与他人的正常互动，那么这个人的生平就不能全是虚构的。它必须持续不断地吸纳外部

世界中发生的事件，并将其分类归入有关自我的、正在进行的“故事”中。一如查尔斯·泰勒所言：“为了形成并保有一种自我感，我们必须清晰地知晓我们来自何处，又去向何方。”[24] 这一漫长的“工作”无疑含有无意识的一面，而后者或许经由梦境而形成。在辛苦一天之后每天晚上人类做梦的过程便能很好地表现出人们对记忆的无意识选择和丢弃。[25]

稳定的自我身份认同感预先设定了本体安全感其他一些元素的存在——接受他物与他者的现实性，却并非直接源自这些元素。一如本体 55
安全的其他存在性维度，自我身份认同感既具有强健性又具有脆弱性。脆弱性，主要是由于个体以反身性方式在脑海里保有的个人生平，仅仅是诸多潜在的可以用来讲述个体作为自我而发展的故事之一；强健性，则是由于自我身份认同感能得到足够安全的维系，从而能经受住个人活动的社会环境中的重大张力与变迁。

一如其他一些存在性场域，自我身份认同的“内容”——形成个人生平的一些特质——随着社会和文化情境的变迁而改变。在某些方面这个特征非常明显。就好比一个人的名字是其个人生平中的首要元素，社会命名的活动，姓名表现亲属关系之程度，以及姓名会否在人的不同年龄阶段发生相应改变——所有这些在不同文化中均各不相同。但是，也存在一些更为精妙却也更为重要的差别。例如，反身性的个人生平会发生形式和风格的变化，而这与故事的变化模式是基本一致的。一如我在下文所要继续论述的，这个问题对现代性条件下自我身份认同的评价机制来说具有十分重要的意义。

存在性问题

存在性问题关涉人类生活的基本参数，并且由每一位在社会活动具体场景“进行中”的人来“回答”。它们假定存在下列本体论和认识论因素为其前提：

存在和本质存在： 存在的本质、客体和事件的特性

有限性和人类生活： 人类既属于自然，又作为具有感知和反身性的生物与之分离，经由此一过程而形成存在性矛盾

他者的经验： 个体对他人特质和行动的阐释方式

自我身份认同的延续性： 在连续的自我和身体中的人格的持续感受

身体与自我

56 自我，毫无疑问需要载体来使之具体呈现。对身体轮廓和特征的认知，是儿童对外部世界的最初探索之始，借此儿童得以了解他者与他物的基本特点。儿童并没认识到自己“拥有”身体，这是因为人的自我意识源与人对身体认知之间的因果关系，乃是前者源于后者而非后者源于前者。有关身体和自我的关系，维特根斯坦再次给予我们诸多教诲。儿童是通过与外在客观世界及与他人的交流互动来实现对自身身体的认识的。他们经由日常实践来把握现实性。因此，身体并非一个简单的“实体”，而是被体验为一种应对外部情景和事件的实践模式（梅洛–庞蒂也强调这一点）。面部表情和身体其他姿势为场合性（contextuality）或指标性（indexicality）提供了基本内容，而后两者恰是日常交往之重要条件。学会成为一个有能力的能动者——以平等身份与他者一起参与社会关系的生产与再生产过程——便要具备对面部表情和身体姿势实施持续有效监视的能力。对身体的控制在“我们不能以言语表达”之事中占有核心地位，这是由于它是我们能以言语表达之事（或所表达的有意义之事）的必要框架。

戈夫曼和加芬克尔的作品在诸多方面都是对维特根斯坦在哲学层面所提出观点之实证性探索。这些作品显示了，在社会互动的所有情境中，个体期望对其身体所保持的控制是如何严密、完全及无止境。此外，想要成为一个有能力的能动者，不仅意味着要保持这样一种持续不断的控制，而且还意味着要让他人见证自己的此种状态。其他行动者常规性的见证才使得一个能动者成为有能力的能动者。人们必须极力避免对身体的控制出现误差，或在此种情形发生时，以身体姿势或惊叹的方式向他人表明那不是“错误”。[26]

常规性的身体控制对于个体在日常互动情境中维持自己的保护壳至关重要。在一般情景下，人们所保持的身体倾向性显示了戈夫曼所谓之“从容控制”。[27] 个体感觉为危险并因此视之为警报的那些事物，身体的经验与技巧对之颇具影响力。一如戈夫曼简明扼要之评论，“个体现在能轻易进行的所有活动，在曾经的某个特定时刻，几乎都是需要严 57
肃认真的努力方能实现。行走、过马路、造句、穿衣、系鞋带以及填表格——所有这些现在无须思考便能很好完成的惯常性活动，在曾经都需要一个过程方能获得，而该过程早期阶段之商定亦充满艰辛”[28]。任何给定情形中个人的悠闲都表明此人拥有面对威胁及其所带来的机会的长期经验。而对其他行动者来说，他们可获得一个“极短的反应时间”，即用以感知警报并随之作出适当反应的短暂时间间隔。然而，对身体的自我控制不得不保持非常完整和持续的状态，以致所有个体在能力不足以面对压力时都脆弱不堪，进而使本体安全的框架受到威胁。

在近来的社会理论中，有关身体的问题尤其与福柯的大名连在一起。福柯分析了与权力机制相关的身体，尤其重点关注“规训权力”（disciplinary power）在现代性情境中的出现。身体成为权力之焦点，并且这种权力——与前现代时期试图将其彰显于外在不同——臣服于自我控制的内在纪律。依福柯所言，规训机制能制造“驯服的身体”。[29] 尽管福柯对规训纪律的阐释或许已非常重要，但他有关身体的观点仍需深入分析。他未能分析出身体与能动之间的关系，这主要是因为从其所有意图和目的来看，他把这两者等量齐观。本质上讲，身体加上权力等于能动。但当将此观点与福柯之前的梅洛–庞蒂所提出的观点以及当代的戈夫曼的观点并置时，它便显得有些不充分和不成熟。对身体保持规训是优秀的社会能动者固有的一种能力，它是跨文化的，而非专门与现代性相联结，而且它是社会生活中行为过程的一种持续不断的特征。最重要的是，对身体的惯常性控制，既是能动的一种内在本质，也被他人接受（信任）为个体的一种能力。

身体在能动方面的双重重要性或可用来解释主我与宾我相区隔的明显普遍特征。对身体的有规律的控制是自我身份认同之个人生平得以维持的基本手段，而与此同时，自我几乎恒定不变地将其具体化之表 58
象“展现”于他者面前。同时，处理身体的这两方面特征之需要——源于婴儿的早期经历——便是身体之整体感（即自我安全地居于身体

“中”）与他者的常规性评价紧密相连之原因。戈夫曼所说的“常态表征”（normal appearance）是社会互动的日常场景之构成部分。常态表征即（受到严密监控的）身体的习性，借助这些习性，个体得以在“常态”情境中主动地再生产保护壳。“常态表征意味着个体可以在安全且无损的情境中继续其手头的活动，而无须对周遭环境之稳定性投入太多关注。”[30] 这也是前文所描述的“归类涵括”过程在身体上的表现。一如日常生活中互动的所有方面，人们需要极为小心谨慎地控制好常态表征，即使这种谨小慎微在表面上的缺失恰是其重要特征。

常态表征以一种与个体生平叙事相一致的方式持续下去的程度，对本体安全感来讲具有决定性意义。所有文化场景中的人们均能将自我身份认同与其在特定社会场景中的“表现”进行严格区分。但在某些场景中，有些人则可能会感觉到他的所有活动均为矫饰或虚假的。出于某种原因，某些既定的日常惯例会变为无效之物。例如，一位丈夫可能向他的妻子隐瞒了其正在发生的婚外情并准备离婚的事实。此时，一般惯例遂变成虚假的表现形式（或舞台化了的惯例），人们会因此而形成距离感，他们不得不装作似乎什么都未发生过，以继续这种常规表征。原本以习惯性方式纳入实践性意识的事物，遂变成专门设计之物，并进而极有可能在无意识层面带来种种问题。上述案例中的丈夫成功扮演称职丈夫之角色，实际上呈现的恰是一种虚假的伪装外表，但这种外表又不会严重损害个体之自我形象。

然而，当自我身份认同与个体之具体表现两者分离得更为彻底、更不需要具体场景的时候，更加严重的错位便有可能随之而来。此时，人们会感到他是在持续不断地表演着，而不是合理地遵循着几乎所有日常
59 惯例。如果莱恩的观点正确无误，那么这种情形会导致一种典型的“非具体化的”自我。绝大多数人都全神贯注于其身体，而且认为自己就是身体和自我的统一体。以接受的惯例与个体生平叙事之间的重大差异造成了莱恩（紧随温尼科特之后）所说的“虚假的自我”——身体表现为一个被自我在幕后操控的客体或工具。以精神狂热之形式表现出来的自我与身体之离析（或彻底融合），是世界上各大宗教的共有理想，并在其中体现着积极意义。然而，当此种分离作为人格不需要的特征而出现

时，便产生了对自我身份认同造成直接冲击的存在性焦虑。

失去了具体形态的个人也许会无法感知身体之欲望，并且将危险视为仅仅对其他人产生威胁之物。实际上，他们较之正常人更能抵御针对身体的生理健康之冲击，但具备此能力之代价却是在其他方面的巨大焦虑。在此种情形中，有关自我身份认同的叙事以一种特定方式而形成，这种方式让个体能以中立不干涉、犬儒主义、憎恨或讽刺性的娱乐等态度见证其自身的活动。克尔凯郭尔在描述一种自我对身体之“关闭”状态时，指涉的便是此种现象，即个体的行动似乎处于某种遥控状态。[31] 自我之失去具体形态与前章所论述过的现实之倒置有着密切的联系。第二次世界大战期间，被关押在纳粹集中营中的囚犯遭受了身体和心理上令人震惊的压力，他们由此体会到了那种身体与自我分离之状态。对他们而言，“脱离”身体之感受——被描述为“做梦般”、“不真实”或“剧中人物般”的情境——似乎早已成为一种功能性现象，使他们得以远离身体正遭受的生理衰竭。[32] 精神分裂症患者的不真实感通常也具有类似形式，甚至也可能牵涉了类似的防御机制。自我失去身体之具体形态遂成为一种超越危险及获得安全的尝试。

在更为微观的层面上，失去身体的具体形态，是每个人在紧张的日常生活情境中都能体验到的本体安全被打乱时的基本特征。在这个意义上，这种分裂状态（splitting）是对危险的暂时反应，而非长时段的分离。在这一点上，认为温尼科特、莱恩和拉康（Lacan）的观点之间存 *60*
在密切联系并非异想天开。这是因为，如果拉康有关镜像阶段（mirror stage）的假设是成立的，那么在想象中把身体视为分离存在之物，便对儿童生长的特殊阶段之自我身份认同形成过程至关重要。直到儿童发育超越了本阶段，其有关自我身份认同的叙事方能形成；或者，更确切地说，这种叙事的出现是上述超越得以完成之手段。于是在这种背景之下，极度紧张的情境中出现身体分离感这种常见现象便不足为奇了。个体进入了暂时的精神分裂状态，进而从身体正在进行和经历的事中脱离出来。

在更为明显及半永久性的精神分裂人格中，镜中形象与自我在很大程度上能相互颠倒。对能动的体验不再依据身体，转而依附于生平叙事所创造的虚幻世界，并与日常活动所依赖的想象和现实原则之交汇相分离。自我身份认同不再是个人牵涉其中的日常生活惯例之构成部分。事实上，面对他者，个人能感到一种隐身状态，这是由于行动中的身体不再承担“自我之载体”的功能。弗洛伊德认为，儿童经常喜欢玩躲猫猫之类的隐身游戏，而这种游戏也可以在镜前一试。儿童发现了一个可以让自己消失的玩法，即从镜子面前走开或转移视线不看镜中的影子。这个游戏触及了深层次的焦虑。对自己变为隐身的恐惧与儿童早期和抚养者之间的关系密切相关，尤其与担心妈妈离开后可能不再回来这种恐惧密切相关。儿童对自己的消失所作的探索，与其不了解父母不会一去不回密切相关。[33]

如果父母缺席所带来的威胁与身体内保有的那种防御机制相连，那么隐身感则有转变成长时段之倾向。此处，我们再一次见证一个重要事实，即在“正常”心理发育进程中，身体绝不仅仅是承载对他者感觉的一个装置。完整的自我再也无法体现在身体表面特征或其姿势中，但当自我处于完全隐身状态之时，个人对身体具体形态的常规感觉——在日常行动中与之相伴之感觉——遂会变得错位甚或消逝。

61 莱恩归纳出上述虚假自我的伪装外表的四种病理学特征：

（1）虚假自我体系变得愈加弥漫和无孔不入。

（2）虚假自我体系相对身体惯例而言变得更具自主性。

（3）虚假体系受强迫性行为片段所“困扰”。

（4）身体之行动变得愈加“死气沉沉、不真实、虚假和机械化”。[34]

与日常惯例几乎完全分离的那种感受，在莱恩所描述的一位年轻的精神分裂症患者的案例中得到充分体现。一如莱恩所言，该患者感觉他“大脑”中的那些思想并不真正是他自己的。他认为自己在“表演着”对日常社会生活中惯例和习俗的种种反应，而且就这些惯例和习俗而言，他觉得自己的身体或像“中立的”机器在运转，或被一种深奥莫测的强制力所主宰着。例如，当他的妻子为他倒上一杯茶时，作为回应，他会报以微笑并说声谢谢。然而，他也会旋即被一种深恶痛绝感所压倒：他认为妻子是在机械行事，而他也依据相同的“社会机械学”（患者语）而作出反应。

日常社会生活场景中的“进行状态”需要所有社会互动参与者持续

且不间断地工作。对正常个体来说，大多数此类工作在不经意间就完成了，这是因为它们根深蒂固于身体控制和面部表情这种实践性意识上。但对那些精神分裂症患者来说，由于他们无法不假思索便接受身体的整体性状态，故要保持一种常态表征则可能成为一个巨大的负担——他们最终可能真的无法“继续前行”（双重意义）并进而几乎整个地退却到内在的幻想生活当中。

当然，身体不仅是一个本地化行动媒介。作为一个生理有机体，它需要受到其拥有者的照料。它是有性别的，也是快乐和痛苦的源泉。而人类境况的一个基本方面却是，人类无法在其生命的最初时期照料自己。有关照料的一些惯例是婴儿生活中的信任场景的基本要素：成年看护者同样也是照料的给予者。食物及其他基本生理需求的提供模式，最好被理解为一种“规则”（regimes）——儿童认识到早期的营养并非因需求而唾手可得，而是被周期性地提供。给养规则只是个人影响和品位之一部分，即便是新生儿也会主动地对看护者的反应施加影响，有时甚至是重大影响。但是给养规则的形成也同样受到社会场景和文化场景之影响。对成年人来讲，食物给养规则标准化及规范化程度，或该规则向个体爱好开放之程度，取决于这一规则所处具体文化场景之性质。这些情形也同样适用于两性规则，不论涉及的是儿童行为还是成年人行为。服饰则是另一种类型的生活规则。在所有文化场景中，服饰在很大程度上都超出了保护身体之简单功能，实际上它是一种明显的象征展示手段，及一种赋予自我身份认同叙事外在形式的重要手段。 62

生活规则与正常的“进行状态”之惯例不尽相同。所有社会惯例均要求对身体进行持续控制，然而生活规则是后天习得的习俗，它要求对有机体之需求进行严格控制。除却服饰方面的部分特例之外，生活规则由有机体的生理特征去执行，而不论其获得的是何种象征元素。生活规则以满意和剥夺为中心，所以也成为激励能量之焦点——一如弗洛伊德所言，它始于最早对现实原则的无意识调整。因此，个人所形成的作为习惯的生活规则，成为其行为的无意识的条件性元素，同时也与持久的激励模式密切相连。生活规则是自我约束的方式，却并非由日常生活中的各类习俗所单独构建而成。它们只是个人习惯，一方面部分地依据社会习俗而形成，另一方面也依据个人爱好和性格而形成。

生活规则对自我身份认同有着至关重要的意义，恰因为这些规则将身体之习惯与身体之可见表征方面联系起来。例如，饮食习惯是自身的仪式性表象，但是它们也影响身体的外在形式——个人的饮食习惯或许会暗示其背景信息及其塑造的自我形象。饮食规则同样有其病变状态，同时也与身体规训之正面着重点相联系。一如下文所描述的普遍的身体规则，禁欲主义对个体提出了禁食和其他形式的身体剥夺，常与对宗教价值之追寻相联系。在更加个人的层面上，对身体资源之自我剥夺是所
63 有社会中心理失调之常见特征，譬如放纵。两性规则也同样适用于这些问题。独身是被某些宗教所赞赏的身体克制形式，但也可视为一种个性困境之表现，对其他事物的性痴迷也属此列。自我装扮之规则与个性之变化有着密切联系。服饰是一种自我展示的手段，也直接与隐藏或揭露个人生平相联系，即它将惯例与身份认同之基本方面相联结。

我们应如何来考虑与性别特征相关之身体呢？性别关涉到学习和持续的“功课”，而非给定的两性差异在生物学上的简单延伸。这一点是毫无疑义的。有关身体的这一方面，我们可以回归加芬克尔所阐明的本土方法论（ethnomethodology）的中心议题。本土方法论如此重视对话分析，以至于我们几乎都忘了加芬克尔的研究是直接出于其对性别控制之关注。阿格尼丝的案例是《本土方法论研究》中所提到的变性者案例，它表明要成为“男人”或“女人”依赖于对身体和身体姿势之长时段监控。事实上，并不存在能将男人与女人完全区别开来的单一特征。[35] 只有少数那些拥有完整的双性经历的人士才能完全认识到，以形塑性别之手段所体现的身体展示与控制之细节是无处不在的。

动　机

一如本章开篇时所言，行动的缘由是所有人类能动者对其行动所进行的反身性监控的内在构成部分。缘由形成了行动的“行进状态”特

征，而非被当作结果或集合体而与之相连。所有有能力的能动者均要常规性地与他们行为之根据“保持联系”，这也成了生产与再生产那些行为的重要方面。缘由不同于动机，后者指涉的是行动的源泉。缘由会长时段地影响行动，而动机则不会。人类常规行为的许多方面都不是直接由动机激发的，它们仅仅是日常生活中的构成部分。动机不作为离散的
心理学单位而存在，缘由亦不是。我们应该把动机视为个体深层的“感 64
觉状态”，它包含无意识的情感形式以及更为有意识地体验到的痛苦或激动。

婴儿没有动机，只有需求。当然，婴儿并非被动的有机体，相反，他们会主动且急切地回应看护者试图施加的规则来促使看护者回应他们的需求。然而，需求也不是动机，因为它们并未暗示一种对需要实现的事物在认知上的期待，而这正是动机的决定性特征。从本质上讲，动机源于焦虑，并伴随一种借以形成本体安全感的学习过程。

因此，动机应该被视为前文所述的基本安全体系的重要特征。更确切地讲，动机被捆绑于和早期信任关系息息相关的情感中。信任关系可被理解为社会纽带（social bonds）之形成过程。所谓社会纽带，是指与他人之间的那种富于情感的依赖关系，始于婴儿和看护者之间的那种关系。[36] 婴儿与早期看护者之间建立了社会纽带，这种状态深刻影响了成年人生活中形成的牵涉各类情感的密切社会关系。尽管“某一”情感需经学习方能获得（同时也具有强烈的场景性，一如建构主义者对情感的解释所指出的[37]），但情感反应却内在于婴儿的生活中。包含婴儿的啼哭和面部满足表情以及看护者关爱性的肢体表达在内的情感姿态，是其正在形成的社会纽带的重要构成部分。

处理早期生活的情感投入，必然使儿童陷入紧张，从而对其与看护者之间的联结产生影响。负罪感便是由焦虑所激起的一种表现形式。负罪感是由对违规的恐惧所产生的一种焦虑，此时个体的思维和活动均与正常期待不符。一如克莱因（Klein）令人信服之论，在儿童生活中，对负罪感的体悟比弗洛伊德所指出的要早得多。在精神分析理论的文献中，负罪感的机制得到了广泛探讨，但就自我身份认同的问题而
言，较少被广泛关注的羞耻感则显得更为重要。负罪感的对立面是补 65

偿（reparation），其关注的是已完成或未完成的事情。作为无意识的无处不在之特征之一的负罪感比羞耻感更能影响自我身份认同的更多方面，但它主要强调的是行为的离散元素，以及这些元素所体现的惩戒模式。

羞耻感与自我身份认同直接相关，这是由于其本质上是对叙事充分性的焦虑，借助此种叙事个体才能保持连贯的生平。羞耻感的产生与负罪感几乎一样早，这是由于它是由激发不充分感或耻辱感的那种经历所引起的，这种感觉远早于对有区隔的语言之掌握。有人曾认为，负罪感是私人的焦虑状态，而羞耻感则是公共的焦虑状态。但这并非区分两者最合适的方式，因为两者（在其最为明确的形式上）均关涉内向投射之形象（introjected figure），尤其在无意识层面更是如此。因此，萨特将羞耻感本质上作为可见之现象来处理，他所举的例证是一个人在某特定事件使其恼怒时所作出的粗俗体态。这个人随后便意识到自己正处于众目睽睽之下，当突然从他人眼中看到自己时，他顿感羞耻。[38] 但人在完全独处时，也会感到羞耻。实际上，羞耻感或许是持续的深层次的情感形式，而这些标志对他人来说是显而易见的，仅仅起到触发器之功效。[39] 羞耻感依赖于个人的不充分感而产生，它们能破坏掉个人在早年间形成的心理构造的基本要素。羞耻感应该在其与自我正直品行的关系中得到理解，而负罪感则源于对恶行之感触。

海伦·刘易斯区分了两种羞耻感状态，她称其中一种为“公开的、无差别的”羞耻感，另一种为“迂回的”羞耻感。[40] 前者指儿童在受到他人某种方式的羞辱后所体验到的感觉；后者则与未公开承认之负罪感相关联，是一种来源于在无意识情况下体验到的关于不充分自我之焦虑的羞耻感。一如刘易斯所描述的，迂回的羞耻感直接与本体安全感相联系，它由受压抑的恐惧所构成，其恐惧的正是自我身份认同叙事无法抵御对该叙事连贯性和社会可接受性的巨大压力。羞耻感比负罪感对信
66 任根基的破坏性更大，这是由于羞耻感与婴儿对被抛弃的恐惧之间存在根本联系。信任他者对儿童时期本体安全感的形成至关重要，而随之而来不可避免的是缺席所引发的担忧。

羞耻感和信任紧密相连，这是由于有关羞耻的体验会威胁甚至摧毁信任。例如，某人解释他人的回应，并暗示她所假设的他人对她的看法是错误的，那么该解释不论正确与否，其结果都将破坏早已建立的那一整组信任关系。儿童所建立的基本信任，被作为对外部（具有连贯性、持续性和可靠性的）世界之体验的重要组成部分而构建。而当这种期待落空时，其结果便是信任之丧失，不再信任他人，也不再信任客观世界之连贯性。一如海伦·林德所言，一旦上述现象发生，“我们便会在一个我们曾视其为家的世界里变成陌路人。在意识到我们无法信任对诸如‘我是谁’、‘我属于何地’等问题的回答时，我们体验了焦虑……伴随着信任的周期性破坏，我们重新变为一个异化世界中对自身不确定的儿童”[41]。

羞耻感是行动者动机体系里消极的一面，而其积极一面则是自豪感或自尊感，即对自我身份认同叙事所体现的正直品行和价值充满信心。当一个人能成功地培育出自豪感时，他必能在心理上感到其生平是合理且完整的。对自豪感的维持具有深远的影响，其作用远超过对自我身份认同的保护和加强，这是由于自我之连贯性与普遍的本体安全感之间有着内在联系。当自我身份认同之核心要素受到威胁时（其原因前文已分析过），“真实”世界的其他方面也有可能被波及。

建立于社会纽带中的自豪感持续地受到他人反应之冲击，而羞耻感之体验常常集中在自我之“可见”方面，即身体上。事实上，弗洛伊德明确地把羞耻感与对裸露身体的恐惧联系在一起，即羞耻感产生于众目睽睽之下的裸露状态。然而，担心裸露时被撞见主要是一种象征现象，表达了社会互动中自豪感与羞耻感之间的紧张关系。就两者对自我身份认同之重要意义而言，负罪感与羞耻感之间的区别主要 67
体现于以下事实，即负罪感没有与自豪感或自尊感相对应之积极相关面。

在继续我们的讨论之前，有必要引用埃里克松和林德的研究来对比一下个性的“负罪轴”与“羞耻轴”的差异，尽管我们必须承认两者常常在同样的情境中进入个体的态度和行为之中。

负罪轴	羞耻轴
（1）涉及与违反规则和禁忌相关的离散行动	（1）涉及自我身份认同的全部构成成分
（2）包含积累过程，自主性在其中通过对压抑的克服而形成	（2）包含对自我身份认同叙事的性质的洞悉，不必然以累积方式出现
（3）不端或违规行为之暴露	（3）危及自我身份认同叙事之潜藏特质的暴露
（4）关注对身体“恰当行为”规则之违反	（4）关注与自我身份认同机制相关的身体
（5）针对尊敬和喜爱之人做坏事之后的感受	（5）针对尊敬和喜爱之人的不适当感
（6）基于无背叛和无二心之上的信任	（6）基于“为他人所知”的信任，自我表露未引起对暴露的焦虑
（7）克服负罪感将带来道德崇高感	（7）对羞耻感的超越将带来安全的自我身份认同

在精神分析理论的诸多文献中，羞耻感似乎已经被降低至十分次要之地位，部分原因或许在于弗洛伊德对该问题讨论甚少，而更为重要的原因则是它所需要的种种概念（即自我与自我身份认同等概念）较难融入主流的精神分析中。[42] 皮尔斯和辛格在他们合著的《羞耻与负
68 罪》中将负罪感与超我（super-ego）相联系，同时将羞耻感与自我理想（ego-ideal）相联系。[43] 负罪感是当超我的约束遭到破坏时而引发的焦虑，而羞耻感则是源自无法实现根植于自我理想中的期待。依据皮尔斯和辛格的研究，“当边界被触碰或被侵犯时”，负罪感便会产生，而羞耻感则“产生于目标之未能满足同时也意味着一种‘缺陷’”[44]。然而，此处我们并不使用自我理想这一概念，相反，我们将在科胡特（Kohut）的研究成果之上把羞耻感与理想自我这个更有容纳度和价值的概念相联系。而理想自我就是“我想成为的那种自我”。

羞耻感根植于一种“陈旧之环境”，在该环境中个体得以形成一种与看护者相分离的自我身份认同感。“理想自我”是自我身份认同之核心部分，因为它形塑了一个积极愿望得以表达的渠道，从而使自我身份认同之叙事得以最终成型。在许多情形中，通过对自我之不完善与局限性之接受，个人早期的无所不能遂被铸入可信的自尊感中。一如科胡特所言：“宏大幻想的范围和威力之逐渐减少，往往是个性的自恋部分中

心理健康之先决条件。”[45]而对羞耻感的体验则在这一过程中发挥着基本作用。然而，在某些场景中，尤其在自恋式个性失调之情形下，个人的自豪感及成就感便会过度发展甚或发生破碎。科胡特将此情形描述为：

> 既是遭受自恋式个性失调之苦的患者重新调整自我的一种挣扎，也是在中世纪晚期发现其自我之基本形式从属于其重要之雄心（然并未实现）的人们的一种绝望，即我所强调的无罪之绝望……对有些人来说，这是极度无望、极度冷漠的时刻，也是缺乏负罪感和缺乏自我导向之进取心的沮丧时刻，它使得那些充满失败感的人们不堪重负……[46]

羞耻感与自恋直接相联，但并不必然意味着其伴随物是一种被其雄心壮志所压抑着的理想自我。羞耻感也与个体所体会到的一种困境相连，该困境源于个体把自我身份认同从其与看护者和不受限制的无拘无 69
束感相连的原初一体性区分出来的过程。理想中连贯性之缺乏，或在发现值得追寻的理想中遭遇的困难，对羞耻焦虑感的形成以及其中目标太大而无法实现的社会场景均至关重要。

埃里克松曾认为，“使今日的患者遭受痛楚最为严重的是诸如他应相信什么、他应（或可能）是谁以及他应成为谁等问题，而早期精神分析理论与实践所处理的患者们所面临的最严重问题却是那些阻止他们成为他们以为自己应该成为的那种人的压抑感”[47]。在本书接下来的章节中，我将试图阐明为何埃氏这一观察是恰如其分的，同时我也会解释为何在现代性条件下作为一种心理组织特征而逐渐凸显的是羞耻感而不是负罪感。

注　释

［1］Anthony Giddens，*Central Problems in Social Theory*（1979）and *The Constitution of Society*（Cambridge：Polity Press，1984）.

［2］Harold Garfinkel，“A conception of，and experiments with，‘trust’ as a condition of stable concerted actions”，in O. J. Harvey，*Motivation and Social Interaction*（New York：Ronald Press，1963）；有关此问题的研究，还可参见 John Heritage，*Garfinkel and Ethnomethodology*（Cambridge：Polity Press，

1984）。

［3］有关该问题更全面的解释，参见 Anthony Giddens，*The Consequences of Modernity*； 以 及 Erick Erikson，*Childhood and Society*（New York：Norton，1950）。

［4］D. W. Winnicott，*The Maturational Processes and the Facilitating Environment*（London：Hogarth，1965），pp. 57，86.

［5］D. W. Winnicott，“Creativity and its origins”，in his *Playing and Reality*（Harmondsworth：Penguin，1974），p. 83.

［6］Sigmund Freud，*Introductory Lectures on Psychoanalysis*（Harmondsworth：Penguin，1974），p. 395.

［7］Sigmund Freud，“Anxiety”，in ibid.

［8］Harry Stack Sullivan，*Conceptions of Modern Psychiatry*（New York：Norton，1953）.

［9］Ibid.，p. 14.

［10］参见 Rollo May，*The Meaning of Anxiety*（New York：Washington Square Press，1977）。

［11］Freud，“Anxiety”.

［12］Erving Goffman，*Relations in Public*（London：Allen Lane，1971）.

［13］Sören Kierkegaard，*The Concept of Dread*（London：Macmillan，1944），p. 99.

［14］Anthony Giddens，*New Rules of Sociological Method*（London：Macmillan，1981）.

［15］Paul Tillich，*The Courage to Be*（London：Collins，1977）.

［16］Sören Kierkegaard，*Concluding Unscientific Postscript*（Princeton：Princeton University Press，1941），p. 147.

［17］转引自 Martin Heidegger，*Being and Time*（Oxford：Blackwell，1962），pp. 143-145。

［18］Sören Kierkegaard，*The Sickness Unto Death*（Harmondsworth：Penguin，1989）.

［19］René Descartes，*Meditations on First Philosophy*（Cambridge：Cambridge University Press，1986），p. 98.

［20］当然，这一问题已被许多哲学家（尤其是受休谟影响的）讨论过，过去的 20 年涌现了不少相关文献。

［21］R. D. Laing，*The Divided Self*（Harmondsworth：Penguin，1965）.

［22］In ibid.，p. 108.

［23］Ibid.，p. 112.

［24］Charles Taylor，*Sources of the Self*（Cambridge：Cambridge University

Press，1989）. 有关此问题的研究，还可参见 Alasdair MacIntyre，*After Virtue*（London：Duckworth，1981）。

［25］Giddens，*Constitution of Society*，第 2 章。

［26］Goffman，*Relations in Public*.

［27］Ibid.，p.248.

［28］Ibid.

［29］Michel Foucault，*Discipline and Punish*（London：Allen Lane，1979）.

［30］Goffman，*Relations in Public*，p.250.

［31］Kierkegaard，*Sickness Unto Death*.

［32］Bruno Bettelheim，*The Informed Heart*（London：Palladin，1970）. 有关进一步讨论，见 Giddens，*Central Problems*。

［33］Sigmund Freud，*Beyond the Pleasure Principle*（London：Hogarth，1950）.

［34］Laing，*Divided Self*，p.144.

［35］Harold Garfinkel，*Studies in Ethnomethodology*（Cambridge：Polity Press，1984）.

［36］在这一点的分析上，我参考了 Thomas J. Scheff and Suzanne Retzinger，*Emotion and Violence*（New York：Lexington Books，1991），但我没有像两位作者一样去深究羞耻、强奸和暴力之间的联系。

［37］参见 Rom Harré，*Personal Being*（Oxford：Blackwell，1983）。

［38］Jean-Paul Sartre，*Being and Nothingness*（London：Methuen，1969）.

［39］Gabriele Taylor，*Pride，Shame and Guilt*（Oxford：Clevedon Press，1985）.

［40］Helen B. Lewis，*Shame and Guilt in Neurosis*（New York：International University Press，1971）.

［41］Helen M. Lynd，*Shame and Search for Identity*（London：Routeledge，1958），pp.46-47.

［42］Heinz Kohut，*The Analysis of the Self*（New York：International University Press，1971）.

［43］G. Piers and M. Singer，*Shame and Guilt*（New York：Norton，1953）.

［44］Ibid.，p.142.

［45］Kohut，*Analysis of the Self*，p.108.

［46］Heinz Kohut，*The Restoration of Self*（New York：International University Press，1977），pp.238，241.

［47］Erikson，*Childhood and Society*，p.242.

第 3 章

自我的发展轨迹

70 本章将重点讨论自我（the self）这一主题，我将沿用第 1 章中对现代性的论述模式，即利用现有作品之分析和建言进行深入论述。这些前人的分析不仅在“学科”意义上搭建了理论框架，而且也为其所关注的实践领域提供了有益之建言。

珍妮特·雷恩沃特所著《自我治疗》一书是直接指向人们实际应用的一部作品。一如沃勒斯坦和布莱克斯利的研究，该书也是其所关注主题下浩如烟海的诸多作品中的一部，而它在我的分析中占据一席之地并非因其自身具有多高的学术分量，而是因为它具有很强的代表性。该书的副标题为“如何成为你自己的治疗师”，说明作者意在将其打造为任何人都能使用的自我实现之纲领：

> 可能你正觉得烦躁。或者，你觉得被妻子、丈夫、孩子或工作的要求所压倒。你也可能感到不被你身边最亲近的人所欣赏。或许你还在为生命正离你而去，而你却还没有实现你希望成就的任何事业而恼火。有价值的事物正从你生活中消逝。本书标题将会正中你下怀，而你也希望能有所改变。那么，该做些什么呢？[1]

该做些什么？如何行动？成为何种人？这些便是生活于极盛现代性的人们共同面对的核心问题，而且，这些也是我们所有人或以话语形式或以日常社会行为形式在作答的问题。一如我们后文将会看到的，尽管它们均为存在性问题，但它们与前章所阐述的存在性议题之关系仍是悬而未决的。

雷恩沃特在其著作之开篇便明确地摆出其核心观点。在她看来，由 71
他人（如心理医生和心理咨询师）所完成的治疗是自我实现过程之重要（很多时候甚至是关键）组成部分。但她又说，治疗要想取得成效，就必须把个体自己的反思融入其中，即"当患者也开始学会自我治疗的时候"[2]。这是因为，治疗并不简单是个体被动接受之事物，相反，它需要包含个体对其生命发展进程之系统反思。在此意义上，治疗师至多起到催化剂的作用，即加速自我治疗之进程。雷恩沃特指出，这一观点同样适用于她自己的著作，该书能使人们知晓自我改变的可能模式和方向，但该书必须由关注自己生命问题的人们加以阐释性解读。

自我治疗首先便要根植于持续不断的自我观察之中。雷恩沃特指出，生命中的每一个时刻都是一个"崭新的时刻"，在每一个这样的时刻人们都会提出"我想要些什么"这一问题。在每一个时刻都进行反身性的思考便是对自己的思想、感触与身体知觉的高层次认知。认知造就潜在的改变，而且也会引发认知本身的改变以及通过认知而产生的变迁。例如，"你能意识到你在呼吸吗"这一问题，至少在首次被提出时，便会产生即刻的变化。这个问题的提出会让人"意识到她正在阻止正常且充分的呼吸循环，并让自己发出放松的声音，深吸一口气然后呼出"。"那么，"雷恩沃特在此顺便与读者作起互动，"读完这一段话之后，您现在的呼吸怎样？"[3]——这个问题我也向正在阅读我这段文字的读者提出。

现时认知（present-awareness）——或者雷恩沃特所谓的"自我观察的常规技巧"——并不会导致人们长时段地沉浸在当下经历中，相反，它恰恰是有效地提前规划之必备条件。自我治疗意味着试图在每一个时刻都活得充实，但值得强调的是，它并非意味着屈从于现时之诱惑。"我现在想要什么"这个问题不同于一次休息一天。"存在于当下之技巧"创造出一种对自我的理解，这不仅是提前规划所必需的，也是构建与个体内心意愿相一致的生命发展轨迹所必需的。治疗是一种成长过程，同时也包含个人生命可能要经历的重大变迁。记日记，或者进行理 72
念或实际的自传写作，被认为是进行提前思考之手段。雷恩沃特认为，日记应该完全为自己而写，不应该有留给他人或后世阅读之想法。在日记中，个人可以充分地表现出诚实的一面，并且通过学习和吸取先前的经验和教训，能够规划出一条不间断的成长路线图。不论日记是否具备明显的自传形式，“自传性思考”是自我治疗之核心要素，这是因为，形成个人生命历史的连贯感，是逃避过去之牢笼和对未来敞开自我之首要手段。自传的作者一方面要尽可能回溯其孩提时代的经历，另一方面亦要为包含未来的可能性发展划定路线图。

自传是对过去的校正性干预，而不仅仅是逝去事件的编年史。例如，自传的一个方面便是要“为曾经的你提供给养”。当思维回溯至孩提时的困难和伤痛时期，个体便与当时的那个孩童（即年幼的自我）进行对话，并为其提供抚慰、支持和建议。雷恩沃特认为，经由这个方式，“要是……该多好”这种感觉便得以平复。“写作自传式文章的基本目的便是要帮你处理好与自身过去之关系……”[4] 自传的另一方面是“校正性情感经验之演练”。作者以现时所写的短篇故事之形式记录下过去曾发生的事件，并借此尽可能精确地回忆事件过程以及当时的感触。进而，故事将以作者希望其发生的方式被修改，并在其新情节中加入新的对话、感触和处理方式。

对过去的重新建构与对未来生命轨迹之期待相伴而生。自我治疗假设存在一种雷恩沃特所说的“与时间展开对话”的机制——一种关于个体如何处理其生命中的时间的自我询问的过程。以一种积极态度去思考时间，即允许生命延续下去而不是让有限的日子逝去，可以使个体避免出现“无助无望”的态度。“与我们相伴”的时间隐含了诸多传统文化中均能发现的命运概念，在这些传统文化中，人们成为事件和预先建构
73 之情景的囚徒，而不能让其生命臣服于其自我理解之支配。保持与时间的对话，意味着去辨别令人紧张的事件（过去的真实事件和未来可能会面对的事件），也意味着与这些事件的影响达成妥协。雷恩沃特在对本领域重要文献进行研究后制定出有关紧张事件的“量表”（同时也指出这些紧张事件之发生也可能与生理疾患有着因果联系）。这包括配偶死亡、离异或分居、失业、经济困难以及其他一些事件和处境。

“把握自己的生命”包含了一定的风险，这是因为它意味着要面对

种种开放的可能性。个体在必要时刻必须时刻准备着与过去进行几乎彻底的断裂，并且要准备着想出新办法以避免简单地用旧有的习惯来导引新的行动进程。由遵循既定行为模式而获得的安全是脆弱的，它随时都有可能破碎。这实际上象征着对未来的恐惧，而并非提供了一种能使人把握未来的手段：

> 对未来充满恐惧的人们试图用金钱、财产、健康保险、个人关系和婚姻契约去“保护”自身。父母试图不让孩子远离自己。有些恐惧的孩子不愿离开家庭住所。丈夫和妻子尽力确保对方生活和工作的持续性。而严酷的心理学的真理在于，在人际关系中并不存在比股票市场、天气以及国家安全等更为持久的稳定关系。这种对安全的疑虑对于人际关系来说是令人沮丧的，并且会妨碍个体的自我成长。我们每个人在现实中越是能学会与他人真实相处，自身就越是强壮，我们的关系就越是紧密和幸福。

最后……便是死亡，“以及此时把握死亡之概率”[5]。雷恩沃特在书中指出，让人们对死亡进行思考往往会激发以下两种态度：其一，将死亡与恐惧相连，一如在某些具体情形中，个体会花费相当多的当下时间去担忧自身或亲人之死亡；其二，将死亡视为不可知的并尽可能回避此话题。对这两种态度——恐惧死亡及回避死亡——人们可以用一种自助方案来均衡之，该方案是基于雷恩沃特在其书中所描绘的类似技巧而形成的。回溯过往，直至其他人对死亡的首次体验，使个体开始搜寻有关死亡的隐含感受。在这种情形下，个体的超前思考要求个人去周密考虑自己生命所剩下的岁月，以及去想象未来死亡之场景。在想象中面临死亡使得“该做什么”的问题再次被提出。 74

想象一下，你被告知生命只剩下三年时间，但在这期间你身体会很健康……你的第一反应是什么？……开始计划如何度过你剩下的时光，还是对如此短暂的余生充满愤懑？在这种情形下，你不应“对这种死亡过程充满愤怒”或者陷入幻想死亡的具体过程的困境中，而应该决定要如何度过你的时光，即在最后三年中你想如何生活。

> 你想在哪儿生活？
>
> 你想和谁一起生活？

你是否想工作？
想学习吗？
你想从想象生活中提取什么成分来充实你现时的生活？[6]

自我身份认同、历史与现代性

如果以一种历史的眼光来看，雷恩沃特的“自助手册”的关注点及其导向具有何种独特性？当然，我们也许可以简单地说探寻自我身份认同是一个现代问题，其根源或许在西方个人主义传统。鲍迈斯特指出，在前现代时期，我们当下对个体性的强调是不存在的。[7]前现代时期的文化中不含有以下观念，即每个人都具有独特的性格特征以及有可能获得实现的特殊潜能。在中世纪的欧洲，与身份认同相关的世系、性别、社会地位及其他特征总是相对固定的。要想对此作出转变，需经过许久方能实现，但这又受到制度化过程的制约，并且个人在其中的作用是相
75 对被动的。鲍迈斯特的分析使人回忆起涂尔干所言。涂氏认为，在某种特定意义下，“个体”并不存在于传统文化中，个体性也不被赞赏。只有当现代社会兴起——更具体地说只有随着社会分工的进一步分化——分离的个体才逐渐成为人们关注的焦点。[8]

毫无疑问，这些观点中包含着合理因素。但在我看来，问题的关键并不是“个体”，更不是“自我”的存在和凸显这一现代性的独特特征。“个体性”毫无疑问在所有文化背景中都是受到重视的，只是程度不同罢了，而且，个体性也在某种意义上成为培养个体潜能的内涵。我们不应在一般意义上谈论作为现代性特质的“个体”、“自我”甚或“自我身份认同”，相反，我们应将其细节进行分解并作彻底的解析。要实现这一目标，我们可以先对雷恩沃特所描述的治疗的内涵及功能进行分析，以指出其中的特定看法以及所蕴含的观点。从她的著作中，我们可以归纳出下列要点：

（1）自我可被视为个体负责完成的一个反身性规划（第1章已对此

主题作过阐述）。我们不是我们现在的样子，而是我们对自己进行塑造的结果。把自我看成是完全无内容的空壳是不正确的，因为自我形塑既有一个心理过程也有心理需求，两者为自我之重塑提供了参数。然而，个体会变成什么则取决于人们所参与的自我重构的尝试。这些远远不限于更好地“了解自身”，相反，自我理解服从于更为广泛、更为基本的目标，即建构或重构连贯及有益的身份认同感。涉及上述反身性的社会学及心理学研究已有相当丰硕的成果，而这也是研究者所主张的治疗观的普遍特征。

（2）自我形塑着一条从过去到可预期的未来的成长轨迹。个体依据对未来的预期而对过往历史进行筛选，并经由此种筛选过程对过往历史进行再利用。自我的发展轨迹具有连贯性，它源于对生命周期不同阶段的认知。而在格式塔心理学意义上，生命周期（而非外部世界的诸多事 76
件）成为具有主导性的“前景形象”。我们总认为，所有的外部事件或制度安排都只是“模糊的背景”，在其映衬下只有生命周期具有清晰外形且以清晰的方式被识别出来，可是实际情形并非总是如此。当这些外部事件能为自我发展提供支持，搭建一些即将被克服的障碍，以及成为人们要面对的不确定之根源时，它们才算是闯入了自我发展轨迹这一进程。

（3）对自我所进行的反身性思考具有持续性，同时亦具有普遍性。在每一个时刻，或至少在有规律的时间间隔内，个体都依据正在发生的事件对自我进行质问。以有意识询问的一系列问题作为开始，个体渐渐习惯于提出诸如“我该如何利用这一时刻来改变自我”等问题。在这个意义上，反身性从属于现代性的自反历史性，从而与更为原初的、行动的自反性监控相区别。一如雷恩沃特所强调的，这些问题是自我观察之熟练技巧：

> 现在正在发生什么？
> 我正在思考什么？
> 我正在做什么？
> 我正在感受什么？
> 我在以何种方式呼吸？[9]

（4）作为连贯的现象，自我身份认同假定存在一种叙事，这种有关自我的叙事是直言不讳的。要想保持一个完整的自我感，最好的办法便是记日记和写自传。自传（及他传）仅仅在现代时期才有，这是历史学界公认的一个观点。[10] 当然，绝大多数已出版的自传都是对杰出人物生命和成就的歌颂，它们也是将这些杰出人物的特殊经历从芸芸众生的普通经历中凸显出来的一种方式。以此方式视之，自传似乎是对个体完整独特性所作的相对浅层的书写。然而，自传，尤其是在相关个人以文字或非文字形式记下的、具有广义阐释性的自我历史，是现代社会生活中自我身份认同之核心要素。一如其他正式叙事，自传需要人为加工，而且毫无疑问需要对其进行创造性投入。

77 （5）自我实现意味着对时间进行控制，本质上讲，即建立个人时区（zone of personal time），其与外在的时间序列（即由时钟和统一测量标准所主宰的常规化时空世界）仅有微弱之联系。雷恩沃特的书中处处可见对个人时间重要性之强调，然而，很明显，这种强调的目的并不是要提出一种“绝对现时”之哲学，而是要作为一种对生命周期中可资利用的时间的控制模式来呈现。“与时间展开对话”恰是自我实现的基础，这是因为在任何给定时刻，它都是使生命趋于圆满的必要条件。未来被认为充满着无限可能，然而并不全然受偶发事件支配。相反，未来将会依据上述时间控制以及自我叙事整体性所依赖的主动的互动过程而被井然有序地安排好。

（6）当身体（一如前章所论述）成为一个行动体系之构成部分而不仅仅是一个被动的客体时，自我的反身性也将延伸至身体。对身体过程之观察——如提出“我在以何种方式呼吸”等问题——内在于一种行动者对自身行为的持续不断的反身性关注。对身体的认知是“把握时刻完满性”的基础，也要求我们对来自外在环境的感官输入进行有意识的监控，以及对作为整体的身体器官和身体特质进行类似监控。身体认知也同样包括对锻炼和节食的必要性的认知。雷恩沃特指出，人们经常说“要节食”，但事实上我们所有人都在节食！我们选择饮食的过程便是我们节食的表现。具体而言，在一天中许多时刻，我们既决定吃不吃、喝不喝，也决定吃什么、喝什么。“如果你不喜欢你正在进行的节食，总会有一个新的时刻和新的选择点让你进行调整。你拥有把握自己的主动权！”[11]

身体认知与某些传统宗教中实行的一些生活规则很相似。事实上，一如现今有关自我实现或治疗的诸多其他著作，雷恩沃特在她所提出的一些规划中，也吸收了部分上述规则。然而，两者的差异还是显著的。身体认知被她视为一种构建不同的自我的基本手段，而非离析自我的手段。体验身体是把自我连贯成一个整体的方式，借此手段个体方能说 78
“我生活于此”。

（7）自我实现可被理解为机遇与风险之间的平衡。人们通过不同种类的技巧使个体从压抑性的情感习惯中解脱出来，从而让过往随时间逝去，这也为人类的自我发展创造了多样化的机遇。个体现今已能以实验的方式对世界进行改造，就这个意义而论，世界充满着生存及行动之诸多可能。我们不能认为，心理上较为自由的人会面对很多风险而更为传统的人不会如此，相反，重要的是“对风险的世俗化意识”，它内在于人类在未来会采纳的一种精于算计之策略。

个体不得不去面对新的危险，这是切断与既定行为模式之关系的必要构成部分——包括情形可能更为严重的那种风险。另一本有关自我治疗的著作对人将要面临的情形作了如下描述：

> 如果你想让生活从此变得更好，就必须得把握住机遇。你必须摆脱墨守成规的状态，要去结识新人，探索新观念，尝试新的不熟悉的方式。当自我成长的风险涉及进入未知、陌生之领地，语言、风俗均不相同，而你又必须依靠完全自学来适应之……你所面临的矛盾便是，直到我们放弃所有曾让我们感到安全的事物，我们方能真正地信任身边那些为我们提供了便利的朋友、伙伴或工作。真正的个人安全并非由外获得，而是由内生发。当我们都感到安全的时候，我们则应将全部的信任投向自身。
>
> 如果我们拒绝承担自我成长过程中的风险，我们将不可避免地困顿于当下之情形，或者我们将以毫无准备的状态去面临风险。无论如何，我们都会限制住自我成长，无法去完成有助于实现高度自我价值之行动。[12]

（8）自我实现的道德线索是真实性（authenticity）（并非海德格尔意义上的），其基础是“体现真实自我”。自我成长依赖于对情感上的障碍和张力的克服，而正是这些障碍和张力使我们无法了解真正的自我。
79 能够真实地行动，并非仅仅意味着在尽可能有效和完善的自我知识这个意义上采取行动，它同样意味着使真实的自我从虚假自我中解脱（莱恩之术语）。作为个体，我们无法“创造历史”，但如果我们忽略内在的体验，便会被勒令对其进行重复体验，从而成为不真实特性之囚徒，因为它们源于他人强加于我们之上的感触与过往情形（尤其在孩提时期更为如此）。自我治疗中的口号便是“要么康复，要么重复体验之”。

真实性之道德性绕开了所有普遍的道德标准，其适用性仅限于亲密关系范围内的其他人，这个范围对自我来说非常重要。体现真实自我意味着去发现自我，但是由于这是一个主动进行自我构建的过程，故要有一个总体的目标，即摆脱依赖性和完全实现抱负。在某些方面，实现抱负是一种道德现象，因为它意味着对一种感觉的培育，即“善良的”、“有价值的人”认识到：“我知道，当我提升自我价值的时候，我将会感受到更多的正直、诚实、悲悯、能量和爱心。”[13]

（9）生命进程可被视为由一系列“通道”构成的。个体有可能或必须要经历这些通道，但这些通道既没有制度化，也没有任何正式仪式相伴随。所有的这些转变都会牵涉到损失（通常也会有潜在收益），而如果自我实现要想往前推进，那么这些损失——一如婚内分居之情形——使我们不得不为之感到遗憾。生命之通道为前文所提及的风险与机遇之间的互动提供了特殊的说服力，尤其是（但不单是）当风险与机遇由受其影响的个体所推动而形成的时候。协调生活中的重要转变，如离家、找到新工作、面临失业、建立新的关系、在不同领域或惯例间游离、面临疾病、开始治疗等，所有这些都意味着有意识地处理蕴含希望的风险，以期把握住个人危机下出现的新机遇。使生命通道与传统场景中可比较之过程相区别的，不仅仅是仪式之缺失，更为重要的是，这些转变被纳入以反身性方式被动员起来的自我实现之轨迹，并依据此种轨迹而得以实现跨越。

80 （10）自我发展的路径是具有内在参照性的，唯一重要的联结线索便是生命轨迹本身。作为真实自我之成就的个人正直品行，源自将生命体验融入自我成长叙事之过程。这个过程即个人信仰体系之创建过程，个体借此得以承认“他首先要忠于自我”。从个体建构或重构其生命历史之方式来看，关键的参照点“来自内部”。

当然，对所有这些，读者也许会有很多问题。上述概念的效度如何？它们在某种意义上是意识形态化的吗？它们更多地与治疗相关，还是与现代社会条件下那些可能会影响到自我之改变相关？我将暂时搁置这些问题。我觉得可以这样讲：上述观点可能不全面、不充分，并且带有个人风格，但它们的确指出了当今世界（即极盛现代性的世界）中一些有关自我和自我身份认同的问题。是否真如我所说，我们可以将这些观点与当今世界的制度转型特征相联系而视之。

生活方式与生活规划

毫无疑问，本书讨论的背景是晚期现代生活的存在性领域。后传统的社会场景是以反身性的方式构建起来的，并受到抽象体系无孔不入之影响，在这种情境中，时空之重组使本地发生之事与全球大势获得重新调整，而且自我也经历巨大变迁。治疗（包括自我治疗）既表现了这种变迁，也以自我实现之形式为变迁的完成提供了可行规划。在自我的层面上，日常活动的一个基本构成部分便是选择。很显然，没有任何一种文化场景把选择从日常事务中完全剔除，并且所有的传统都是无限可能的行为模式中的有效选择。然而，依严格定义而言，传统或既有习惯会在相对稳定的场景下使生活井然有序。现代性使个体面临多样化的选择，而且由于其无基础性，现代性无法对具体选择行为提供任何帮助，而各种可能的后果便会接踵而至。

后果之一关乎生活方式的重要性，以及其对个体行动者而言的不可 81
避免性。生活方式一说听上去或多或少有些琐碎，这主要是由于它经常性地被人认为是纯粹肤浅的消费主义，即精品时尚杂志和广告图片所体现的那种生活方式*。[14]但还有比这种概念所体现的表面意义深入得多的理解方式：在极盛现代性条件下，我们不仅追随生活方式，而且在某种意义上被迫如此。我们无权在是否要进行选择这两端之间做出选择，只能去选择不同的生活方式。生活方式可被定义为一组被整合起来的个体的实践，不仅因为这些事件满足了功利主义之需，而且因为它们为特定的自我身份认同叙事提供了物质形式。

生活方式是个在传统文化情境中不怎么具有适用性的术语，因为它意味着人类能在多元化的可能性选项中进行挑选，而且该术语是被“采纳而得”而非被“传承而得”。生活方式是惯例化的实践，这些惯例被整合进服饰、饮食、行为模式以及为遇见他人而设计的舒心环境等习惯中，但是鉴于自我身份认同的动态性，被遵守的那些惯例会以反身性方式等待改变。个人每天所作的每一个决定——穿什么、吃什么、如何工作、晚上与谁约会等——都是上述惯例之具体内容。所有的这些细微选择（以及那些更大、更重要的选择）不仅是有关“如何行为”的决定，而且是有关“要成为谁”的决定。个体行动之社会场景愈具有后传统特性，自我身份认同之核心部分（即其形成与再形成）便会愈多关涉生活方式。

生活方式的概念常被认为专门适用于消费领域。毫无疑问，工作领域受经济上的强制所主宰，而且工作场所里的行为方式较之非工作场所里的更少受个人控制的影响。尽管这种差别真实存在，但要说生活方式
82 仅仅和八小时之外的活动相关则有失偏颇。在韦伯看来，工作强烈地制约着生活机遇，进而生活机遇应被理解为潜在生活方式之可资利用性。但是，工作并非与多元选择完全格格不入，并且在极度复杂的现代劳动分工情境中，对工作和工作环境之选择恰恰构成了生活方式偏好的基本要素。

*“生活方式”（lifestyle）这个术语是反身性的一个有趣例证。《纽约时报》专栏作家威廉·萨菲尔（William Safire）认为该术语源于艾尔弗雷德·阿德勒（Alfred Adler）的著作，被20世纪60年代的激进主义者所使用，也被差不多同一时期的广告文案写作者所借用。然而，丹尼斯·朗（Dennis Wrong）认为马克斯·韦伯才是对该术语施加主要影响者，“生活的方式”（style of life）与“地位”（Stände）在韦伯术语中的用法，最终演变为日常用语中的“生活方式”（lifestyle）。

我们讨论了这么多选择的多样性，并不意味着每个人都能对所有选项进行选择，也不意味着人们能将那些具有可操作性的选项完全实现。对所有摆脱了传统情境之人来说，在工作以及消费场合均存在多样的生活方式选项。一如布尔迪厄所强调的，不同群体之间生活方式之差异便是社会分层基本的结构性特征，而不仅仅是生产领域阶级分化之“结果”。[15]

当然，生活方式的总体模式之多样性，较之日常生活中甚或长时段战略决策中可资利用的多元化的选择，无疑要少得多。生活方式包含一组习惯和偏好，因此具有某种一致性。这种一致性将所有选项进行有序排列，而且它对于连续不断的本体安全感至关重要。选择了一种给定的生活方式的人必然会把多样的选项视为与该种生活方式“不相称”，与其进行互动的其他人也会抱有相似看法。此外，对生活方式的选择或创新，会受到诸如群体压力、标杆式角色以及社会经济大环境等因素之共同影响。

极盛现代性情境中的个体所面临的多元选择源自如下几种影响：第一种影响，便是来自生活在后传统社会秩序这一事实。鉴于由传统所设立的路标现在已然逐渐消失，故在一个充满多样选择的世界中行动，就是要在诸多选项中进行挑选。例如，某人可能会选择忽略饮食健康科学研究的有关发现（即高纤维和低糖、低脂、低酒精度的食物对身体有益，而且会降低感染各类疾病之风险），而毅然决然地坚持前人所消费的那种高浓度、高脂肪、高糖分的食物。然而，鉴于饮食方面可供挑选的选项之多以及此人至少了解上述选项这一事实，他的这种选择仍构成 83
一种独特的生活方式。

第二种影响，则来自伯杰所说的“多元化的生命世界”[16]。一如伯杰所指出的，纵观人类历史，人们总是生活在与他人密切联系的社会情境中。无论在工作、休闲还是家庭的情境中，个体通常生活在一组可比较的社会环境中，这种现象被前现代文化场景中本土社区之主导地位所进一步强化。现代社会生活的场景更为多样化和分散化。这种分散（segmentation）尤其包括公共领域和私人领域之区分，但是两者都内在地服从于多元化。生活方式一如既往地依附于特定的行动环境，并且是这种环境的外在体现。因此，生活方式之选项通常便成为浸润在那些行动环境中的决策，从而放弃了其他的可能选项。由于个体在日常生活中经常在不同场景和地域之间迁徙，故在其所选择的生活方式遭受质疑的情境中，他们可能会有不适感。

某种程度上由于多重行动环境的存在，对个体而言，生活方式的选择和活动经常会体现出阶段性，即在某个场景中遵循的行动模式或许会与在其他场景中遵循的模式有着实质性不同。我把这种阶段称为“生活方式的小扇面”（lifestyle sectors）。一个生活方式小扇面即在某一时空领域中个体全部活动之“一片”（slice），其中即包含一组前后一致且井然有序的实践活动。生活方式小扇面是地区化了的人类活动的方方面面。[17] 例如，一个生活方式小扇面可以包含某人在工作日或周末的晚上具体所做之事，这与一周中其他时段所做之事截然不同；当友谊或婚姻被跨时空行为之特定形式赋予其内在连贯性时，它们也可被视为一种生活方式小扇面。

影响多元选择的第三种要素便是现代性条件下有保障的信念之情境性质的存在性影响。一如本书导论中所论及的，以理性之确定性来取代
84 主观臆断和假想推测的启蒙运动被证明存在本质上的缺陷。现代性的反身性并非在愈来愈多的确定性场景中进行，相反，它在一种方法论意义上的怀疑主义情境中得以完成。“在得到进一步确认之前”，甚至是最为可靠的权威也将遭到质疑。渗透至日常生活中如此之深的抽象体系通常提供的是多重可能性，而非确定的行动指南或行动方案。人们总是可以求助于专家，但专家群体自身对理论分析和实践建议都无法达成统一意见。以治疗为例，患者在考虑接受治疗的时候，他会面临令人眼花缭乱的理论学派和治疗方案，同时也须接受这一事实，即某些心理学家并不全然认同绝大多数治疗形式之有效性。类似情形同样适用于自然科学中最核心的领域，尤其是鉴于科学的所有观点必须接受怀疑的检验。因此，患者所面临的抉择不仅是在不同形式的高科技诊疗手段中进行选择，而且要在科学和整个医学领域针锋相对的观点之间进行选择（而且每个观点可能会有无限多的诊疗手段可供选择）。

第四种影响多元选择的因素，无疑是无孔不入的传递性经验，其

影响方式既是显而易见的又是极其精细的。一方面，随着大众媒体的日益全球化，对关心收集相关信息的人而言，外部五花八门的社会环境在原则上都是可视的。电视和报纸的拼贴画效应为社会情境和潜在的生活方式选项之并置提供了特定的形式。另一方面，大众传媒的显著影响并非全部指向多样化和分散化。媒体可以为个体提供对不同社会场景进行选择的平台，而个体则可能选择一种其从来不会接触到的场景，但同时，以前相互分离的场景之间的界限则可能被克服。一如梅罗维茨所指出的，媒体，尤其是电子媒体会改变社会生活的“情境布局”：“媒体越来越多地使我们成为在其他地方所举行的演出的‘直接’观众，同时能让我们接近并未‘真实在场’的观众。”[18] 其结果是，“真实场景”和“社会情境”之间传统的联结逐渐被削弱，而具备传递性的社会情境则在预先形成的社会经验诸形式之间构建了新的共同性和差异性。尽管针对梅罗维茨这一解释可以有不同意见，但这种观点的要旨却毫无疑问是正确的。 85

在充满生活方式备选选项的世界，策略性的“生活规划”就显得格外重要。一如生活方式之诸多模式，各种不同种类的生活规划也是后传统社会形式不可避免的相伴物。[19] 生活规划是以反身性方式形成的自我发展轨迹之实质内容。此处，我们亦可将其称为个人日历表或“生活规划日历表”（life-plan calendar），用以安排个人生命周期中的时间。个人日历表是生命中重要事件的计时工具，并将这些事件插入个人化的年表中。一如生活规划，个人日历表会随着个体生活场景和心理状态的改变而被经常性地修改和重构。一如前文论及的《第二次机会》一书中所指出的，“我结婚之时”作为生活规划日历表中的一个基本日期，极有可能被“婚姻破裂之时”这一更重要的心理标识所取代。个人日历表常常会包含传递性经验。例如，一对夫妇会记住他们的结婚日期是在“肯尼迪总统遇刺两周后”。[20]

生活规划假定存在一种特定的时间安排模式，这是因为，以反身性方式对自我身份认同的构建既依赖于为未来做好准备，也依赖于为过去做好解释。但在这一过程中，对过往事件的“再解读”无疑更为重要。当然，生活规划并不必然意味着在整体上对未来生活进行策略性准备。

尽管雷恩沃特在其书中明确指出，尽可能地超前思考（以至于想象中的生命尽头）以及为生命中的每个重要阶段未雨绸缪，对完成自我实现必不可少。[21]

生活方式的选择与生活规划并非仅仅“包含在”社会行动者之日常生活中（或是其构成要素），它们还搭建了有助于塑造行动者行动的制度场景。这部分地揭示了为什么在极盛现代性条件下生活方式选择与生活规划发挥着相当普遍的影响，不论特定个体或群体所处社会情境的客观局限性如何。让我们以一位黑人妇女为例：她已离婚，独自带着几个孩子住在一个内陆城市，经济条件较差。我们可以假设，当这位妇女看
86 到可供特权者挑选的生活方式选项时，她会带着极端嫉妒之眼光视之。因为对她而言，每天只有单调乏味的日常劳作，而且有着极其严格的界限：她没有机会去选择一种不同的生活方式，她也几乎不能规划她的生活，因为生活完全为外在约束所支配。

当然，对所有个体和群体来讲，生活的机遇总是限定着生活方式之选择（同时我们应谨记如下观点，即生活方式之选择经常会被用以进一步强化生活机遇之分配）。从压抑的情境下解放，是拓展特定生活方式选择之范围的必要手段（参见本书第 7 章“生活政治的勃兴”）。然而，在当今世界，即便是社会地位最为低下的人群，也生活在弥漫着现代性制度要素的情境中。他们由于经济上的匮乏而失去的可能性，以及失去这些可能性的过程，与那些传统框架下弱势群体所经历的完全不同。此外，在某些贫困的环境中，传统束缚之分崩离析较之其他地方甚至来得更为彻底。其结果是，对生活方式的创造性建构可能会成为上述情形独有的特征。故生活方式的习惯经由对贫民窟生活的抵制以及对特有文化形式和行动模式的阐释而被构建起来。

在上述贫困情形中，以反身性方式对（贫困者）自我身份认同进行建构的每一点都与富有阶层的情形同等重要，同时也同样受到全球化进程的深刻影响。回到上文所举的那个单亲黑人母亲的例子，不论其生活如何窘迫和艰难，她仍然能够知悉改变妇女社会地位的普遍性因素，并且她自身的活动肯定会依据这种知识而不断调整及完善。鉴于她所生活的社会场景的不发达状态，她需要去探索有关孩子、两性关系和友谊的

新型行动模式。尽管这种探索本身并非话语性的明确表达，但暗含了对自我身份认同的反身性塑造。然而，她面临的经济匮乏可能会使上述任务变成几乎无法承受之重负，带来的有可能是绝望而非自我之丰富。

生活规划是我在下一章将要着重讨论的“对未来的殖民”这一普遍现象之具体案例。雷恩沃特的“与时间展开对话”在不同社会场景及不同社会阶层内部其展开方式是截然不同的。她所描述（且主张）的对时间进行掌控这一偏好，催生了对未来的回绝与时间之错位，以及试图将未来拽回现在的反思性的努力。“四处闲荡”、拒绝思考未来可能从事的事业以及“对未来毫无想法”的青少年，会抵制这种偏好，而且是以反对日益居支配地位的时间观的方式来完成这种抵制。 87

最后，多元选择也和与他人的关系直接相连，即和私密关系之转型直接相连。[22] 在此，我将不展开讨论当今的个人关系与前现代场景中亲密的人际关系之间是否有显著不同。我们知道，现代婚姻制度与前现代欧洲的典型婚姻制度以及非现代文化中的普遍婚姻制度之间都存在相当大的差异。类似的情形亦可适用于友谊。古希腊没有等同于现代意义上的“朋友”这个词的表达，“爱”（philos）被用于指代“‘最亲近’和‘最挚爱’的人，不论所指涉的主宾双方是否是近亲、远亲或是没有血缘关系之人”[23]。一个人的爱的网络很大程度上由其社会地位所决定，个人自发的选择只占很小比重。这种情形在许多传统文化中相当普遍，在这些文化中，如果存在“朋友”这个概念，那么它主要指涉的是圈内人，以区别于那些圈外人，即陌生人和潜在的敌人。

现代的两性私密关系和友谊关系中，同伴都是从多种可能性中自发挑选出来的，这一现象相当普遍。当然，接近度（proximity）对私密关系的发展仍是必不可少的，而现实中选择的范围又随着社会和心理的差异而有所不同。但是，诸如寂寞灵魂者专栏、网上相亲以及其他形式的婚恋介绍服务都充分表明，如果一个人准备好摆脱传统行事模式的最后残余，那么多元性选择将俯拾皆是。当且仅当人际关系是经由自主挑选而形成之时，我们方能以世俗话语意义上的“关系”描述之。在当今社会场景下，持久的两性关系、婚姻以及友谊都倾向于接近一种“纯粹关系”（pure relationship）。在极盛现代性条件下，纯粹关系（它与性纯洁

88 毫无联系）对自我之反身性规划至关重要。这一观点可从雷恩沃特的著作中得到证实，其他有关治疗的著作也能证实之，不论其所涉及的治疗是自我操作甚或其他。

纯粹关系之理论与实践

下面这段话出自希尔·海特的《女人与爱》一书中“两性关系中的情感不确定性”一章。海特的研究是基于大量访谈而完成的，主要针对美国妇女在与男性关系中的体验与感受。其中一位受访者这样说道：

> 由于某种原因，我从未感受到满足。或者他没给我打电话，或者他打电话时并不浪漫……当我试图和他谈天，并真的和他谈天时，我感觉难以沟通……看起来，我被一个经常自我诘问的问题所困扰：“他是否一切都好（他是否还爱我）？”或“我是否一切正常？我是否一切都好？”如果我感觉不幸福，而他又不与我谈及或探讨这些问题，我是否可以说“好吧，一切都好，因为他很好，他哪儿也没去，他还爱着我”？或许我应该说“这种关系糟透了，我想结束这段关系，因为他根本不能让我快乐”？可我对他的爱使我难以离他而去。
>
> 我应该帮助他更多地敞开内心，还是我为自己考虑并与他分手？……问题在于，当初他说他易受伤害并已坠入情网……而后来他却从言语及行动上否认这一点，而且表现冷淡。我自问：“这个男人是我愿为之付出一切的目标吗？”我感觉似乎有人怂恿我坠入爱河，而当我真的（带着我的感情）深陷其中并真的坠入情网、信任他的时候，他却说：“什么？为什么爱我？”我害怕极了，自己默想，无论发生什么，都假定他是无辜的。我一再对自己说“信任他、信任他”，而对消极迹象视而不见，认为他仅仅是动摇，或是在对我尽力做的看似无害之事作出反应。我一直都这么担惊受怕，想知道：谁来陪陪我？[24]

这是这位女士的反思，她已经不再和她提到的那位男士住在一起了。从她的描述来看，这段关系仍处于初期。然而，因为这段反思具有 89
“探究”性质，它能让我们深入了解两性关系之建构过程。此处，爱是核心。读者也许会认为，若要探究私密关系，尤其是涉及两性因素时，我们应该重点研究浪漫的爱慕的本质。上述报告详细呈现了一位女性的体验，但缺乏男性视角的观点，不过我们仍可以认定，此处两性关系应该是我们首要的关注对象。尽管我不否认这种特征的重要性，但仍想把视角集中在其他一些方面。我将试图说明，此处所牵涉的核心元素，同样普遍见诸其他私密关系或有情感付出之关系，譬如同性恋人间或者亲密朋友间。它们便是纯粹关系之核心要素，其理论上的理想类型详释如下：

（1）与传统场景下亲密的人际关系不同，纯粹关系并不依靠外在的社会经济生活条件，即它是自由漂浮的，过去是，现在亦然。例如，过去的婚姻制度便曾是如此。在过去，婚姻是一桩契约，通常由父母或亲戚而不是由配偶双方来提起或具体操办。这种契约通常又受到经济考量的强烈影响，并进而成为更广泛的经济网络和交易活动的组成部分。即便进入现代时期，虽然实际上旧有的婚姻体系已不复存在，但婚姻仍然依靠家庭内部的劳动分工维系，如丈夫养家糊口，妻子照看孩子并操持家务（尽管我们不应忘记妇女在劳动力大军中已占有相当一部分比例）。婚姻的某些传统特征依然存在于当今时代，在某些社会经济群体中比其他人群中体现得更为明显。但总体而言，其发展趋势是预先存在的外在影响因素的逐渐剥离，而伴随这一现象的便是浪漫爱情作为婚姻基本动机逐渐兴起。婚姻越来越多地成为由亲密接触催生的情感满足而直接导致的一种人际关系，它能长久维系也正是因为能为婚姻双方提供这种满足感。其他要素（如表面上看来似乎很重要的孩子因素）逐渐变得不再是关系之固定性特征，反而在有可能出现分手时成为“惯性累赘”。

现代的友谊更为明晰地揭示了这种特征。朋友可以具体定义为这样 90
一个人，即和他建立友情关系只为友谊而别无他求之人。我们可以和同事成为朋友，工作中的接近度或工作中产生的共同利益或许可以增进友谊，但只有当两人间的联系只为了这种联系的时候，这种关系才叫友谊。这就是朋友与亲属之间有明显区别的原因。即便是现在亲属之间已经没有那么强烈的联系，亲戚之间仍有一种义务关系，这由亲属关系所具体体现。此外，虽然这些义务有些笼统和模糊，亲属之间由血缘关系而联结在一起的那种关系却是无法割断的。朋友之间的情感依托或许有自身惯性的因素，但在实践及理论上，当亲密的感觉为双方共同拥有时，人们通常便会维持友谊关系。

（2）人们寻求纯粹关系，仅仅是为了这层关系所能带给当事双方的收获。这一点是第（1）点的自然相伴物，而且正是在这个意义上，关系才是“纯粹的”。毋庸置疑，任何持久的个人关系都要经受住考验、承受压力，同时也会有所得益。但是，在那些不附加任何其他事物（即只为这种关系的存在而维持）的关系中，当事双方出现的任何差错都会内在地威胁这一关系本身。其结果是，在由外界标准决定的那种社会关系中通行的方式，很难再用来“悠然自得地行事”。如果当事一方试图这样行事，那么另一方很可能会被疏远。这样所造成的特殊紧张关系在海特著作有关婚姻的材料中得到了很好印证：

> 女性通过离婚或情感转移等方式抛弃自己的婚姻……其中绝大多数人在经历最初的尝试后，都会继续去寻求其他感情生活的归宿。经历“努力摆脱”的最初岁月后，一位又一位女士选择放弃，并开始静静地、逐渐地甚至是不为人所注意地解脱了。[25]

然而，绝大多数女性并没有放弃对爱的追求或对可靠关系的找寻：

> 91 一如一位女士所言，爱会重新回到我们身边，使我们重新容光焕发，这或许正如某句箴言所说：“浪漫的爱情以难以言表的方式包含着通向自我身份认同的钥匙，以重新发现自我和我的内在。”许多女性都有类似感受。为何会如此？或许女性是对的，她们不放弃，再次努力使爱情得以重燃或者领悟它为何不能重燃……绝大多数女性需要的不仅仅是单纯的“爱”，而是她们所谈论的那种真正的爱情。因此，身处两性关系之中的女性仍然经常性地谈论“更深层的爱”即将来临，她们内心深处坚信生活中会有越来越多这样的真爱发生……事实上，难道不该如此吗？[26]

读者可能会再次认为，此处争论的焦点是爱，或者是对爱的需要，而不是与这种关系本身相关的具体事物。然而，爱这个模糊且难以琢磨的概念，的确是塑造两性关系中双方性格特征的一种编码力量（codifying force），在这个情境下，它不具备独立价值。此外，足够多的证据表明，男性与女性一样热衷于寻求亲密的感情关系，并且也会像女性一样对其产生依恋之情。[27] 较之于女性，他们发现这种关系更难把握，通常也更不善于和对方沟通感情及自身的需要，这与我在下文即将讨论的线索是两码事。找寻和维系令人满意的两性关系的困难涉及的部分是爱与性别不对称之问题，但更多时候，它涉及的是纯粹关系的内在难题。上文所引用的那种在两性关系中“从未感受到满足”的感觉，反映了内在于创造和维系特定关系时的困境，即在这种关系中存在当事双方都满意的给予和接受之间平衡与互惠的那种困境。

（3）纯粹关系是以一种开放的形式在连续的基础之上经由反身性方式而形成的。这在本节开头所引用的那一长段文字中体现得相当明显，其中的“一切都好吗？”这个问题呈现了重要的主题。一种关系愈是依赖其自身，这种反身性的疑问就愈会成为其核心要素，并进而导致上文第（2）点中提到的那种紧张关系。内在于纯粹关系中的自我检查明白无误地与自我的反身性规划密切相连。“我是否一切都好？”是一种质问，它直接与这种关系所带来的好处及其所引发的痛苦相联系。而当事 92
另一方所作出的“为什么爱我？”的回应也是一个重要问题，与自我身份认同和对纯粹关系之需求之间的联系密切相关。

如今，以反身性方式对所有亲密关系所进行的调节——不管这些关系离“完全纯粹”有多远——都是更广泛意义上现代性的反身性之重要组成部分。诸多杂志和报纸文章、专业性论文和指南、电视和广播节目都在传递着有关亲密关系的研究信息与舆论纷争，时时刻刻在重构着它们所描述的现象。海特的研究也以一种有趣而典型的方式与这种反身性相联系。前文所引用的她的那本著作，一如她之前的研究[28]，都是在无数的社会研究中均使用过的标准问卷程序基础上完成的。然而，她的作品却影响了大量读者，他们的态度将倾向于依从她在研究中所提出的观点。与此同时，他们通过对有关研究成果的阅读也可能会修改完善那些观点以及相关的行为倾向。

（4）“献身精神”（commitment）在纯粹关系中发挥着核心作用。献身精神在诸多形式的人类社会活动中都较为普遍，读者可以认为在所有的文化场景中都能发现许诺的影子。例如，笃信某宗教教义之信徒可被认为彻底献身于该宗教之价值和实践。然而，“坚定信念”（conviction）与献身精神有所不同。当我们在当今的亲密关系这层意义上言及后者时，我们更多指涉的是一种从历史视角看来全新的事物。在纯粹关系中，献身精神基本上完全取代了在前现代场景中亲密的个人关系所惯有的外在支撑。当代浪漫爱情意义上的爱是一种献身精神，但献身精神是个范围更广的范畴。那么，在亲密关系场景中，“具有献身精神的人”具体有什么内涵呢？这种人首先承认现代的人际关系中肯定会具有内在张力，但他仍甘冒风险去承受这种张力。这种人还认为，献身精神的唯一回报内在于这层关系本身。因此，朋友事实上便是具有献身精神的人。婚姻中的一方，当其所处的婚姻关系并不仅仅由外在牵涉或者惯性
93 累赘维持时，也可能是具有献身精神的人。献身精神被认为可以赢取时间，即为特定关系的当事双方提供一种情感支撑，从而使之挨过至少部分人际关系中不可避免的烦恼（尽管肯定会有一定的付出）。

在某种程度上，爱的力量可以使献身精神变得规范化，但是爱的情感本身既不催生任何献身精神，也不对其颁予许可。只有当一个人（无论何种原因）决定做个有献身精神的人时，他才会变成这样的人。海特的研究中提到的那位女士感觉她爱她的恋人，但她的爱并不具有她期待的献身精神。事实上，她的爱也无法提供这种献身精神，这是因为献身精神必须是对等关系之一部分。没有实质性的互惠因素，纯粹关系便不会存在。一如绝大多数的治疗手段，雷恩沃特所提出的自我治疗手法亦认可此点。自我的反身性应该生产更确切和更有洞察力的关于自我的知识，这是因为它有助于人们降低在亲密关系中的依赖性。雷恩沃特认为，运转良好的人际关系中，每个人都是自主的，而且明确知晓自身的价值。而在运转不那么良好的关系中，我所说的惯性累赘便会产生，在相互依赖之关系中也会发生此种现象。“相互依赖”这个词最早用以描述染上化学依赖（如对酒精或其他药物之依赖）的人们之间的关系。处于相互依赖关系中的人，不论他们有多厌恶这种关系，但他们在心理上

已经完全形成依赖，进而无法摆脱之。出于那些对当事人来讲都不甚了了的原因（尽管这些原因可通过个体或家庭治疗而揭露出来），他们变得逐渐对一种基本上无法提供心理回报的关系产生了依赖感。[29]

献身精神很难精确形成，这主要是因为它假设存在一种纯粹关系中的相互结盟状态。它与反身性有着一种不稳定的联系，这种联系对纯粹关系如何形成也相当重要。具有献身精神的人时刻准备着承担牺牲掉其他潜在选择所必然会带来的风险。在一种关系形成之初，关系中的每个人都会默默地审查他人的活动，如果一方单方面对献身精神之形成推进得过快，将不可避免会导致另一方从这个成长中的关系中完全退出。 *94*
参与海特研究的受访者恰体现了她对自身所处状态中上述方面之极度的敏感。

（5）纯粹关系主要集中于私密关系，后者是伙伴间关系得以长期稳定之重要条件。私密关系必须与缺乏隐私这一负面现象区别开来，而隐私的缺乏恰是前现代欧洲以及诸多非现代文化中绝大多数生活场景之基本特征。身体上的接近度（用现代术语表达，即隐私之消失）是小型社群里日常生活构成之几乎不可避免的结果，但同时也是更为丰足的群体的生活特征。[30] 在家庭以及在其他大多数日常生活场景中，人们几乎总是处于与他人较接近之范围中。处于现代性早期时代的“个人”生活之发展被同时期历史学家们翔实记录了下来，即便这些发展中所牵涉的因果联系仍未有定论。私密关系是隐私的另一面向，或者可以这样讲，当且仅当人们有了充分的隐私时，私密关系方成为可能（或可期待）之物。[31]

本斯曼和利林菲尔德在其著作中强调了现代社会中人们越来越关注私密关系之获得：“对私密关系之追求一直维持在一种强迫性层面上。”[32] 他们将这种现象解释为现代世界中大型无人情化组织之发展所带来的一种异化效应。大多数社会生活变得像在冰冷的装配线上的机械运转，其场景越来越远离正常人，并且人们对此均无法实施掌控。追求私密关系是一种努力，以求确保在熟悉环境中能过上有意义的生活，而且还要求这种环境尚未被纳入上述大型体系之中。由于其他学者也提出了类似观点，我将在稍后再次回到这个问题上来。我认为上述两位学者的看法不完全准确。实际上，对私密关系之追求有着积极价值，它并非简单基于对日渐具有包容性的充斥着大型体系和社会过程之世界的消极反应。隐私使得由私密关系之获得所带来的心理满足成为可能。

对私密关系之期待或许使自我之反身性规划与纯粹关系之间产生了
95 最紧密的联系。私密关系（或对它的追求）是现代友谊以及已形成的两性关系之核心。包括雷恩沃特的著作在内的绝大多数治疗手册都清楚地表明，私密关系通常仅能通过心理“作用”而获得，并且只有在具有安全的自我身份认同感的两人之间才能形成。前文曾提及的一项有关治疗的研究把此情形精准地总结如下：亲密的友谊或伙伴关系，是“任何两人之间的选择，他们都愿意为另外一方献身，从而共享一种有意义的生活方式”[33]。该书作者［即维戈夏德-克鲁斯（Wegscheider-Cruse）］描述了几种不同种类的关系，它们不同于其中成熟的私密关系已形成的那种关系。其中，有些关系充满了冲突，而且持续不断的吵闹或口角变为常见之事，即情感上的痛苦成为这种关系中常见之物，而且如果没有这些痛苦，关系便会中断。这种充满冲突的关系与“缺乏活力”之关系形成鲜明对比。在缺乏活力之关系中，伙伴们之间少有直接的对抗行为，但双方也缺少一种强烈的结合力。实际上，是惯性在维系着这种关系。双方在日常事务中以充分理智的方式彼此相处，但相互之厌烦或不满也会经常性地发生。此外还有一种“便利”关系，其中相关的个体公开或心照不宣地承认，他们之所以维系着关系，或是因为“满足于”所得到的外部回报，或是因为他们会陷入因关系解体而导致的困境，或是单纯就想避免孤独。

所有这些“侥幸”关系与私密关系形成了鲜明对比，后者要求关系中的双方要对“关系之质量”有献身精神。当双方关系有可能陷入上述几种境况之一时，“关系中的人们就要重燃对另一方的献身精神，并采取行动来进行必要的改变从而使关系更进一步”。如果其中一方无法形成追寻私密关系必需之正直品行，那么他就必须献身于“自身之恢复”。[34] 作者强调，私密关系也要求双方各自具有一定程度的隐私，这是因为，如果人与人之间的亲密不会被依赖所取代，那么自主性与情感和经历的共享之间则必须达至一种均衡。根据这种观点，私密关系显然不能与两性关系相混淆。一方面，成熟的私密关系完全可能存在于无涉性的两性关系和友谊中，而高质量的两性活动也可能存在于上文所提及的充满冲突之关系中。另一方面，性行为是获取私密关系之重要 96 组成部分，同时也是身体反身性之重要组成部分。我将在稍后对此略加讨论。

（6）纯粹关系之形成依赖于关系中双方之间的相互信任，这种信任进而又与私密关系之获得密切相连。在纯粹关系中，信任不是（也不能被认为是）“给定的”：一如关系中的其他方面，信任必须通过一定的行动而确立，即人们必须去赢得他人之信任。在绝大多数前现代场景中，由于人与人之间的关系因外部标准而得以固定，故就上文论及的意义而言，信任以人的既定地位为目的而建立。所以，一如皇室家族中为攫取权力而频繁发生的、亲属之间策划的阴谋或反阴谋所表明的，在这种情境中，亲属之间不一定总是值得信赖。然而，附着在亲属关系上的那种义务却经常性地为各方所接受，并且也能提供使日常生活得以有序进行之稳定的信任氛围。排除上述这些特质，纯粹关系中的个人关系要求一种新型的信任，即经由与另一方之私密关系而确立的信任。这种信任假定个人可以完全向另一方敞开心扉，因为他知晓对方具备献身精神，并与自己不存在任何对抗，而这些知识是外部支撑大范围缺乏时确立信任所必需之物。[35]

要确立双方之间的信任，个体必须既要信任他人，也要值得他人信任，至少在相关范围之内必须如此。由于信任与私密关系如此密切相关，它也隐含着自主与相互坦诚之间的均衡，这种均衡对维系私密关系之间的交流和沟通是必不可少的。在纯粹关系中建立信任，重要的是每个人都需要去了解对方的性格，并且要去启发出对方的期待性反应。这便是为何真实性在自我实现过程中占据如此重要地位的原因之一（但并非唯一原因）。重要的是，一方能信赖另一方之所言所为。当获得与他人的私密关系这一能力成为自我反身性规划之重要构成部分时（事实上本来就是），自我掌控便成为自主性的必要条件。

那么在人与人的关系中信任如何建立？有关治疗的手册再次体现出其引导作用。维戈夏德-克鲁斯为读者提供了关于建立信任的操作性建

97 议，这些建议均来自她对人与人关系之系统研究。由于相互沟通对私密关系如此重要，故人们应该“每天都花些时间倾听对方的诉说”。而这些诉说和倾听不应总是局限于日常琐事。当双方面临一些实质性问题的时候，应该严肃认真地对其进行讨论。人们应该“专注于某一个问题直至其获得解决，然后便不再想它”，否则，“总是纠缠同一个问题会降低双方之间的信任也会制造新的问题”。郁积已久而未获解决的旧争执会比新的困难更有可能摧毁双方之间的信任，而新问题则相对而言更易面对。人们应该去“触及问题背后的情绪”，因为表面现象也许会隐藏事态的真实背景和原因，而“不深入”的沟通将无法触及并解决之。作者提出的其他建议包括：营造一种相互关爱的氛围，目的在于使彼此双方都参与到各种舒适愉快的活动中，以及学会以建设性的方式表达愤懑。[36]

（7）在纯粹关系中，个体并非简单地“认可对方”并进而在对方的回应中证实其自我身份认同，相反，一如第（6）点所指出的，自我身份认同是经由自我探索以及与他人的私密关系之发展两者相结合之过程而形成的。这一过程有助于形成一种“共享的历史”，与因相同社会地位而共享某些经历的人们的性格特征相比，上述过程产生的共享历史联结得更加牢固。这种共享历史与范围更广的社会世界中的时空秩序截然不同。然而，此处需要强调，共享历史通常都会被插入那个范围更广的社会世界中，而非与之隔绝（后文将提供详细讨论）。事实上，共享历史的创造和维系，取决于其整合参与者的生活规划日历表的程度。

总之，纯粹关系是双向的，但其内涵和影响并非局限于两人组成之情境。某个特定个体有可能会卷入几种趋向于纯粹形式的社会关系，纯粹关系通常又是相互结合的，以形塑私密关系所需要之特定环境。下一章将会讨论这些特定环境，它们体现了一种制度化了的公私领域之分化。

98 纯粹关系主要存在于两性关系、婚姻关系和友谊等领域中。私密领域被转化之程度，取决于具体场景和社会经济地位之不同，该现象与本书中所讨论的现代性的诸多特征都具有相似性。父母与孩子之间的关系，以及延伸出来的亲属间关系，均与纯粹关系有所不同。它们实际上都与外界标准相连，即生物学的联系是维持这种关系的关键条件，但它们也被某些曾催生纯粹关系的影响因素所支配。当且仅当亲属关系剥离了其传统责任和义务的时候，它们的存续才逐渐取决于上文列举之各种特质。这种亲属要么变得冷淡或徒有虚名，要么经由私密关系之反身性获得而被重塑。

父母与子女之间的关系有些特殊，这主要是由于其中涉及的权力是极度不平衡的，也由于其在社会化过程中所占据的中心地位。父母与子女之间形成的亲密联系是在婴儿依赖性的场景下形成的，但这种联系同时又是心理上的联结，幼儿在其中逐渐形成其在成年后用以建立私密关系的种种能力。然而，在现代性条件下，儿童愈趋于成熟和自主，纯粹关系之要素便愈能发挥作用。离开家庭的个体会出于一种义务而与父母保持稳定的联系，但是，这层关系如果想获得深化，就必须形成以反身性方式而确立的信任，包括相互间可接受的献身精神。当某人成为一个年龄较大的孩童的继养父母时，双方从头开始建立的这种联系便呈现出纯粹关系之基本特征。

该做什么？一切是否安好？这些问题经由制度反身性而联结在一起。适用于自我以及适用于纯粹关系领域之标准和规则，同样适用于身体领域。换言之，在晚期现代性情境中，身体日益被社会化，并逐渐被纳入社会生活之反身性组织中。

身体与自我实现

“身体”听起来是个很简单的概念，尤其是当与“自我”或“自我 99
身份认同”等概念相比时更为如此。身体是一种客体，它赋予我们权利或注定要让我们去占据产生健康和快乐之感觉的源泉，但同时它也是疾病和紧张发生之温床。然而，一如上文所强调的，身体并非仅仅是我们所“拥有”的物理实体，它更是一个行动体系、一种实践模式，而且，身体以实践方式参与到日常生活互动之中便是维持一个连贯的自我身份认同感的重要构成部分。

身体与自我和自我身份认同有着特殊的相关性，我们可从以下几个方面对此进行具体分析。身体之外表体征（appearance）涉及身体表面所有特征（包括衣着和装饰的形式等），个体看得见，他者也看得见，而且这些特征被惯常性地用以作为解释其行动的线索。行为举止（demeanour）决定着在一般性日常活动场景中个体对上述外表体征之使用，即身体各部分如何依据日常生活的构成性习俗而被动员起来。身体的感觉度（sensuality）则指涉对快乐和痛苦的倾向性把握。最后，还有身体要服从的规则。

随着现代性的到来，特定种类的身体外表体征和行为举止变得尤为重要。在许多前现代文化场景中，外表体征很大程度上依据传统标准而被规范化。例如，在某种程度上，面部装饰或衣着模式总是个性化的手段，然而，这种个性化虽然是可能的或可期待的，但其程度却通常是有限度的。外表体征主要表明的是社会身份而不是个体身份。毫无疑问，在当今时代，衣着与社会身份并未完全分离，衣着仍然是辨识性别、阶级地位以及职业阶层的重要信号装置。衣着模式受到群体压力、广告、社会经济资源及其他一些因素之广泛影响，这些因素通常会促进标准化而非个性差异。但是，我们常用“制服”（uniform）这一术语来指涉与给定社会地位相关的标准化衣着类型，这就说明在其他场合，衣着选择
100 还是相对开放的。就目前已讨论过的观点而言，我们可以直言不讳地认为，外表体征是自我之反身性规划的重要元素之一。

行为举止深受多元化环境之影响。个体不仅要时刻准备在公共场合与他人进行互动，保证其行为举止符合日常活动的某种普遍化准则，而且还必须在不同场景和地点保持适当的行为。实质上，个体依据特定场景之具体要求，既要调整其外表体征，也要校准其行为举止。这个事实使得某些作者认为自我在本质上已然分裂，即个体要发展出多元化的自我，却丧失了自我身份认同的内在核心。然而，毋庸置疑的是，一如众多有关自我身份认同的研究所指出的，事实并非如此。在诸多不同的互动情境中保持稳定的行为举止恰恰就是保持自我身份认同连贯性的主要手段之一。由于行为举止能保持“身体中家的感觉”与个性化叙事之间

的稳定联系，故自我身份认同被拆解之潜在性被制约。行为举止必须被有效地整合进个性化叙事中，以使个体既能保持“正常外表体征”，同时又能确信拥有跨越时空的个体连续性。在绝大多数情境中，这一目标不难达成（尽管有时会有些许紧张）。

在极盛现代性这样一种后传统场景中，外表体征和行为举止均不能作为给定物而存在，身体直接参与到建构自我的原则中。身体规则是与感觉度的种种形式直接相关的一种重要手段，借助于此，现代社会生活的制度反身性得以专注于对身体之培育（有人也会将其表述为对身体之创造）。

我们将再次以具体的案例分析之形式来探究上述抽象问题。弗农·科尔曼的《身体意识》一书是众多自助性著作之一。这些自助性作品的目的在于为读者提供一个引导，使之能在早已形成的身体习惯与抽象体系内形成的新信息网（源自医生、整体健康论者、营养学家等）之间作出区分。[37] 我们将该书作为典型案例来剖析。

这本书提出了一个“全面排查程序”（comprehensive screening 101
programme）：借助这个程序个体可以对身体多方面的健康问题进行实时监控，并找出不同病症对身体的影响度。这就是一个有关生活规划的具体例证：它开列了一个清单，可以用于计算个人的生活期望。该书（作为临床著作）的每个部分都包含一份健康领域的问卷、一个“真相档案”（它概括了相关主题的医疗事实的现状）以及一个“行动计划”（即个体要想改善身体在相关方面的健康度所需要做的事）。就整体而言，风险的概念是该书的关键。通过做问卷，读者能获得一个分数，用以评估个体感染特定疾病之风险——尤其是癌症、心脏与血液循环问题、呼吸系统问题、消化系统问题以及肌肉与关节问题。

书中两个最为突出的部分涉及饮食习惯和医疗保健方面的问题。每个部分都为所遭遇之困境提供了一个教训实例，这些困境即便是专业人员也在所难免，譬如在面对作为专家体系特征的针锋相对的观点之时。一如科尔曼所说：

> 如果你相信你所阅读的有关食物的所有评论性作品，那你可能从此不会再吃任何食物。当你打开电视机或收音机、翻开杂志或报

> 纸的时候，你会发现食物零售商正在对你做一些非常可怕的事。这本身就已经够糟糕了。当你坐在桌边面对一餐美食却担心这有可能是你的最后一餐时，你根本无法开心地去享受食物。而现在所提供的信息与上周的数据经常会发生冲突，单就这一点来说，整个行业已经变得更加令人忧心忡忡……那么我们所吃的食物的真相到底是什么？……什么食物对你有益？什么食物对你有害？你应该避免吃哪些食物？你又该放心地吃哪些食物？[38]

科尔曼尽量提供权威性答案，但他也必须承认，他所讨论的许多内容可能会遭到其他专家的质疑，而且，在许多情形之下，由于现存知识太不完备，故我们也无法对风险进行全面评估。

依据科尔曼所提出的程序，人们必须降低胆固醇的摄入量，而且，动物脂肪、盐和糖以及酒精的摄入量也都必须降至最低量。毫无疑问，
102 这些建议都是相当可信的。相反，咖啡则被认为不再对人体产生负面作用（雷恩沃特基于健康因素曾建议人们放弃对咖啡的饮用），这是因为“没有任何充分证据能支撑咖啡对人体有害这一理论”[39]。在科尔曼的程序中，纤维、麦麸和粗粮被大力提倡，它们对维持一个健康的消化系统来说非常重要，而对添加剂他却有些模棱两可。科尔曼指出，食品加工过程中大量使用添加剂现已成为一种常态，而且杀虫剂也普遍用于农作物之上。他强调，这些化学物仅在对人体健康之影响这一个方面接受了不完备的测试，事实上，要想对其长时段影响进行测试几乎是不可能的。科尔曼建议，虽然我们很难从食物中彻底清除人工添加剂，但我们可以尽量通过去本地市场、本地农民处和去出售新鲜有机食品的商店购买食物来降低添加剂之影响。

“身体知觉”要求我们“对身体关心爱护”。科尔曼指出，这是专家所无法提供的，只能靠自己。尽管在适当时候我们要就某些问题去咨询专业人士，但是抵御病症是我们要形成的身体首要“自我技能”。对身体关心爱护意味着要时常“倾听身体”，一方面可以体验到健康所带来的恩惠，另一方面也能及早发现病变之征兆。对身体关心爱护会释放出“身体能量”（bodypower），即避免患严重疾病的能力以及无须药物便可抵御微弱病症之能力。身体能量有助于个人保持甚至改善其外表体征：

对身体机能之理解以及以一种时刻警醒之态度密切监控身体之各项机能，从而使个人保持细嫩的皮肤和苗条的身材。

我们说，身体成为现代性之反身性的重要组成部分，这一观点到底有什么含义？在极盛现代性情境中，身体规则和感觉度的形成在多元选择背景下持续不断地接受着反身性的注意。生活规划和生活方式之选择在原则上被整合进身体规则中。如果仅依据身体外表体征的理念变化（如苗条或年轻）来看待这种现象，或仅仅把商品化的广告影响作为导致这种现象之唯一因素，那将是十分短视的。我们要自己负责设计自己的身体，而且在上文提及的特定意义上，我们所要进入的更为超越传统的社会场景使得我们不得不如此行事。

神经性厌食症就明显是一种关注身体外表体征和苗条程度的纯粹的 *103*
强迫症。对这种病症之研究，为我们评价上述观点提供了重要手段。

神经性厌食症与身体之反身性

下面这段话出自一位曾经患过阶段性厌食症的女性的个人描述，她最终成功摆脱了厌食症之困扰：

> 于是，我开始穿奇装异服，或购自跳蚤市场或自己亲手制作。而且，我还开始化奇怪的妆，比如白色或黑色的唇彩、漆黑或浓烈色彩的眼影。此外，我还把眉毛全拔光，把头发倒着梳。我的母亲对此非常愤怒，对我大吼大叫。她不让我以这种造型出门，于是我只好擦掉它们，但在公共汽车上我又重新把它们画上。所有这些都只是表象，在内心深处，我很胆小也很孤独，但我非常非常想做自己，想界定我到底是谁，想表达我的真实本性。我无法以言词表达这种强烈的渴望，所以我只能选择在脸上作改变。我翻看时尚杂志中的照片，上面的女孩既漂亮又苗条，她们似乎表达了我想表达的感觉。但我并不苗条，不过我想变成那样。所以，我开始不吃饭，不是突然不吃，而是一点一点减少。后来我成为一个素食主义者，

我的母亲对此十分不满。我的体重急剧下降，于是我的母亲带我去看医生，医生则劝我至少吃点鱼类食物，于是我开始慢慢吃点……

后来她住进了医院，并做了阑尾切除手术：

做完手术两个月后我参加了一个派对，在那儿我遇见一个老熟人。他注意到我瘦了，并说这个体型很适合我。事实上，他说我看起来非常迷人。从那时起，我开始大幅减少食物摄入量。我开始不吃土豆和面包，后来扩展到黄油和芝士。同时我开始搜集所有我能找到的有关卡路里的信息，废寝忘食地阅读节食类书籍。每天我所要吃的食物都要过磅，并以卡路里值来进行控制……我的食物变得千篇一律，每天都必须一样。如果商店里没有了我所要的那种牌子的薄脆饼干，我会惶恐不安；如果我不能仪式般地在每天的同一时刻进食，我也会惶恐不安……

104 最终，她遇到了一位富于同情心且知识渊博的医生。这位医生帮助她再次开始摄入一些实质性的食物：

我信任她，也需要她。她如此仔细地倾听我的诉说，不评价我，不要求我一定要去做什么，而是让我成为我自己。在她的帮助下，我尽力解开了我混乱和相互冲突的情感纠结。

但最终，还是得靠我自己。这一过程很难接受。她会帮助我，但她不能告诉我如何去具体地生活。毕竟，这是我的生活，属于我。我能培育它、滋养它，我也能让它枯萎。选择在我。我当时觉得这个选择是负担，有时甚至认为我自己难以独自承受。……做女人，真是充满风险。我曾采取不同的应对策略，所有策略都在我掌控之下。而成为我自己，成为一个具有自主性和自由秉性的自我，这项斗争仍在继续。[40]

禁食以及自我对各类食物的禁绝，早已成为多数宗教修行的重要组成部分，也散见于各种不同的文化场景。相对而言，在中世纪的欧洲，个体为寻找救赎而进行长时段禁食的现象较为普遍。女性经由食物匮乏而获得的神圣性也尤为重要。中世纪时期的各类编年史详细记载了女性通过经常性的禁食而终获灵魂圣洁之逸事——17 世纪和 18 世纪的外科医生们将这种修行称为“为神而禁食”，即食欲之严重丧失。[41] 然而，为神而禁食与神经性厌食症之间有着明显不同，后者是现代时期的病症，也是当今时代（即晚期现代性）的独有特征。为神而禁食在中世纪时期和在现代时期一样都不是特别普遍，即并非所有少女或成年女性都尝试这种修行。它并不与对身体外表体征的培育相关，而是为了追求更高层次的价值而克服感官上的食欲。神经性厌食症则始于“禁食的女孩”这一在 19 世纪末开始逐渐被人关注的现象，不过这大体上还仍只是一个过渡性综合征；一如以前，它是一种“较为古老的女性宗教文化在世俗化时代的富于刺激性的遗风”[42]。直到严格意义上的“节食”自 20 世纪 20 年代兴起至今，神经性厌食症才成为一种普遍性的病症。

厌食症与性别区分之间有着如此紧密的联系，这无疑与节食和对身体外表体征不同的看法之间的联系相关。臃肿体态和富裕生活之间的相关性在 20 世纪 20 年代或 30 年代末便基本上消失了。女性开始更多地关注自身的体重，而男性则没有。然而，我们亦应认识到，在 20 世纪 20 年代，更宽泛意义上的“饮食”首次与控制体重和自我调节健康相关联。在这一时期，食品工业也开始蓬勃发展，从而使得可供食用的食物变得愈加多样化。狭义的“节食”其实只是这个更普遍现象之特殊版本——养成一种身体规则，并将其作为以反身性方式影响自我规划的一个手段。 105

以此观点视之，厌食症（及其对立面——强迫性暴饮暴食）应该被理解为个体欲创造及维持一个不同的自我身份认同的需求与责任所导致的意外后果。[43] 这种现象是掌握身体规则之极端版本，而对身体规则之掌控则已成为日常生活场景之普遍特征。

厌食症是一种复杂的现象，有关这一现象之研究已然汗牛充栋，在这种情境下本研究要对其进行足够细致的分析亦几乎不可能。因此，我只想重点关注那些与本书主题高度相关的厌食症的特征。在我看来，厌食症是反身性自我掌控的一种病理状态，围绕着自我身份认同和身体外表体征这一主线而展开。在这一过程中，羞耻焦虑感施加了压倒性的影响。厌食症的所有重要元素都体现在上文那位女士对自我经历的详尽描述中。她对于自身身材的顾虑并非是对食物的突然冷漠，而是一种有控制的、渐进的现象，是一点一点地渐次出现。她对自己的食物投入了极大的精力和关注，这其实是处于饮食多元选择情境中的一种身体规则之刻意的禁欲主义。而她“废寝忘食”地收集阅读有关卡路里的信息，则体现了一种明显的反身性特征。她也明确认识到，她亟须养成一个与自我身份认同相关的特殊生活方式；羞耻与自豪这两种极端态度也出现
106 在她极力营造的“假象”中，而最后她终于确信她能“培育”自己的自尊，而不是任其“枯萎”。

为何神经性厌食症会成为女性尤其是相对年轻女性的主要特征？毫无疑问，其中一个原因在于，女性充满吸引力的身材会比男性带来更多的回报（不过此种不平衡正在发生着改变）。此外，刚刚进入成年时，人们较难形成身份认同。有关厌食症的一个常见观点是，它表现了“一种拒绝成为成年人”的感觉，即在事实上拒绝进入青春期，想继续做一个女孩子而不是成年女性。但这个解释不足以说服人，一如某观察者所言，这种解释把厌食症错误地当作一个特定的病理状态，而不是“一个针对困惑的自我身份认同极端复杂的回应”[44]。相反，对厌食症的理解应该被放置在晚期现代性使之变得可能的多元选择框架下来理解，其背景恰是女性被持续性地排斥在产生了上述选择的社会活动之外这一状态。现如今，女性在名义上拥有了很多参与社会活动的机会，然而在一个男权主义文化场景中，女性事实上仍被排斥在诸多机会之外。此外，为了赢得这些可能的机会，女性不得不以一种比男性更为彻底的方式去抛弃她们旧有的、“固定化”的身份认同。换言之，她们以一种更圆满却更矛盾的方式体验着晚期现代性的开放性特征。

一如奥巴赫所指出的，厌食症是一种抗争：其特征不是从身体发展的反身性中退却，而是要持续投入这种反身性活动。[45] 在以前女性社会地位被严格限定的时候，女性通过身体的近乎歇斯底里的病症形式以示反抗。而如今，她们的抗争仍与后传统秩序所蕴含的反身性掌控纠缠在一起：“患厌食症的女性在其症状中包含着一种存在方式，这种方式与其 19 世纪歇斯底里的姐妹之冷淡的反应方式截然不同。她们的抗争特征是其身体的成功且重大的转型，而非晕厥、跌倒或是挥舞着的拳
107 头……”[46] 当面向女性开放的选项既少且窄时，她们经由身体而产生的无意识抵触便会弥漫四方。然而，在一个明显具有多元可能性的场景

中，女性的反映则会受到限制并受到严格掌控。一如奥巴赫所指出的，患有厌食症的个体并非营养专家们的被动受害者，相反，厌食症所牵涉的身体规则是高度自主且具有协调性的。

于是，在厌食症患者的生活方式中，我们会看到雷恩沃特式箴言"你掌握着主动权"的特殊版本，只不过在掌控上的努力变成了强迫。厌食症患者的身体规则通常都是极端的。例如，某人可能会先跑上几英里，参加使人精疲力竭的冗长的训练课程，然后再去健身房器械上练习一段时间。这种活动带来的是成就感，而不仅仅是绝望，同时他会清晰地发现这其中含有赋权（empowerment）的重要方面。在厌食症的禁欲主义中，存在着"紧迫感和强力感"，这与其说和苗条的身形相关，不如说本质上和自我否决相关。一如索尔斯所指出的，"在客体的海洋中饥饿至死"便是一种拒绝，它以悖论的方式强调了对自我身份认同和身体的反身性建构。[47]

然而，强迫性掌控与真实的反身性监控明显不同，而且丝毫不令人惊讶的是，厌食症患者常常觉得自己被她自己的身体所服从的那个规则所"控制"。在温尼科特和莱恩看来，身体变成了虚假自我体系之一部分，脱离了（却严格受制于）个体内心的强烈愿望。源于无意识羞耻的破坏感逐渐集中到身体规则上来。厌食症禁欲主义所假定的那种超乎寻常的强度，具有冷酷无情的内在献身之特征，而个体只是部分知晓这种强度在自我身份认同投射中的源头。身体之"异化"（即自我无法在身体中找到身处家园之感受）有助于解释为何人们有时会在"禁食到死为止"的极端程度上追求厌食性的生活规则。当自我调节的生活规则如此完善以至于最细小的疏忽都能带来巨大威胁时，个体才感到"有价值"。

厌食症体现了人们在充满多元且模糊的选项的世界中对安全感的努力追求。在开放的社会场景中，受严格控制的身体是安全存在的象征。一如我们上文所读到的那篇个人陈述所言："做女人，真是充满风险。"人们对自我身份认同和身体的构建都发生在风险文化的场景中，而风险 108
文化正是我在下一章要重点论述的主题。

注 释

［1］Janette Rainwater，*Self-Therapy*（London：Crucible，1989），p.9.

［2］Ibid.

［3］Ibid.，p.11.

［4］Ibid.，p.56.

［5］Ibid.，p.194.

［6］Ibid.，p.209.

［7］Roy F.Baumeister，*Identity*，*Cultural Change and the Struggle for Self*（New York：Oxford University Press，1986）.

［8］Emile Durkheim，*The Division of Labor in Society*（London：Macmillan，1984）.

［9］Rainwater，*Self-Therapy*，p.15.

［10］John O.Lyons，*The Invention of the Self*（Carbondale：Southern Illinois University Press，1978）.

［11］Rainwater，*Self-Therapy*，p.172.

［12］Sharon Wegscheider-Cruse，*Learning to Love Yourself*（Deerfield Beach，Fa：Health Communications，1987）.

［13］Ibid.，p.79.

［14］Dennis H.Wrong，“The influence of sociological ideas on American culture”，in Herbert J.Gans，*Sociology in America*（Beverly Hills：Sage，1990）.

［15］Pierre Bourdieu，*Distinction*（Cambridge，Mass：Harvard University Press，1986）.

［16］Peter Berger et al.，*The Homeless Mind*（Harmondsworth：Penguin，1974）.

［17］Anthony Giddens，*The Constitution of Society*，第4章。

［18］Joshua Meyrowitz，*No Sense of Place*.

［19］参见 Berger et al.，*Homeless Mind*，69页及其后数页。

［20］参见 Harvey Sacks，“On members’ measurement systems”，*Research on Language and Social Interaction*，22，1988—1989。

［21］Rainwater，*Self-Therapy*，56页及其后数页。

［22］Anthony Giddens，*The Consequences of Modernity*.

［23］Pat Easterling，“Friendship and the Greeks”，in Roy Porter and Sylvana Tomaselli，*The Dialectics of Friendship*（London：Routeledge，1989），p.11.

［24］Shere Hite，*Women and Love*（London：Viking，1988）.

［25］Ibid.，p.526.

［26］Ibid.，p.655.

［27］例如，参见 Kenneth Solomon and Norman B.Levy，*Men in Transition*

（London：Plenum，1983）。

［28］例如，参见 Shere Hite，*Sexual Honesty*（New York：Warner，1974）。

［29］有关相互依赖的问题现有大量文献，美国尤甚，其种类包括专业著作、科普读物、实用治疗指南等，其中代表作为 Melody Beattie，*Co-Dependent No More*（New York：Harper，1987）。

［30］参见著名的分析 Norbert Elias，*The Civilizing Process*，vol. 1（Oxford：Blackwell，1978）。

［31］戈夫曼饶有兴致地谈论起日常生活中如何保持隐私，以及个体为何如此重视隐私。不过，他也暗示，隐私是一种普遍化的需求，故并不将其对隐私的解读放置于历史场景中。

［32］Joseph Bensman and Robert Lilienfeld，*Between Public and Private*（New York：Free Press，1979）.

［33］Wegscheider-Cruse，*Learning to Love Yourself*，p. 96.

［34］Ibid.，p. 100.

［35］Giddens，*Consequences of Modernity*，114 页及其后数页。

［36］Wegscheider-Cruse，*Learning to Love Yourself*，pp. 101-103.

［37］Vernon Coleman，*Bodysense*（London：Sheldon Press，1990）.

［38］Ibid.，p. 23-24.

［39］Ibid.，p. 25.

［40］Joan Jacobs Brumberg，*Fasting Grils*：*The Emergence of Anorexia Nervosa as a Modern Disease*（Cambridge，Mass：Harvard University Press，1988）.

［41］Ibid.，p. 100.

［42］尤其参见 Hilde Bruch，*The Golden Cage*：*The Emergence of Anorexia Nervosa*（London：Routledge，1978）。

［43］这一描述出自 Marilyn Lawrence，*The Anorexia Experience*（London：Women' s Press，1984），第 8 章。

［44］参见 Marcia Millman，*Such a Pretty Face*（New York：Berkley Books，1981）；Kim Chernin，*The Obsession*：*Reflections on the Tyranny of Slenderness*（New York：Harper，1981）。

［45］Susie Orbarch，*Hunger Strike*：*The Anorexic' s Struggle as a Metaphor for Our Age*（London：Faber，1986）.

［46］Ibid.，27 页及其后数页。

［47］J. A. Sours，*Starving to Death in a Sea of Objects*（New York：Aronson，1981）.

第 4 章
命运、风险与安全

命运、宿命论、命中注定的时刻

109 生活在极盛现代性的世界，便是生活在机遇和风险的氛围中，而机遇和风险又是为适应自然支配和对历史的反身性建构而形成的某特殊体系的必然伴生物。命运（fate）和天命（destiny）在这个体系中不会起到任何作用，这是因为该体系在理论上经由我所说的人类对自然和社会世界的开放式掌控而自行运作。未来的事件都有可能受到人类干预性活动的影响，这种影响的限度将尽可能地受到风险评估的制约。然而，命运和天命的概念绝不会在现代社会中消失，而且对它们的本质进行一番探究也对分析现代性和自我身份认同有着丰富的意义。

尽管这种观点有些笼统和武断，但我们仍可以较为确信地认为，在某种意义上，世界所有非现代文化几乎都含有命运和天命的概念（作为其哲学之核心部分）。世界并非一个无方向的所有事件的大旋涡（其中唯一的规范性能动者仅仅是自然法和人类），相反，世界拥有内在规范形式，使得个体生命与整个外部大环境都息息相关。一个人的天命——他或她的人生被预期的发展方向——由这个人的命运（即未来所可能发生之事）来赋予其具体意涵。尽管各类不计其数的信念都可以被归纳进上述两个术语的内涵中，但在绝大多数信念中，天命和命运的结合点是死亡。在古希腊哲学思想中，命运（moira）被认为会带来劫数和死亡，并被视为一种比最远古的神还古老的伟大的力量。[1]

鉴于现代社会生活和文化的性质，我们在此处倾向于把命运和未来事件的开放可能性对立起来。命运被视为预先设定之决定论的一种 110 形式，而现代观点恰恰与之相对。然而，命运概念不仅含有一种不完全“确定的”未来之内涵，它还含有天命之伦理概念以及有关日常事件之深邃观点——此处，深邃这个词意味着这些事件不仅要依据它们之间的因果关系，而且还要依据它们在外部大环境中的意义来理解。从这种意义上来讲，命运和宿命论（fatalism）几乎没有任何关联，即并非像后者通常被理解的那样。宿命论是对现代性的抗拒——具体而言，这种观点倾向于任事件自由发展而抗拒对未来的掌控性倾向。

先前存在的一些有关命运的思想和中世纪以后的思想之间的主要关联点便是运气（fortuna）这个概念。这个词最初的词源是罗马神话中的幸运（fortune）女神的名字，后来与居支配地位的基督信仰显得格格不入。“神的旨意”（Divine Providence）这一观念很明显是命运的一个版本。然而，一如马克斯·韦伯所指出的，基督信仰比传统的古希腊和古罗马宗教赋予了人类更具活力的角色。[2] 基督教会其实对幸运女神并不认可，这主要是因为“运气”之观点暗示一个人可以不必作为上帝之工具来工作便可获得恩泽。但是，运气的观念仍然重要，并且作为某些本土文化信仰的特征之一，它常常在价值上超过人在来世所获得的神之赏酬。马基雅弗利（Machiavelli）对“运气”的使用标志着一个重大转折，即对该词的传统用法转向一种新的、将命运排除在外的社会活动方式。在其名著《君主论》中，马基雅维利这样说道：

> 有许多人曾经抱有现在仍然坚持这样的观点，即这个世界上的所有事情都是以某种形式被运气和上帝所掌控的，而人却不能凭借其智慧来掌控它们，人对此毫无补救措施。因此，他们就可能断定，他们不必去做任何努力只需听从命运之安排……我认为，幸运女神只决定着我们行动的一半，而仍把另一半留给我们自行决定……我们看到一位君主今天荣耀满身，而明天就垮了台，但是在这过程中我们却并未发现他改变了自己的品性或任何特点……完全仰赖于幸运女神的君主，当幸运女神变卦时，他就会倒台。我还相 111

信，经常性地依据时间变化而调整其行动的人便会获得成功，相反，完全不顺应时代特征来任意行事的人则会大祸临头。[3]

毫不令人惊讶的是，政治学研究应该为命运观念的转型提供原初之领域，这是因为，尽管国家的宣传机器可能把政治视为由命运推动并最终达至一个特殊的天命，但现代情境下的政治实践却把政治认定为一种推测的艺术。政治决断力的实质便是：在采取了一个既定的行为之后需要思考下一步将会怎样，并将这一可能性与其他所有可能性进行权衡斟酌。马基雅维利被誉为现代政治策略的鼻祖，而他的著作在某些基本问题上更具有思想上的原创性。他预见了这样一个世界，在其中，风险和对风险的估算在人类活动的几乎所有领域都让幸运女神靠边站。然而，在马基雅维利生活的时代，似乎尚未出现一个能指代风险（risk）的通用词汇，该词汇的首次出现在欧洲思想史上则要等到一个世纪之后。（在英语中，直到 19 世纪，这个词汇还常常以其法语中的拼写方式 risque 出现。后来，该词汇的法语拼写形式与其英语化之后的单词形式曾同时通行过一段时间，只是英语化之后的单词首次用于和保险相关的表达。在表示“可能冒犯他人的笑话所隐含的风险”这个意义上，risqué 这个词仍保持其旧有形式。）[4]

在一个抛弃了旧有的、传统的行事方式的社会，以及在一个完全面临充满不确定因素的未来的社会，风险便成为有着重大意义的核心概念。这种看法既适用于制度化的风险环境，也适用于其他领域。一如我们在第 1 章中所指出的，保险业是现代世界经济秩序的核心要素之一，它也是一个有关掌控时间的更为普遍化的现象之构成部分，这种对时间的掌控我称其为“对未来的殖民”。事物的开放性所要表达的则是社会世界的可塑性，以及人类形塑我们所生存的外在物质环境的能力。虽然未来日益被看成是内在的不可知的事物，同时日益与过往相分离，但那个未来却变成了一个新的领域——一个具有反事实可能性的领地。一旦这个领地被建立，它就会将自己交付给那种经由与事实相反之思维和对风险之估算而实现的殖民化入侵。一如我前文曾提及的，人们对风险从来都不可能达至彻底完全的估算，这是因为即便是在相对限定的风险环境中，也总是会出现出乎人们预料和想象不到的后果。在一个命运已经

112

消失殆尽的环境中，所有行动（甚至那些与既定模式紧密结合的行动）在理论上都是“可依据其风险进行估算的”。就某些特殊结果而言，几乎所有人类习惯和行动都可以就其可能性风险进行整体性评估。抽象体系对日常生活的渗透，再加上人类知识充满变数之特征，意味着对风险的认知会渗入几乎每个人的行动中。

此处，我将以较短小的篇幅进一步深入探讨一下风险及其与自我身份认同之关系。但是，我们首先要引入一两个与命运相关的概念。第一个便是宿命论概念。一如上文所提及的，相较于传统文化场景，宿命论与现代社会生活的关系更为密切。依据我的理解，宿命论与斯多葛主义（Stoicism）不相同，后者是一种人们在面临生活考验和磨难时表现出来的坚强的态度。宿命论观点就是顺从地接受并让事情顺其自然发展的观点。它实际是现代性的主流倾向所培育出来的却与之立场相对立的一种观点。

宿命论应该与决定性（fatefulness）之感受区别开来。具有决定意义的事件或情景即那些会给个体或群体带来特别后果的事件和情景。[5]它们包括人们在面临我所说的后果严峻之风险时那些不希望有的后果，这种风险以一种会潜在地威胁生命的方式影响着群体和个人。决定性时刻（fateful moment）是个体要作某些决定的时刻，而这些决定会给他们的抱负，或者他们在未来的生活带来特别的后果。因此，具有决定意义的时刻对一个人之天命会产生重大影响。

具有决定意义的时刻，可被理解为具有那些会带来后果（即后果性）的活动之宽泛特质，而每个人终其一生都会在日常生活中从事这种活动。单就每个个体来看，其日常生活中的大多数活动都是非后果性的，而且也不被认为对人们的整体奋斗目标具有特别的决定意义。然而，某些活动（如工作范围内的一些活动）却通常被人认为比其他活动更具普遍的后果性。此处，试举戈夫曼曾作过精彩分析的“限死的”时间或“被消耗的”时间之现象为例证。[6]令人感兴趣的是，即将被消耗 113
的时间也常常被称为“自由”时间，即穿插于生命中具有重大后果性事件之间的时间。如果一位女士发现她的前一项安排和后一项安排之间有半个小时的空闲，她可能会选择随便逛逛或者读读报纸直到下一项事务开始，而不是将其进行“合理”利用。被消耗的时间是个体生活余暇范围之外的时间，除非发生一些预料之外的事情，否则这些时间基本不具备后果性。

相比之下，生活中诸多更具后果性的活动是常规性的活动。绝大多数“正常按时间运转”（time on）的活动（不论其是正式活动还是非正式活动）都是确信无疑的，或只有在对有关事务进行常规管理的时候才会成为问题。换言之，人们常常要作出一些艰难抉择，但是人们会依据作为进行中的活动之构成部分的策略来处理好这些抉择。然而，有的时候，人类活动的某些特定情境和片段会具有严重的后果性，并会带来许多问题，而正是这些片段构成了人生命中具有决定意义的时刻。当某事件正好发生于个体处于人生交叉路口的时刻，或当个体获取了具有决定性后果的信息的时刻，则该时刻便是具有决定意义的时刻。[7] 具有决定意义的时刻包括决定结婚、筹划婚礼仪式的时刻，或许也包括决定分手或事实上分道扬镳的时刻。其他例证包括参加考试、决定参与某种特殊的训练或学习课程、参加罢工、因喜好另一工作而放弃当前之工作、获知一项体检结果、在赌博中损失一大笔钱或在买彩票时赢了一大笔钱等。有时，不管人们喜欢与否，具有决定意义的时刻会由于那些对个体生活造成冲击的事件的出现而产生，但是，这种时刻也通常是由人的行为造成的，例如，当某人决定凑齐她所有的积蓄去创业之时，这种时刻便有可能出现。当然，具有决定意义的时刻既会出现在集体的历史中，也会发生于个人的生活中。它们是使事情脱离其联结点的时刻，也是特定状态因少数关键事件而发生改变的时刻。

具有决定意义的时刻（或被人们定义为具有决定意义的那种可能性）与风险有着特殊的关联性。在这些具有决定意义的时刻，人们对运气的渴求度会很高。在更传统的场景中，人们会让宣示神谕的祭司卜
114 卦，或向神灵祭拜以求得平安。有时，在决定性的时刻到来或者需要作出重大决定时，人们也常常会向专家进行咨询。事实上，相当普遍的情况是，专业知识是使得特殊情境变得具有决定意义的重要载体，如在医生对患者病症作出诊断的那个时刻。然而，我们几乎很少遇到这样的场景，即有关下一步该如何采取行动的决定完全是专家建议之结果。源于

抽象体系的信息或许有助于人们对风险进行评估，但最终是相关个体在承担着风险。具有决定意义的重大决策本身所具有的不确定性和后果性，使得人们在作决策时往往面临重重困难。

决定性时刻会威胁到为人们的本体安全感提供防护的那层保护壳，这是因为对保护壳来说极为重要的“一切正常”之态度必然会被决定性时刻所击穿。在个体必须开始尝试新事物的关键时刻，他们明确知晓，所有作出的选择或采取的行动都将不可逆转，而想要回到原先的状态也将变得十分困难。决定性时刻并不必然意味着人们要面临事情一定会出错的可能性，即面临高失败率的场景。让风险环境变得更难面对的其实是对出错的后果性惩罚的程度。决定性时刻给个体带来的后果严峻之风险，与其带给集体行动的类似风险等量齐观。

风险的参数

由于风险及风险评估对未来的殖民如此重要，故对风险进行研究便可让我们对现代性的核心要素有更充分的认识。以下几个要素将有助于我们对风险的理解：由抽象体系所高举的日常活动中大范围安全感导致的对个体生命造成危险的风险量之减少；具有制度化界限的风险环境之构建；作为现代性反身性的重要构成部分的风险监控；全球化所导致的后果严峻之风险的出现；在内在不稳定的“风险气候”背景下所有上述元素之运作。

人们想象中的现代社会生活中的风险，与事实上遍及四方的对人类 115
生命造成威胁之危险并不直接相关。在个体生命历程的层面上，就对生活的期待以及免于严重疾病困扰之自由度而言，发达社会中的人们与生活在欠发达社会的人们相比更安全。然而，18 世纪末的英国已然是当时世界上经济最发达的社会，而爆发能很快夺取几十万人性命的恶性传染病却仍是稀松平常之事。人们不得不忍受逐渐扩散的流行性疾病，甚至当这些疾病不必然带来致命后果时也是如此。因而，很多人得以观察到以下现象[8]：

疲劳、热病和焦躁，
这是人们坐而悲叹的世界；
在这里，青春苍白、消瘦、死亡，
而“瘫痪”有几根白发在摇摆。

直到20世纪初，人们才有了充分的统计数据，从而得以精确地描绘出对生命产生威胁的种种变迁。一项以1907年作为其数据起点的研究表明，当时的新生婴儿“面临着危机四伏的雷区”[9]（尽管当时的婴儿死亡率与一个世纪以前的数据相比早已显著降低）。在1907年的统计图表上，大约1/7的新生儿在出生的第一年便夭亡；与之相比，1977年的统计图表显示的数据已大大降低至1/67。下文所开列的一个单子记录了部分最重要的降低了人类健康风险的技术进步，其时间段为1907—1977年，即一位生活在1977年的年过七旬的老人所经历的生命历程：

安全的饮用水
污水清洁处理
卫生的食物配制品
消毒牛奶
低温冷藏
集中供暖
广泛应用的科学的营养法
广泛应用的科学的个人卫生法
包括疟疾在内的主要寄生虫疾病的消除
对鼠类及害虫之控制
不断改进的产前和产后护理
116 不断改进的婴儿护理
不断改进的传染病护理
不断改进的外科手术
不断改进的麻醉和重症监护
广泛应用的科学的免疫法
输血成为现实

医院里重症监护病房的出现
不断完善和改进的诊疗程序
不断改进的癌症治疗法
不断改进的动脉栓塞疾病治疗法
计划生育变得切实可行
避孕方法的改进及合法化
广泛接受的工作场所安全
汽车里的安全带
不断改进的保护牙齿、视力、听力的方法
吸烟、肥胖、高血压、久坐不动的生活被认为有损身体健康[10]

我们无法得知上述技术进步中每一项对1907—1977年这70年当中最为重要的变迁产生过如何深远的影响，这主要是因为这些进步中的绝大多数所带来的影响要经过几代人才能体现出来。此外，与上述降低风险之变迁相对应，我们也不应忽视相当多的负面影响。两次世界大战带走了无数人的性命，而1907年出生的那一代人恰恰完整地经历了这两次大战。这一时期，车祸致死或导致重伤的风险也呈现出稳固攀升态势。从20世纪30年代至60年代末，这一代人消费了许多药物，而以现在的标准视之，当时的药物并未经过充分测试就投放市场。在烟酒等物品之毒性被充分认识到以前，这一代人早已饮用了大量酒精饮品和消费了数以百万计的香烟产品。环境污染也日益严重，医学专家们认定环境污染将增加重大疾病的易感率。而且，在他们生命中的大部分时间，这一代人的食物里含有大量添加剂和化肥，这对健康造成的后果，往好里说尚且不知，往坏里说则将有可能导致重大的致命疾病的出现。

尽管如此，就基本生命安全而言，降低风险的那些要素似乎已经大大盖过了新出现的风险。我们可以通过不同方式对此进行初步检验。其 117
中之一便是：假定1907年存在的那些对生命构成威胁的重大风险会持续影响这一代人的一生，那么对比1907年出生的那一代人实际的生活体验与他们上述假定条件下的生活体验，我们便可略知上述降低风险要素之积极作用。这虽然是纯推理式的计算，却可以为相对合理的统计数据所支撑。经过统计处理之后的计算表明，就生存百分比而言，直到

20岁之前，两组数据之间无差异。而一过这个年龄线，实际生存曲线便开始超过由新整理的数据所形成的理论曲线，越到后期两者之间的差异越显著。

另一种检验方法仍然是比较分析。这次所比较的数据仍是1907年的统计图表和1977年的统计图表，具体则是比较1907年出生的那一代人的生活期待与研究者为1977年出生那一代人所预测的生活期待。结果显示出非常显著的差异。该差异从两组被研究人群的1岁时开始，一直到老年，1977年出生那一代人明显占优势（尽管我们无法确知是否有其他一些对生命构成威胁之风险在之后会对这一代人产生影响）。

风险既与当下的实践相关，也涉及未来发生的事情，因此，对未来的殖民造成了新的风险环境，其中一些以制度化形式被组织起来。在相对较小的场景中（例如在不同文化中均普遍存在的赌博现象），上述风险环境实际上一直存在着。在非现代文化场景中，偶尔也会出现一些组织化的风险环境，而在现代社会生活中却无法找到与之相对应的制度化形式。因此，弗斯描述了生活在所罗门群岛提科皮亚地区（Tikopia）的人们的一种试图自杀的制度化风险类型。[11] 在当地，一个饱受委屈的人驾着一叶独木舟出海是种普遍现象。由于海水变化莫测，故这个人能存活下来的概率很小，而部落里其他人对此人消失的反应速度也影响着其生还率。虽然上述冒风险之举动与现代情景中冒风险的自杀性企图有着若干明显的相似之处，然而在现代情境中制度化元素是不存在的。[12]

然而，就绝大部分而言，现代社会中以制度化形式构成的风险环境比前现代社会中的更为显著。这种制度化的风险体系事实上影响着几乎每一个人，不论他们是不是风险体系中的“玩家”——竞争性的产品、
118 劳动力、资金市场为此提供了最重要的例证。这种制度化体系和其他风险参数之间的区别在于，它们是经由普遍的风险而不是偶然碰到的特定的具体风险而构建的。制度化风险环境以多种方式将个体与集体风险联系在一起。例如，个人生活的机遇现如今就直接与全球化的资本主义经济捆绑在一起。但就目前我们所讨论的话题而言，它们的重要性体现在其所揭示的对未来的殖民的方式上。

此处我们以证券交易所为例证来进行分析。证券交易所是一个规范

化的市场，它提供一定量的有价证券（securities）（这个多义词本身就很有意思），由出借方发放、借用人持有，并造成一种构建风险（出借方和借用人双方都抱有获取利润之目的）的选择方式。它同时还具有根据证券之预期回报而对其进行赋值之效应，在这个过程中便把投资者的风险拉了进来。[13] 借用人和出借方各有其不同的财务目标。某些借用人希望在长时段积累资金，而其他人则寻求更加短期的收益，并且为了达至这一目的时刻准备以其现有资本去冒相当大的风险。而出借方则通常希望资金在长时段上进行运作，但他们也会不可避免地面临一定损失之风险。在股票市场中，投资者会在诸多风险以及克服这些风险的方式中作出选择，而出借方则会试图调整所得资本的合约条件，以抵消他们从其中获利的商业活动之风险。股票市场是一个理论化了的、复杂的、反身性的领域，这一现象直接影响借用与出借的危险性特征。因此，有研究表明，价格—收益比似乎并不能很好地预示后续的收益和红利增加。在股票投资市场上应用的一些理论认为，这些理论能说明股票市场无法辨别出哪些公司能对稀少的金融资源进行最充分的利用，也无法作出相应的风险策略计算。其他理论认为，利润之提留及其他具体因素能解释这一现象，并能相应地采取不同策略应对之。而利润提留策略本身有可能被所采用的理论所影响这一事实，为股票市场之反身性的复杂性提供了衡量手段。[14]

一如其他制度化风险环境，股票市场主动地运用风险去创造随后将
被殖民化的“未来”。这对股票交易参与者来说是很好理解的。期货市 *119*
场（futures market）的存在便是一个最佳的例证。所有的借用和出借行为都通过对风险的操控创造着可能的期货世界。但期货市场以一种直接的方式抵押着未来，及时地保护着能为特定的出借方提供特殊安全感的必经之路。

对风险进行反身性监控内在于制度化的风险体系中，而就其他风险参数而言，它是外部的，却比生活机遇和生活规划显得更为重要。现如今，专家思维和公共话语的一个明显构成部分便是“风险情形分析”（risk profiling）——在当今知识状态和当前条件下，分析风险在给定行动场景中的分布状况。由于在上述表述中“当前”一词的内涵处于持续

不断的变化中，故这样一种风险分析必须得到经常性的修订和更新。

接下来，请各位思考一下“我们的死因”——代表着与死亡相关联的那些重大风险。[15] 对那些威胁生命的主要疾病所作的风险情形分析显示出发达国家在20世纪初和当今的具体情况之重大差异。到1940年时，诸如结核病、肾炎、白喉等传染性疾病已经不再居于前十种致死疾病之列了；1940年之后，心脏病和癌症分别上升为第一和第二位死因，至今仍是如此。有观点认为，导致这种变化的主要原因在于50岁或更高龄人群在人口总数中所占比重更大，但这个观点受到其他观点的挑战，后者认为导致这些变化的原因主要在于饮食和环境因素。我们应该注意到，过去用以辨识主要死因的概念自1900年以来已发生了实质性变迁。在20世纪初被称为“颅内血管源出血”（intracranial lesions of vascular origin）的病症在60年代变为“影响中枢神经系统之血管出血”（vascular lesions affecting the central nervous system），并在那之后又被更正为“脑血管疾病”（cerebrovascular diseases）。这种变化体现的不仅仅是流行时尚，它们反映的是针对相关病症的整体医疗观点之转变。

在诸如英国和美国这样的冠心病高发病率国家，有超过2/3的35岁以上人口被认为其冠状动脉在一定程度上变窄了，尽管这些数据尚不足以在心电图上形成显著的病理症状或变化。每年35岁以上人口患心脏病的概率约为1/80，尽管只有很少一部分是致命的。心脏病的发病现
120 象在男性中要比女性中更为普遍，尽管这一差距现在正在消失。在美国及其他发达国家，冠心病的致死率在经历多年的稳固增长后开始逐步下降。对于这个现象背后的原因，出现了许多争论：有人认为是由于饮食上的改变，也有人认为是急救护理的改善，还有人认为是吸烟量的减少或是更多成年人开始积极参加有规律的体育锻炼。现在为大家所普遍接受的一个观点是，生活方式因素对患心脏病的风险有着强烈的影响。在这个问题上，可资比较的证据比比皆是。因此，在所有工业化国家中，日本拥有最低的冠心病发病率。然而，移民美国的日裔下一代（或几代）则拥有与美国而非日本相当的患病率。当然，与生活方式的其他方面相比，我们仍无法完全知晓饮食在心脏病病原学中到底具有何种具体影响。例如，法国就表现出较低的冠心病致死率，但法式餐饮中会引发

冠心病的物质含量也是较高的。

癌症不是一种单一的疾病，至少在与之相关的致死风险方面可以这样理解。从 20 世纪初开始，不同种类的癌症的发展轨迹表现出了极大的差异。例如，1930 年以来，肺癌的致死率呈现出稳步增长态势，这一持续的态势主要是由于吸烟人群直到 20 世纪 60 年代末仍逐年增长之延后效应。而其他种类癌症的患病率却又呈现稳步下降之趋势，专家们对此现象的解释大相径庭。他们对饮食与环境因素是否是癌症之肇因，以及在多大程度上是肇因等也持有不一致的意见。

对健康风险的定期且细致入微的监控（即上文已述及的各类信息）便是一个极佳的例证，不仅体现了涉及外部风险的惯常性反思，而且也体现了专家体系和外行人行为之间有关风险问题的互动。医疗专家及其他研究人员为风险情形分析之开展提供了基本材料，但风险分析并非仅仅是专家的业务范围。普罗大众对此也略知一二，即便他们只以粗略和简约之形式对风险进行分析，而且医疗方面的专业人员也非常希望他们的研究发现能为普通人广泛使用。一般来讲，普通人群所选择的生活 121
方式会受到上述研究发现之影响，尽管在行为模式的改变上阶层通常会体现出较大差异。具体而言，专业人群与受高等教育等因素的影响因子最大。然而，即便当专家们先前有关改变某种生活方式之号召普遍被接受时，这些人对某一问题的一致看法（如果说有的话）也可能会发生改变。例如，吸烟曾是某些医疗专家们提倡的一种放松方式，而黄油和奶油则曾被认为有益于身体健康。

随着各种理论的修订或推翻，医学概念和专业术语也在发生改变。此外，医疗专家群体在任何时候实际上都存在关于风险因素以及危害健康之病因等方面的严重的甚至极端的意见分歧。即便是关于冠心病和癌症等严重疾病，也存在诸多另类医疗（alternative medicine）实践者，他们不同意主流医学界的理论和实践，对重大病症都有自己的看法。这些人过去曾经不为主流医学专家所重视，而现在他们已经开始受到后者的重视。在这些争论中，健康风险之评价常与“谁才是正确的”这一问题紧密联系在一起。这是因为，虽然在任何时间点作出的风险情形分析都是客观的，但是个体或团体对风险的阐释取决于生活方式是否发生变化以及这些阐释究竟在多大程度上基于有效假设而给出。某种生活方式的某一具体方面一旦形成（例如养成某种特殊的饮食习惯），这种生活方式便很难被打破，因为它很有可能已经与个人行为之其他方面整合在一起。所有的这些因素都会影响外行人群对经由抽象体系筛选出来的风险参数进行反身性调整。故面对这些复杂性时，有些人对几乎所有医务工作者都采取不信任态度，而只是在绝望状态下才去征询其专业意见便显得不足为奇了，他们进而会固执地坚持自己早已形成的那种生活习惯。

相比于影响健康的那些危险，后果严峻之风险在理论上一般不会对个体行动者产生直接影响，尽管它们在理论上会对个体的生活机遇造成一定影响。有人认为生活在现代社会场景中的人们最为忧虑重大灾难可能会降临在我们这个世界，这明显是不正确的。末世论调在中世纪时相
122 当普遍，也有很多文化认为我们生存的这个世界充满无数危险。但是这些危险观的经验与性质在某些方面与当今对后果严峻之风险的认知有非常明显的不同。当今世界的这种风险是全球化发展过程的结果，而即便是半个世纪以前的人们都尚未感受到类似的这种威胁。

这种风险可以说是现代性阴暗面之一部分，而且，只要现代性持续下去，这些风险（或那些可比较的风险因素）便会存在下去。具体而言，只要社会及技术仍保持急速变革并释放出未曾预料到的后果，这些风险便会持续存在下去。后果严峻之风险有着独特的属性。它们所涉及的危险越严重，我们对于所冒风险之真实经验就越少。这是因为，如果事情“出了错”，那么就已经太晚而无法体验了。诸如切尔诺贝利核泄漏事故那样的重大灾难便让我们初尝了这种风险。一如诸多类似案例，专家们到现在都还不能就有关问题取得一致性的看法，包括泄漏出来的放射性物质对受灾国家的人口有何种长时段之影响。普遍认为这次核泄漏事故增加了未来某些病症的患病风险，而且毫无疑问对直接受其影响的苏联人民造成了灾难性的后果。但是，去估计一个更为严重的核泄漏事故的后果则必然是个反事实的假想，更不用说估测一起相对小规模的核冲突的可能性后果了。

在后果严峻之风险情境中对风险进行评估必然会与常规评估不同，后者所涉及的风险后果都是可依一定规律进行观察和监控的（尽管根据

观察所提出的阐释需要持续不断地根据新理论和新信息而进行适时修订和更新)。风险评估本身就具有内在风险性，而后果严峻之风险是最能验证这一论点之领域。在对核反应堆事故的风险进行估算时，一个通用的方法就是故障树（fault tree）分析法。要画出一个故障树就必须列出所有可能导致反应堆失败的已知路径，然后再列出所有可能导致上述路径的下一层级的路径，并以此类推。一般认为，这样做的最终结果便是一种相当精准的风险设计。这种方法已经广泛应用于美国和多数欧洲国家对核反应堆安全性的研究中。但是，这也留下了许多无法估量的问题。[16] 要对人为失误或人为破坏的风险进行精确计算，则是不可能的 123
事。切尔诺贝利的灾难便是人为失误的结果。在较早时期，发生在全世界最大的核电站之一美国布朗轮渡核电站的大型火灾也是人为导致的。后来查明，起火原因是一名技术人员以点燃蜡烛的方式来确认是否有气体泄漏，这直接违反了安全工作程序。有些可能导致灾难的路径则未必会引起人们的注意。在一些小微风险情境中它们可能被忽略，而对于后果严峻之风险有时也只能通过对数据和假设的回顾式修订才能发现。这种情境就发生在美国国家科学院从事的一项研究的假设场景中，这项研究的目的在于确定在给定的一定强度的核战争环境下食物供应的风险。研究小组后来得出结论，由于许多农作物都会在紫外线辐射日益增加的空气中存活下来并继续生长，故核战争所有可能导致的地球臭氧层减少将不会威胁到生还者的食物储备。然而，研究小组竟然没有一个人注意到，紫外线辐射水平之增加实际上将导致人们完全不可能在田里将这些作物种植出来。[17]

后果严峻之风险构成了晚期现代性普遍的“风险气候”特征的一个特有部分——由专家体系来传递的知识主张的定期更替。一如拉宾诺维奇所言：“某天当我们听说水银很危险时，便会急着把橱柜里的吞拿鱼罐头都扔掉；第二天，我们想避免的食物就可能是黄油，而这却是我们的祖父祖母所认为的最最有益于健康的食品；然后，我们就得把那些引领时尚的宣传画从墙上刷去。现如今，危险潜伏在我们最爱使用的洗涤剂所含有的磷酸盐类物质中；明天就会指向杀虫剂，而这在不久前还被信奉为把数百万人从饥饿和疾病中拯救出来的救世主。死亡、癫狂以及某种程度上更令人恐惧的癌症，正潜伏于我们所食用或接触的所有物品中。”[18] 这段话写于20世纪70年代初，自那时起，人们在吞拿鱼罐头中发现了更多的污染线索，一度被认为安全的某种洗涤剂在70年代也被禁用了，而现在的一些医生则说多吃黄油要比吃先前曾广被推荐为精美食品的低脂肪人造奶油更为健康。

这里需要再次重申，我们并不是说现如今的日常生活会内在地比先前时代的生活更具风险性，而是说，在现代性的条件下，无论对外
124 行人还是对专家而言，在特定领域中保持对风险和风险评估的思考几乎已成为无时无刻不在的情形，并具有无法估计的特征。我们应谨记，就那些已经闯入我们日常生活的专家体系中的绝大部分内容而言，我们都是外行人。专业化之扩展、现代制度体系的进步以及专业领域的进一步细分，似乎都是技术发展不可避免的后果。专业化愈加细分和浓缩，人们在其中能宣称为专家的领域就越来越小；在生活的其他领域，这位专家则将处于和他人一样的境地。即便是专家能达成共识的领域，由于现在知识的更替性和发展性，加之外行思维和实践之上的“滤回效应”（filter-back effect）也会变得十分模糊和复杂，因此，现代性的风险气候令每个人都不安，无人能幸免。

主动贴近风险

当然，自发运行的风险与那些根植于社会生活之限制或人们所追求的生活方式的风险之间有着明显区别。制度化的风险环境为人们提供了一些场景，使得人们可以选择去冒稀缺资源之险——包括危险运动以及其他类似活动中自己的生命。然而，自发运行的风险与那些以不怎么受欢迎的方式影响着人们的风险之间的区隔，总是不那么明晰，而且这区隔也并不总是与外在的和制度化的风险环境之间的区隔一一对应。一如前文所述，根植于现代经济中的风险要素影响着几乎每一个人，不论某个特定个体是否在经济秩序中表现得积极主动。开车和吸烟则提供了另

外的例证。开车在许多情景中都是一种自愿的活动，而在某些场景中，生活方式的限制或其他一些约束会使车变成一种必需品。抽烟也是一种自愿行为，但是一旦上瘾，便有了一种强迫性特征，对酒精的消费也有类似效应。[19]

主动去拥抱和接受特定种类的风险是风险气候之重要组成部分。风
险的某些方面或某些特定种类的风险本身就具有一定的价值——疯狂飙 125
车时的那种快感，与源自特定制度化风险的兴奋感十分相似。明知吸烟有害健康但仍坚持吸烟的习惯，体现了个体一种虚张声势的勇气，而从中个体又可以找到某种心理安慰。假设这种情况是真实的，那么上述活动可被理解为“培植出来的风险”，我在下文将对此概念进行详细讨论。但就绝大多数情况而言，大多数人被动接受开车和吸烟等行为的危险性可以从不同角度来进行解释。一般来讲，有两种解释模型。一种观点认为，大型企业和其他一些有影响力的机构故意谋划并误导了公众对真实风险水平的认知，或认为它们利用广告和其他制约性方法来保证相当一部分人都卷入此种有风险的生活习惯。另一种观点则认为，绝大多数外行人对个人身上的或延后的风险并不敏感，即便他们常常对群体性灾难或对“更具可见性”的风险作出过度反应。两种解释都明显倾向于更多地强调人类行动中的非理性成分。尽管它们毫无疑问都指出了一些极为重要的因素，但似乎都不怎么能令人信服。实际上，对上述风险现象产生主要影响的很可能是特定的生活规划和生活习惯的特征。由于具体的活动一般都是一组整体生活方式习惯的构成部分，故个体并非总是（甚至也不经常）针对单个的独立项目进行风险评估。生活规划解释的是整体的“一组风险”，而不是计算风险行为不同构成部分的含义。换言之，在追求特定生活方式的过程中遭遇的一些特定风险，人们可以将其作为上述整体风险之一部分在“可容忍限度”之内接受。

人们会为了自己生活规划内在之一部分而去殖民未来。一如集体未来之情形，未来可被成功入侵的程度是有限的，并且受制于风险评估的各种出乎意料的变化。所有人都形成了一个风险评估组合，这个组合以清晰方式组装起来，包含大量信息并且具有“开放性”；或者这个组合也可能在很大程度上是具有惯性的。从风险角度来考虑问题几乎已成不

126 可避免之趋势，而且绝大多数人都能意识到“拒绝”以这种方式进行思考会带来的风险，即便他们可能选择完全忽视这些风险。在极盛现代性紧张的反身性情境中，依赖“自动领航员”来生活已变得愈发困难，并且不管先前形成的生活方式有多么牢固，人们也愈发不可能保护任何生活方式不受普遍风险气候之影响。

此论点不应该被误解。多数风险评估是在实践意识的水平上进行的，而且一如下文所要阐明的，基本信任的保护壳可以阻挡绝大多数会对个人生活情境产生冲击的其他潜在性的干扰事件。在极盛现代性的时代，要想“舒适地”生活在这个世界上毫无疑问是不确定的；在这个时代，“看护”机制和“与他人共享的历史”之发展在很大程度上都是反身性方式的收获。但是，这种历史常常提供了使本体安全以一种确定方式得以维持的情景，至少对于个体生活某个特定阶段是如此。

风险、信任与保护壳

我前文强调过“正常外表体征”之世界，并不仅仅是个体相互之间持久的有关互动的一场表演。一如他们在日常生活场景中的时空路径之交错，个体所遵循的惯例将那种生活建构成“正常的”和“可预期的”。在社会活动的网络中，人们对常态性的把握非常细致入微：这一现象同样也适用于身体以及个体参与和规划的结合。个体必须以肉体形式完全存在于彼处[20]，并且作为有形物质自我的肉体必须予以长时段的保护和援助，在日常情形以及跨越时空的生活规划中依然如此。从某种意义上讲，身体终年处于风险之中。身体受伤之可能性总是无时无刻不存在，即便是在最为熟悉的场景中也是如此。例如，家便是一个危险场所，因为大部分的重伤都是由家庭环境中的偶发事件所引起的。一如戈夫曼所简明指出的，“身体便是一个后果性装备，并且身体之拥有者总是在冒着风险”[21]。

127 在第 2 章中我曾指出，基本信任对于日常生活规范和正常外表体征之间的联系起着根本作用。在日常生活场景中，基本信任被表示为对可能性事件或问题的涵括，而这些事件和问题在特定场景下有可能引发人们的恐慌。他人好像要做的事及其好像要成为的人，人们通常认为那就是他们实际所做的事及其本来面目。然而，谍报人员不同，他们出于保护自己的目的，无法采取他人通常采取的那种正常外表体征。他们将常规上属于“事物本来面目”的那部分普通信任悬置，忍受着一种曲解性焦虑的折磨，即焦虑那些寻常事物的另一面。对普通人来说，一个错误的数字可能不会让其恼怒，而对卧底探员来讲，这可能就是引起恐慌的一个令人不安的信号。

一如前文所强调的，在日常生活惯例化场景中，身体和心理上的舒适感只有付出极大努力方能获得。在日常活动之情境中，如果我们表面上看似比实际中更强大，那这主要是得益于一个长时段的学习过程，而且潜在的威胁可经由此学习过程得以避免和化解。诸如行走中不摔倒、避免与物体相撞、过马路或使用刀叉等最简单的行动，都得在最初富于命运特征的意义情境中习得。绝大多数日常生活“平淡无奇”的特征既是长期学校教育培养出来的熟练警觉性的结果，同时也对所有规范化行动均假定存在的那种保护壳的形成有着至关重要的作用。

这些现象通常都能够用戈夫曼的“周遭世界”（Umwelt）概念来进行分析，其具体指涉围绕在个体和群体周围的正常状态之核心要素。[22]这一概念源自作者对动物行为之研究。动物都保持着对周遭物质环境中存在的威胁的一种敏感性，敏感区因物种不同而各有差异。某些动物能感知数英里以外的声响、气味和运动，而其他动物“周遭世界”的范围却是极为有限的。

对人类而言，其“周遭世界”的内涵则远大于直接的物质环境；它能扩展至无限的时空跨度之外，并与框定了人类生活的、舒茨（Schutz）所说的“相关性体系”（system of relevance）相对应。个体几 128
乎总是对某些信号保持警惕，这些信号既把此时此刻的活动与空间上遥远的且与其相关的人和事联系起来，又与不同时间跨度的生活规划联系起来。“周遭世界”是“移动的”常态性世界，个体在场景之间的转换中便能感受到这个世界，尽管这种转换也要取决于他人参与或确保上述世界的再造。在某种程度上，个体创造了一个“相关性的移动波面”，它将和风险相关的偶发事件与潜在的恐慌整理并加以排序。时空运动——身体从一个场景到另一场景之物理运动——把个体对场景物理特性的关注置于中心位置，但场景危险性又在与其他更泛化的威胁源的关系中受到人们的监控。在当前全球化的场景中，“周遭世界”还包括了人们对后果严峻之风险的认知，这种风险代表了那种无人能完全摆脱的危险。

在很大程度上，现代性的情境早已不再有“运气”的身影，个体在此种情境中通常会将周遭世界区分为有计划的事件和偶发事件两部分。偶发事件制造了从背景到前景的持续相关性，从而使个体得以从中形成有联系的一组行动。这个区分也使人们得以涵括现实和潜在的一系列事件，并将其放置于一个仍需对其实施最小限度监控的场景。由此可得出结论，即处于互动情境中的每个人都假定其他人对自己所做的大多数事情都毫无兴趣，尽管他人还要共同出现在这种公共场合中以客气的不关心之原则来对这一毫无兴趣进行文饰。

因此，与妄想症患者相反，普通人相信其生活中的决定性时刻并不是命运导致的结果。幸运（luck）是人们打算从事一项风险活动时所需要的，但幸运还包含着更宽泛的内涵，即它是将机遇与决定性关联在一起的重要手段（体现出来的便是好运或厄运）。然而，由于有时难以在实践中区分偶发事件与非偶发事件，故当事件或行为被“误释”（misinterpreted）后——把一事对另一事的影响故意解读为没有影响或反过来解读，严重的紧张关系便会出现。这种故意的诡计一经发现便可能引起恐慌。例如，当某位丈夫发现妻子与旧情人明显的偶然会面根本
129 就不是偶然碰巧相遇时，他就会去怀疑妻子有出轨行为。认识偶发事件所需要的普遍化信任之假定，既关注未来之期待，也关注当下之解释性理解。在大多数互动情境中，个体会认定与之同时存在的他者将不会用他们当下对待他的那种方式作为未来恶意行为之基础。然而，人们在未来对当前情景之使用却总是具有潜在的脆弱性。

保护壳就是使一种切实可行的周遭世界得以维持下去的一个信任外罩。信任外罩之下那一层，便是“平淡无奇”世界之惯常化特征的条件

和结果。而这个平淡无奇的世界又是一个充满了围绕着个体当下却关乎未来的活动和规划的现实及可能事件的世界，在其中，正在进行的绝大多数事情对这个个体而言都是“非后果性的”。此处，信任既包含了物质世界中的现实和潜在事件，也包含了社会生活领域的特殊体验与活动。在现代社会制度情境中，现实风险才被认为是风险，人们在此生活便有可能导致一种对“打了折扣的可能性”（与个体的自我身份认同和追求无关的那种可能性）给予普遍信任的特殊困境。命运概念所能提供的心理安全在很大程度上被消除，一如神灵、魔鬼等及其他对自然现象中的人格化处理被消除一样。抽象体系对日常生活长时段的渗透进一步催生了影响普遍信任和周遭世界两者关系的诸多问题。

在现代社会条件中，人们越以反身性方式去形成自我身份认同，就越会意识到一个现象——当下实践形塑着未来的结果。在“运气”概念被完全摒弃的情形中，风险评估（或风险与机遇之均衡）遂成为个体对未来的殖民之核心要素。但是，保护壳在心理学上至关重要的一个部分，便是对风险之思考所假定的危险后果之偏移。由于风险情形分析是现代性的核心构成部分，故对不同类型探索和事件的概率的认知便成为一种进行风险情形分析的手段。由于“可能会出错”的事件较难被搁置脑后，故它们便被放置在一边。按照不同标准来计算，乘飞机旅行通常都被认为是最安全的交通形式。例如，对普通民用航空来说，死于空 *130*
难的风险在每次飞行中大约是 1/850 000——这一数据由某一时期空难遇难者人数除以同一时期乘客总人数而获得。[23] 常有人说，鉴于家中、工作中以及其他场合中发生事故之数量，坐在五英里高空的飞机机舱里应该是全世界最安全的。但是，还是有很多人害怕乘飞机旅行，而且有少数有机遇或资源乘飞机旅行的人一直拒绝此种方式。换言之，他们无法将“可能会出错”的事出现之后的情形搁置脑后。

有意思的是，上述害怕乘飞机旅行的人士中有部分人愿意乘坐地面交通，尽管他们非常清晰地认识到乘坐地面交通的重大交通事故率比乘飞机更高。反事实的权重似乎在此显得重要得多——地面交通的事故尽管可能很惨烈，但它们或许不能达到空难场景所激起的那种恐怖程度。

时间上的延迟和空间上的远距离，能减轻那种把风险意识当风险本身可能催生的烦恼。一位身体健康的年轻人可能很清楚吸烟所带来的风险，但他会把这种潜在危险置于看似非常遥远之未来（如他40岁时），故他便能将此危险暂时遮蔽。空间上远离个体日常生活场景的风险（如后果严峻之风险）也有可能被从周遭世界中涵括出来。换言之，它们代表的危险被尽可能地理解为太远离个人实践活动因而无法严肃对之进行周密考虑。

然而，命运的概念绝不甘心自动退出历史舞台，它出现在与世俗风险类型观及与宿命论态度的不稳定结合中。对事物天意特质的信仰，在某种意义上就是运气概念得以生发的大背景。这是个非常重要的现象，是一个与现代性本身的某些基本特征相关联的现象。从天意角度对历史进行再阐释是启蒙运动时期文化的主要元素，不足为奇的是，我们仍可
131 以在日常生活中的思维方式中找寻到它们残存的踪迹。对后果严峻之风险的态度很可能常常保有天意观的强烈痕迹。人类集体或许生活在一个预示有大灾难的世界中，并将面临一系列全球性的危险，然而个体或许感觉应该相信政府、科学家或其他技术专家能采取适当措施来克服这些危险。或者，个体也许会认为“一切事物的最终结果都会好起来”。

否则，这种态度便有可能滑向宿命论一端。宿命论思潮是作为对世俗风险文化的回应而出现的。我们会面临很多风险，但是作为个体（有时甚至集体）我们对其中一些甚至毫无办法。持这种观点的人们也许会宣称，生活中发生的事情最终都只是偶然而已。因此，我们也许就可能会认为“不管发生什么，它都会发生”，并对之采取顺其自然之态度。这就是说，鉴于当下我们所面临要对个人和集体环境都采取主动且创新的态度之压力，我们将很难在生活的所有领域都坚持宿命论观点。在某些具体风险场景中的宿命论则倾向于转变成那种更具容纳性的态度——我所说的“实用主义的接受”或“犬儒主义的悲观”：前者是一种过一天算一天的普遍化处世态度，而后者则是一种经由厌世的幽默来扫除焦虑的态度。[24]

有许多意外的、不受欢迎的事件可能会穿透本体安全的防护罩并引起恐慌，而恐慌则以各种各样的形式出现——从世界末日的倒数四分钟警告，到众所周知的不小心踩上了香蕉皮。有些是身体上的症状或缺陷，其他一些则是由可预见的或实际中心之所向的失败所引发的焦虑，

或闯入周遭世界的未曾预料的事件所引发的焦虑。然而，对个体而言，最具挑战性的便是要应对恐慌与后果性变迁（即决定性时刻）同时发生的情形。在具有决定意义的时刻，个体有可能会认识到其所面对的是一整套已发生过变化的风险和机遇。在这种情境中，个体被要求对相关种类的常规习惯提出质疑，甚至对那些与自我身份认同最为紧密相关的习惯也要提出质疑。具体的策略则可能是各种各样的。不管出于何种原因，个体会简单地持续既定的行为模式，而选择去忽视这样做是否符合新制度的要求。但在某些情境中，这是不可能做到的。例如，某人在与 132
其妻子分手后将不可能再保持婚姻状态下的那种行为模式。许多具有决定意义的时刻本质上都要求个体去改变习惯并重新调整其规划。

决定性时刻并不只是“降临”在个体身上，它们有时是被主观培育出来的并令人向往的。制度化风险环境及其他一些更加个体化的风险活动提供了一种重要场景，使得这种决定性意义可在其中被创造出来。[25]此种情形使得人们可以充分展示胆量、智谋、技巧、奋进精神，人们熟知自己正进行的事中所涉及的风险，但正因为太熟知以致无法形成一种惯常环境所缺乏的优势。绝大多数制度化的风险环境（包括经济领域的那些）都是具有竞争性的，例如，空间便是具有竞争性的，为了空间人们之间相互竞争或是与物质世界的阻碍相抗争。竞争便要求人类采取具有奉献精神的、机会性的行为，而在“纯粹偶然”的情境中（如彩票）则无类似要求。在主观培育出来的风险中是否获得惊心动魄之感，取决于人们对不确定性的刻意接触，因此要求当下活动旗帜鲜明地与日常生活的常规脱轨。惊心动魄之感可经由高度秩序化的冒险活动而获得（观看体育节目时的间接感受便是如此），或经由实际上对生命和身体带来较小风险的活动获得，而这也同样会激发出带有危险性的场面（如乘坐过山车时的场面）。一如巴林特所说，冒险活动带来的惊心动魄之感包括了如下一些可感知的态度：对危险的感知、主动接近这种危险之态度以及克服该危险的充满自信的期待。[26]流动游乐场模仿并还原了在他处获得惊心动魄之感的情境，但以排除两项重要元素的方式实现了对危险的可控性：一个是个体的主动控制，另一个便是既能满足个体控制又能使其得到监控的那种不确定场景。

戈夫曼指出，那些十分倾向于培育冒险精神的人（如沾染上赌博恶习之人），能够在许多情境中辨识出机遇，而其他人则可能仅仅把这些视作日常和平淡无奇的事。有人也许会认为，从这个角度来看问题，是在熟悉情境中发掘出新的行为模式之可能性的一种途径，这是因为在偶然事件被发现或被制造之处，先前似乎是关闭且预先限定的情境会再
133 一次得到开放。此处，被培育的风险与现代性最基本的一些特征不谋而合。打乱事物固定性的能力、开辟新道路的能力以及进而对未来的殖民之一部分的能力，全都是现代性不安定特征的重要构成部分。

我认为，被培育的冒险精神体现了一种“信任之实验”（基本信任意义上的），这对个体的自我身份认同有重要意义。我们可以把巴林特的“充满自信的期待”重新定义为信任，即能够克服刻意招致的危险的那种信任。控制这种危险是一种自我证实的行为，也是一种证明，即个体要向自我和他者证明在困难情境下一个人完全能够坚持过来。恐惧催生了惊心动魄之感，但正是这种恐惧以控制的形式被改变。被培育的冒险精神所产生的惊心动魄之感要依赖于作为早期社会化的“未来的胆量”而形成。在这种被培育的冒险行为中，胆量恰体现在尝试行为的特质中：个体在对个人品性的测验中要努力展现出正视风险之“消极面”以及前方的压力的能力，即便这种行为并非出自外在的要求。对惊心动魄之感的追求，或者更理智地说对那种源于刻意去面对危险的控制感的追求，毫无疑问都是从其与日常管理的对立面中衍生而来的。然而，这种追求也从其与更迟缓、更模糊的满足感的对立中激起了心理上的兴奋，而上述满足感也源自与风险的其他类型相遇。在被培育的冒险行为中，与危险的相遇及其解决之道出现在同一活动中，而在其他一些后果性情境中，被选定的策略所带来的回报则可能在数年后都未必可见。

风险、信任与抽象体系

现代性的抽象体系为日常生活的延续创造出了较大范围的相对安

全。一如本章上文所指出的，从风险角度进行思考当然有其不稳定的方面，但这也是使结果稳定的一种手段、一种对未来进行殖民化的模式。现代制度的那种持续、深刻且迅捷的变化特质，加之结构上的反思性，意味着在日常生活实践的水平上以及在哲学的解释上都不存在什么想当然的事情。当下所能够接受的、被认为得体的且被认为可取的行为，也 134
许会随着明日的情境或后续知识主张的改变而改变。而与此同时，就诸多日常交往活动而言，这些活动早已经由时空上的再组合而成功地被惯例化了。

试举几例说明。现代货币是一个有着令人望而生畏的复杂性的抽象体系，是一个把真正的全球化过程与日常生活世俗化的平凡感联结起来的象征体系的最主要例证。货币经济有助于协调对日常需求之供应，甚至是发达社会中更加贫困阶层的需求（即使诸多日常交易，包括某些纯经济性质的事务，都是用非货币方式来完成的）。货币与其他诸多全球领域和本土经济中的抽象体系纠缠在一起。组织化的货币兑换制度之存在使得全球化与本土性交错影响所依赖的常规化联系和（时空上的）“远距离”交易成为可能。在与同等复杂的劳动分工的联系中，货币体系使得日常生活所必需的产品和服务之供应变得正规化。与前现代经济相比，现代经济不仅能使一般人所获取的产品和食物种类变得更多样化，人们对这些产品和食物的获得也不再直接受制于时空的特殊性。例如，季节性食物现如今可在一年之中的任何时间里买到，而之前根本就不可能在某个特定国家或地区种植生产的食物现如今也能经常性地买到了。

这便是对时间的殖民，也是对空间的排序，因为为未来和为个体消费者储备供应被认为不再必要。事实上，尽管有人可能鉴于后果严峻之风险仍选择去储备食物，但在蓬勃发展的现代经济中，日常生活已经不再需要这种储备。实际上这种做法反而会增加耗费，因为这会占用本来可用在其他目的上的资金。储备在任何情境之下可能都不只是一种短期的策略，除非个体已经有了食物供应之能力。只要个体对货币体系和劳动力分工付诸信任，他就能比通过其他手段获取更多的安全感和可预期性。

135 再举一例。让我们来看看水、热力和电力的供应以及污水处理。这些体系以及在这些体系之上的专业知识，使日常生活场景稳固化，而与此同时，这些体系也与货币一样，把上述生活场景转变为与前现代生活方式不同的场景。在发达国家，对绝大多数人口来说，打开水龙头就能出水，家庭供热和照明设施也同样便利，而个人的污物也能迅速冲走。用水管有系统地供应水的做法，已经大大减少了让前现代社会生活遭受痛苦的众多不确定性之一种，即供水方面的不确定特征。[27] 稳定的家庭饮用水使得对增进健康有重大作用的个人清洁和卫生之标准得以出台。持续稳定的自来水对现代污水处理系统来讲也是不可或缺的，并因此也有助于增进人类健康。电力、燃气以及固体燃料之持续供应也同样有助于身体舒适标准之规范化处理，并为烹饪及诸多家务活动提供了动力。凡此种种都对家庭内外的活动场景起到了规范化效应。电力照明使得人们可以对黑夜进行殖民。[28] 在家庭环境中，日常习惯的形成所依据的是有规律的日常睡眠而非轻易能够实现的日夜之轮替。而在家庭以外，人类组织日益扩大的活动范围则是在全天候基础上进行的。

科技对自然的干预是上述抽象体系得以发展的前提条件，当然也会对现代社会生活其他方面产生影响。“自然的社会化”有助于使诸多对人类行为的不规范或无法预期之影响固定化。在前现代时期，尤其是在规模较大的农业国家，对自然进行控制是一项重要的活动。具体而言，在这些国家中，大型灌溉系统、对原始森林的征伐以及其他为满足人类目的而进行的控制自然的方式都是相当普遍的。一如杜博斯所强调的，到现代时期，欧洲已在很大程度上变成一个社会化的环境，这是由一代又一代的农民从原始森林和沼泽中建造起来的。[29] 然而，在过去的
136 两三个世纪里，人类干预自然的进程已经大幅加深。此外，这一进程不再局限于特定领域或地区，而是像现代性的其他方面一样都变得全球化了。社会活动的诸多方面也都因为这一进程的发展而变得更加安全。例如，现代公路、铁路、船舶和飞机的出现使得旅行已变成人类的常规活动而且变得越来越安全。与所有抽象体系一样，旅行的性质和范围的巨大改变，早已与上述革新联系在一起。现如今对于任何一个人来讲，只要有足够的资金，那么去旅行便是一件轻而易举之事，而这在两个世纪

以前，却只有最无畏的人花费相当长的时间方能实现。

日常生活中诸多方面都变得越来越安全，这些进步却也是来之不易的。抽象体系依赖于信任，但它们不提供任何道德回报，这些回报或是从个人化的信任中获得，或是常常体现于使日常生活得以正常进行之道德框架的传统情境中。此外，抽象体系还给日常生活的整体性渗透带来了诸多风险，而个人却对之不知所措，后果严峻之风险便落入此范畴中。越来越多的相互依赖，包括全球性的独立体系之间的相互依赖，意味着整体上影响上述体系的意外事件发生时各体系越来越严重的脆弱性。上文述及的各个案例便表现了此种情形。不论一个人所拥有的钱财如何少，这些钱都受制于全球经济难以预测之变迁，而即便是最强大的国家也对这种变幻莫测的情形无能为力。于是，局部的货币体系可能会完全崩溃，一如德国在 20 世纪 20 年代所经历的。在其他一些情境中，尤其在我们可能根本无法想象的时刻，这种悲剧可能发生在全球货币秩序之上，进而造成殃及几十亿人的巨大灾难。长久的干旱，或其他一些集中供水系统方面所出现的问题，有时带来的混乱不堪的后果，要远远严重于前现代时期或许会发生的周期性水资源短缺，而任何长时期的能源短缺都会造成绝大多数人日常活动的混乱不堪。

社会化的自然为这些特征提供了一种有效且极为重要的例证。麦吉本认为，人类对自然界的干预如此深入且如此广泛，以至于如今我们直接谈论“自然的终结”。社会化的自然与往日的自然环境有着相当明显 *137*
的不同，后者独立于人类活动而存在，并且为人类活动形成了一个相对稳定的背景。“这就好像，通过我们所认知的雨、风、热等自然现象，往日的自然环境才有其意义，但这个环境却无法带来任何安慰，即人们不可能从人类社会完全退居于纯自然的环境，也不可能因这种自然环境而获得一种持久感甚或永恒感。”[30]

麦吉本指出，传统意义上的自然具有非常大的不确定性：暴风雨没有任何征兆便会降临，恶劣的夏季气候会毁坏农作物，不期而至的大雨会带来灾难性的洪水泛滥，等等。现代科技和专业知识使得人类对天气条件的监控越来越娴熟，并且对自然环境控制与改善已经能使许多先前存在的危险都得到克服，或者使它们的影响降至最低。然而，社会化的自然在某些基本方面比“过往的自然”更加不可靠，因为我们无法确信新的自然秩序将如何运作。看看全球变暖的假设便会知道，这个现象如果真的发生会在全世界造成怎样的巨大灾难。麦吉本认为，现有的证据支持“温室效应”是真实的这一观点，并在事实上指出，这个效应所涉及的过程太过遥远而不能使其在短期或中期内受到控制。就这一点而言，他可能是对的。重点是，不管人们如何着墨，对未发生之事没人敢给予担保。全球变暖所造成的危险是我们所要集体面对的后果严峻之风险，但对于这种问题，要作出精确的风险评估则是不可能之事。

安全、去技能化与抽象体系

抽象体系会带来去技能化，这一现象不仅发生在工作场所，而且发生于抽象体系所触及的社会生活之方方面面。对自我而言，日常生活之去技能化就是一种异化和碎片化现象。由于抽象体系尤其是专业知识体系侵入日常生活之方方面面，这种异化现象便削弱了先前就存在的本土控制形
138 式。在格尔茨（Geertz）看来，在绝大多数前现代社会的更为本土化的生活中，所有人都能形成一系列的技能以及不同种类的有关他们日常生活的“本土知识”。日常生存依赖于将这些技术整合进组织活动的实践模式中，而活动的范围则当然是本土的社会及自然环境。然而，随着抽象体系之扩展，日常生活之条件业已发生改变并在更大的时空环境中重新组合起来，而这种脱域过程便是技术流失的过程。但是，如果把这种流失看成是权力从某些个体或群体转移至他人身上，可能就错了。权力的转移的确以上述方式进行，但是它们并非全部方式。例如，医学专业的发展“过滤掉”了以前为众多外行人士所掌握的知识和治疗技术。医生和其他专业的专家从其知识主张中获取权力，而且他们进行实践的准则也吸收了上述知识主张。但是，由于专家知识中内在的专业化倾向意味着所有专家在大多数情境的时候都是外行，抽象体系的出现确立了无人能对其施加控制的社会影响模式。正是这种现象促进了后果严峻之风险的出现。

布雷弗曼（Braverman）曾认为，在工作领域内会出现一种单向度的去技能化过程，实际上这个观点不正确。在工作场所，新的技能会不断被创造，而且某些还会被那些已去技能化的人所创造。社会活动其他部类也有类似情景发生，抽象体系的影响真是处处可被感知。知识的再建构以及对外行的控制是我所说的“控制的辩证法”的基本构成。不论外行人士会失去何种知识和技能，在他们的活动所发生的场景以及为这些活动所不断重构的场景中，这些人仍具有一定的技术和知识。因此，日常的技术和知识以一种辩证的方式和抽象体系的剥离效应（expropriating effect）相关联，并持续不断地影响和重塑着这一体系对日常生活的重大影响。

这其中所涉及的不仅仅是再建构（reappropriation），在某些情境中还涉及赋权。抽象体系与脱域过程相结合，创造了一种日益增加的权力量子（quanta of power）——人类改变物质世界并改变其自身行动条件的权力。此种权力之再建构为人类提供了在先前的历史时期所不能获得 *139*
的普通机遇。此种赋权既是个体化的也是集体化的，尽管这两个层面会经常纠缠在一起而难以分开，但在日常生活这一问题上对专业分析家和对外行人士来说均是如此。

大量的抽象体系直接与个体在日常生活中所面对的形形色色的选择紧密相关。一方面，人们经常需要在本土或外行的行事方式与抽象体系所提供的标准程序之间作出选择。这并不是“传统”和现代两者之间的简单对抗，尽管这种对抗也极为平常。另一方面，作为再建构过程之结果，外行信念和实践与抽象体系领域之间的无数空间都被打通。在任何给定情形之下，而且当时间与其他必需资源都相当充分之时，个体有可能在某些具体的决策或预期的行为过程方面被部分或全部地再技能化。

赋权与专业知识之困境

让我们先以一位背部有恙的女士为例。她应该如何去寻求治疗呢？

如果她在英国，则这位女士有可能在全民医疗服务体系框架下去看普通医师。这位普通医师有可能会把她转介到一位专家那里，后者则有可能提供使这位患者满意的诊疗建议或服务。但同样有可能出现的情形是，她发现这位专家不能提供更多有助于减轻病症的建议。众所周知，对背部所出现问题之诊断通常都是充满争议的，而且绝大多数可资使用的治疗方式，不论在专业的医学领域还是在领域之外都会引发诸多争论。例如，有些医学专家建议做椎间盘手术。但是有研究表明，患有椎间盘问题的患者不做手术的康复率和做了手术之后的康复率几乎是一样的。在这一问题上，不同国家的处理方法也存在巨大差异。因此，在美国，每一千名患者中被建议做手术者的人数是英国情境下的十倍。一如其他现
140 象，这个现象所反映的是两国在选择背部问题最佳处理手段上理念的不同。如果这位女士再问得更深入些，那么她便会发现，即便是做手术已被一致认为是最佳策略时，正统医学界内部也存在着有关手术技术方面的巨大分歧。比如，有些外科医生更钟情于显微手术，而不喜欢更传统的脊柱外科手术。

如果这位患者再问得深入一些，她便会发现更多可供选择的背部治疗手段，这些治疗手法的倡导者认为他们的技术能够解决椎间盘突出以及其他一些急性或慢性背部疾病。这些诊疗手法的差异不仅体现在外在的方式方法上，而且也体现在其对背部疼痛和病理起因之解释上。骨伤科疗法所依据的原理与脊椎推拿疗法的原理完全不同。每一种诊疗方法又包含着许多相互竞争的派别。其他一些可选的背部问题治疗法还包括物理疗法、按摩疗法、针灸疗法、运动疗法、反射疗法、坐姿调整法、药物疗法、饮食疗法、按手疗法等。其中一个学派认为，绝大多数背部疾病，包括一些性质相当严重的疾病，其根源都在精神压力方面，因此，治疗手段就应该集中在缓解压力源上，而不应仅仅集中在背部本身。那么依据这一学派的观点，心理疗法、打坐冥想、瑜伽疗法、生物反馈技术以及其他一些有利于人们放松的治疗方式（或它们的组合）才是最佳治疗策略。

此时，那位女士可能会相当理性地决定该停止问问题了，并决定自己去探究其病症的性质以及诸多治疗法。市面上有很多有关背部问题的

非技术性书籍，绝大多数都提供有关脊柱的基本医学常识，并且都试图提供一种诊疗方式的指导意见。当然，在对待有关身体的解剖学结构上的其他差异时，权威之间的观点还是有相当的一致性的。对患者来说，她不需要太长时间便可对影响背部的结构性问题有一个基本了解。在她理解不同治疗方法的大概脉络以及将这些方法与最早那位专家所给的建议进行对比的过程中，再技术化或知识的再建构现象便出现了。究竟选择哪一种方法可能更为困难，因为她必须对解决问题的不同路径所提 *141*
出的各式各样的主张进行权衡比较。此时，再无任何权威可供她去咨询了，这便是极盛现代性条件下诸多情景的典型两难困境。

然而，如果上述患者面对上述困境时不怕费事而进行了适当的再技术化，那么她实际上可以作出一个明智的选择。所有这些选择都并不只是行为的选择，它们倾向于把背部的问题折射到自我身份认同的叙述上，并被组织起来以发展这种叙述。例如，如果患者决定选择传统的或高科技医疗手法，那么这个决定仅仅是上述明智选择的一部分，通常这个决定也反映了患者的生活方式。它有可能意味着患者采取的一种固有的行为模式，或许还有一些依从的意味在里面。如果患者先去见了普通医师，然后去见了前者所推荐的专家，并且不加思考就听从了专家的建议，那么她这么做实际上是把上述两位都当作医学领域的权威并依从之。在众多备选选项中采纳一种治疗方式，尤其是在极其多样的选项中选一种，可能就反映了同时也在事实上巩固了患者当时所选取的特定生活方式。

在绝大多数此类决策中，运气、宿命论、实用主义、有意识的冒险等概念便有可能混在一起。由于专家意见经常不一致，甚至那些居于特定领域核心区域的专家也可能会发现，他们在作一个决定时所处的情景与外行人士所面临的情景相差无几。在一个缺乏终极权威的体系中，即便那些最为深信不疑的强调专家体系的理念也面临着修改，并且对这些理念进行定期修正也是极为平常之事。赋权作为现代性反身性之一部分，一般都能为外行人所获得。但是，关于这种赋权是如何被转变为确信以及行动的等问题，还有待人们去解决。因此，运气或宿命论的某个特定要素，使得个体能够“沿着一个决定继续前行”，而个体所能收集到的所有本土和专家信息却只能部分证明其决定之明智性。

小结：权威、专业知识与风险

142 我在前文曾经强调过，当今社会没有一个人能完全摆脱现代性抽象体系之影响，这其实就是生活在一个充满后果严峻之风险的世界中的必然结果。当然，生活方式及其构成部分可作适当调整以适应经由抽象体系之影响而重构的世界所提供的不同可能性。在某些或多数能对个体生活造成经常性或偶尔冲击的抽象体系内，信任有可能被悬置。人们很难（如果并非不可能的话）从现代货币体系中完全将自身抽离，但是个体可以选择以产品或私人财产的方式保留他所拥有的财富，并尽其所能地避免与银行或其他金融组织产生任何业务往来。诸多可能的怀疑论或质疑的谜团，都能通过对影响某人生活机遇的抽象体系采取一种实用主义或宿命论式的态度而得以化解。

其他人可能采纳会将其退回到更为传统的权威之方向的生活方式的决定。例如，关于在一个摒弃了终极权威的时代应该如何行事，宗教原教旨主义给出了非常清晰的答案：那些终极权威可经由诉诸年代久远的宗教原则而重新被召唤回来。如果某种宗教的信条越“封闭”，那么它便越能“解决”如何在一个充满多重选择的世界中生活的问题。然而，更为薄弱的宗教信条也可能为生活中重大决策的形成提供重要支持。

在个体生活的决定性时刻，这些两难困境中的绝大多数都变得特别严重，或以一种强力被个体所体验。由于决定性时刻就其定义而言具有非常高的后果性，故个体会感受到像是走到了整个人生规划的十字路口。在决定性时刻，人们有可能选择重回更具传统权威之生活轨道。在这个意义上，人们便会在固有的信念和熟悉的行为模式中寻求庇护。相反，决定性时刻也常常标志着再技能化和赋权的时期。在这一时期，无论个体在形塑其自我身份认同时如何具有反身性，他总需要去关注那些
143 新需求和新可能性。在这些时刻，生活开始重新焕发光彩，因此，再技

能化的种种努力便极有可能变得尤为重要而且被人们疯狂追逐。当涉及会带来严重后果之决策时，个体常常会受到鼓舞进而投入大量时间和精力去尽可能掌握其将要面对的各种情境。决定性时刻是转折点，它不仅对个体未来活动之情境而且对自我身份认同都具有重大意义。涉及严重后果之决策一旦被采纳，便会经由紧随其后的生活方式后果来重塑自我身份认同之反身性规划。

因此，不足为奇的是，在决定性时刻，现如今的个体有可能会遭遇各种专家体系，即专门聚焦于自我身份认同重构的那些专家体系——咨询或治疗。人们要接受治疗的决定会催生出一种赋权。与此同时，需要强调的是，此种决定与现代性场景下所作出的其他生活方式之决定并无本质不同。那么，我们到底应该采纳何种治疗方式？治疗时间需要多久？正如《自我治疗》一书所表明的，无须直接向专家或专业人员咨询而有效改变自身生活是可能的。然而，许多专业治疗者却认为，若不定期地与专业咨询师接触，便没有真正的个人改变。如今，专业治疗者群体中存在相当程度的多样性，他们所有人都声称能处理很多相似症状。要衡量不同学派之间的观点差异程度，我们可以将古典精神分析学与基于条件之行为疗法作一番比较。许多专业治疗者都依从弗洛伊德所创立的精神分析学基本原理，并在此基础上形成他们自己的治疗手段。而一些行为疗法的支持者们则认为，作为一种治疗方式，精神分析法完全缺乏有效性。此外，精神分析学也存在许多不同的分支，与其相伴的则是其他数十种不同的理论及技术流派。以反身性方式与专家体系相遇有助于对自我进行重构，因此，这也体现了由现代性所引发的一系列重大两难困境。

注　释

［1］Liz Greene，*The Astrology of Fate*（London：Allen and Unwin，1984）.

［2］Max Weber，*The Sociology of Religion*（Boston：Beacon，1963）.

［3］Niccolo Machiavelli，*The Prince*，转引自 *The Portable Machiavelli*（Harmondsworth：Penguin，1979），pp.159-160。

［4］参见 Torsten Hägerstrand，“Time and culture”，in G. Kirsch et al.，*Time Preference*（Berlin：Wissenschaftszentrum，1985）；Helga Nowotny，*Eigenzeit*:

Entstehung und Strukturierung eines Zeitgefühls（Frankfurt：Suhrkamp，1989），第 2 章。

［5］Erving Goffman，*Interaction Ritual*（London：Allen Lane，1972）.

［6］Ibid.

［7］戈夫曼在他有关决定意义的讨论中未包含第二点，但从个体周密考量自己生活的角度，以及在某个具体时刻如何行动的角度，获取有决定性后果的信息确实能促成紧要关头之形成。

［8］转引自 John Keats，"Ode to a Nightingale"，in Roy Porter and Dorothy Porter，*In Sickness and in Health*（London：Fourth Estate，1988）。

［9］John Urquhart and Klaus Heilmann，*Risk Watch*（New York：Facts on File，1984）.

［10］Ibid.，p.12.

［11］Raymond Firth，"Suicide and risk-taking in Tikopia society"，*Psychiatry*，24，1961.

［12］James M.A.Weiss，"The gamble with death in attempted suicide"，*Psychiatry*，20，1957.

［13］Peter G.Moore，*The Business of Risk*（Cambridge：Cambridge University Press，1983），104 页及其后数页。

［14］R.A.Brearley and S.Myers，*Principles of Corporate Finance*（New York：McGraw-Hill，1981）.

［15］Urquhart and Heilmann，*Risk Watch*，第 4 章。

［16］Paul Slovic and Baruch Fischoff，"How safe is safe enough?"，in Jack Downie and Paul Lefrere，*Risk and Chance*（Milton Keynes：Open University Press，1980）.

［17］P.M.Boffey，"Nuclear war"，*Science*，no.190，1975.

［18］E.Rabinowitch，"Living dangerously in the age of science"，*Bulletin of the Atomic Scientists*，28，1972.

［19］Urquhart and Heilmann，*Risk Watch*，p.89.

［20］Goffman，*Interaction Ritual*，p.166.

［21］Ibid.，p.167.

［22］Erving Goffman，*Relations in Public*，252 页及其后数页。

［23］Urquhart and Heilmann，*Risk Watch*，p.45.

［24］Anthony Giddens，*The Consequences of Modernity*.

［25］参见 Charles W.Smith，*The Mind of the Market*（Totowa：Rowman and Littlefield，1981）.

［26］Michael Balint，*Thrills and Regressions*（London：Hogarth，1959）.

［27］Murray Melbin，*Night as Frontier*（New York：Free Press，1987）.

［28］René Dubos，*The Wooing of Earth*（London：Athlone，1980）.

［29］Ibid.

［30］Bill McKibben，*The End of Nature*（New York：Random House，1989），p.96.

第 5 章
经验之封存

144 人们常说，对现代性的强调往往都集中在控制方面——让整个世界都服从人类的支配。毫无疑问这个说法是正确的，但是尚需作进一步阐释。控制的含义之一就是使自然从属于人类的意图，并借助对未来的殖民的方式来实现这种控制。这一过程乍看起来像是“工具理性”（instrumental reason）之延伸，即把人类所使用的科技原则应用于对大自然的掌控中。然而，若仔细审视一下便可知晓，我们所看到的只是“一种知识与权力的内部指涉体系”（an internally referential system of knowledge and power）之出现。我们恰恰应该在这些术语中去理解“自然的终结”这种概念的意义。人类对自然实施控制的速度正在加快，程度正在加深，这一过程直接表现在社会和经济活动的全球化当中。“自然的终结”意味着自然世界正在变成“人造环境”之一部分，这种环境由人类所创设的各类体系所构成。更进一步地讲，这些体系的动力源和动力机制源自以社会化形式所提出的知识主张，而非源自外在于人类活动的那些影响。

自然变成了一种内部指涉体系，这一点需要再次强调，因为自然环境与社会活动之间似乎已明显处于分离状态。配合着自我身份认同的调动，把社会生活本身也看成具有内部指涉性，这或许会更容易些。然而，现代社会生活的内部指涉性常常易与“社会”和“自然”之间的差别相混淆，相应地，这种指涉性便被认为是所有社会体系都固有的，而不仅仅为现代性制度所专有。但是，只有当社会体系具有制度化的反身性并且与对未来的殖民紧密相连时，社会体系才会具有内部指涉性。就社会生活而言，当其依据传统、理所应当的习惯或对外部自然界的实用性调适而组织起来时，它就缺乏了作为现代性动力机制基本要素的内部指涉性。这些过程的关键之处便是所谓“道德的消失”（evaporation of morality），尤其是当道德观被以一种安全的方式融入日常实践之时更是如此。这是因为道德原则与风险概念和控制机制之调动是背道而驰的关系。当我们涉及对未来的殖民时，道德原则就变得无关紧要了。 145

与纯粹的习惯不同，传统总是具有“约束性”和规范性的特征。此处，“规范性”（normative）暗含一种道德意味：在传统人类实践活动中，活动的约束性表达了有关事情应怎样做或不应怎样做的条条戒律。行为的传统具有自身的道德禀赋，后者尤其会抗拒那些会引入新鲜事物的技术力量。传统的稳定性并非源于过往智慧之日积月累，相反，历史与现实的协调，是经由对传统的规范性戒律的坚持而实现的。一如希尔斯所指出的：

> 迄今为止，传统并不仅仅是时代延续的相似的信念、实践、制度和著作在统计学意义上的反复再现。这种再现源于将传统作为一种规范来接受以及表象的规范性后果（有时是规范性意图）。正是这种规范性传递，才在社会构成过程中将逝去者与存活者联系起来。逝去者是情感依恋的客体，但更为重要的是，他们的作品以及包含在他们实践中的那些规范却影响着他们所不认识的后续的世世代代。传统的规范性核心便是一种惯性力量，它使社会得以保持一种不随时间变化而改变的形式。[1]

内部指涉性与生命周期

具有内部指涉性的社会体系之发展始于自我的反身性投射。创造一种具有内部指涉性的生命周期很大程度上受一系列同时涌现的社会变迁 146

之影响。每种变迁都将生命周期当作独特且封闭的轨迹从外在事件中“挑选出来”，其具体方式如下：

（1）生命周期作为一个单独的时间段而出现，它与代际生命循环有着各自不同的内涵。实际上，一旦个体的生活与代际间的交流被打破，“生命循环”的观念便失去其基本意义了。一如希尔斯所强调的，传统与代际的延续之间有一种固有联系。在前现代社会中，代际差异本质上是时间估算的一种模式。一代人就是一个独特的亲属群体或等级，它把个体的生活置于一系列具体变迁中。然而，在现代社会，“世代”的概念日益成为一个只有在标准化的时间背景下才会显露出意义的概念。换言之，当我们说“1950年代那一代人”和“1960年代那一代人”的时候，这个“代”才有意义。从这个意义上来讲，时间的连续并不包括作为先前时代特点的那种集体的变迁过程。在传统社会，生命循环带有强烈的复活意味，因为在本质上，每一代人都会再次发现和再次经历其前几代人的生活方式。而在极盛现代性的情境下，复活便失去了其绝大多数的意义，这是因为现代性条件下，人类活动仅仅在具有反思合理性的时候才会重复。[2]

（2）生命历程与场所的外在性相分离，而场所本身又因脱域机制的扩展而遭受严重影响。在大多数传统文化中，尽管人口迁移相对而言较为常见，且长距离的旅行虽然不多但总有人去尝试，但绝大多数人的社会生活依旧还是本土化的。改变这种情形的最主要因素并不在日益增长的人口流动性上，相反，场所完全为脱域机制所渗透，而这个机制把本土活动整合进极为广泛的时空关系中。因此，场所变得变幻莫测起来。[3]虽然人们所生活的环境仍是本土情感依恋的根源，但场所已不再是经验的参数，它也不再提供传统上本土社会通常会体现出来的那种熟悉的安全感。传递性经验的日益强化同样发挥了重要作用。（对社会事件及人
147 和场所的）熟悉性已不再单纯地或主要地取决于本土环境。

因此，场所在过去曾被视为个体生命周期的外部指涉物，而现如今它已不再具有先前那种重要意义。以空间来定位的活动越来越与自我的反身性投射绑定在一起。一个人在过了青少年阶段以后，其居住在何处遂变成主要依据个人生活规划来作出的选择。当然，伴随着这些过程，

也可能出现辩证形式的逆向反应。人们主动地通过各种努力使生命周期再次嵌入本土环境中。有些（如培养社区荣誉感）或许因太过于模糊而无法实现，因为这不仅仅是重拾过去的那种微弱感觉。只有当调整日常实践以使其适合具体场所时，再嵌入才能以一种有意义的方式实现，但在极盛现代性的情境下，这是很难实现的。

（3）生命周期变得越来越脱离与其他个体和群体存在固有联系的那种外在性。在大多数前现代情境中，各种各样的亲属关系直接就是个体生活体验的首要外部落脚点。亲属关系有助于人们采纳（有时甚至会完全限定）影响个体整个生命周期的事件过程的关键性决策。例如，在何时与何人结婚、在何处定居、准备生育几个子女、如何照顾子女、如何颐养天年等决策都是显而易见的实例。通常来讲，场所外部性和亲属关系是紧密相连的。财产（尤其包括传家宝和家庭住宅）的承继也体现了这种与外部性的分离。在现代社会场景中，后世家庭成员很少和长辈同住一个屋檐下。而在农村地区，或在少数留存至今的贵族群体中，家庭成员在同一幢房子里世代居住的情况仍是很常见的。但对绝大多数人而言，这种现象实际上已经变得相当陌生，而且，对许多生活在前现代的人来说至关重要的“祖先”观念，早已变得含混不清且难以恢复。

由于缺乏由他者所提供的外部指涉物，生命周期再次以一条与个体的规划相关联的轨迹之形式出现。当然，他者总会出现在这一生活规划中，其范围包括家庭成员、朋友、同事和熟人等。与这类他者所建立的 148
新的私密关系范围遂成为个体所形成的信任框架的关键性要素。但是，这种私密关系范围须得经由对生命周期的反身性安排方能实现，而在此过程中生命周期须被看成是分离的且具有内部指涉性的现象。

（4）生命历程依据“开放的经验阈”（open experience threshold）而非仪式化的过程被建构。仪式本身便是一种外部指涉物，并且，有关生命重大转折点的那些仪式性活动（如出生、成年、结婚及死亡）已开始衰微，社会观察者们对此业已采取行动。有人指出，现代社会场景中仪式的相对缺乏，使得个人在应对上述生命转折点时缺少一种重要的心理支持。不论实际情形是否如此，本文所要关注的是个体决策的后果，因为拉德克利夫–布朗（Radcliffe-Brown）在他与马林诺夫斯基

（Malinowski）有关仪式的著名争论中曾指出，仪式通常会制造焦虑而非缓解之。上述转折点的每个阶段都有可能变为身份认同之危机时刻，而个体通常会以反身性方式来认识这些危机。[4] 实际上，生命周期是在面对和解决这些危机的预期需求的意义上被建构的，即便不是如此，至少也是在个体充分形成了反身性意识的阶段被建构的。

我们认为生命周期具有内部参照性，但这并不意味着我们要以方法论个体主义为前提来论述这个命题。“自足个体”（self-sufficient individual）的观念实质上是作为对发展中的现代性制度体系的回应而出现的。但本书所作的各种分析并未隐含此种方法论观点，上文所言及的个体与广阔的社会事件大背景相分离这一现象也并非因袭此方法论而来。从某种程度上讲，相反的情形是：自我建立了一条轨迹，只有经由人类对更广泛的社会环境的反身性使用，该轨迹才会具有内在连贯性。对控制的冲动（以备进行反思）以先前从未有过先例的方式把自我推到外部世界中去。脱域机制侵入自我身份认同的核心部位，但是这些机制对自我的“掏空”（empty out）并不比单纯地移走自我身份认同的根基
149 来得严重。相反，这些机制使得自我（原则上）能取得对社会关系和社会场景的更多掌控，而这种掌控又以反身性的方式被纳入自我身份认同的形塑过程中。

制度的影响

现代性对掌控的倾向与社会再生产和自我身份认同相关，并在道德经验层面上产生了特定的后果，我把这些后果统称为“经验之封存”（sequestration of experience）。这一现象与社会生活和自我的内部指涉性特征有着直接的联系。伴随着现代性逐渐成熟的步伐，抽象体系在协调日常生活各种各样的场景中发挥着越来越广泛的作用。外部对这种以反身性方式构建起来的体系的“干扰”已被降至最低点。

我们可以通过参考几组影响来追溯这些发展的起源，这些影响是在

现代时期的起飞阶段所形成的，并且随着现代制度的激进化和全球化而变得越来越明显。第一组影响，在某种程度上也是最重要的，便是监控进程加速所带来的行政权力之扩展。[5] 监控能力的扩展是以社会手段对社会活动进行控制的主要媒介。监控尤其会导致权力之不对称，而且在不同程度上巩固了特定群体或阶级对其他群体或阶级的统治。但如果我们太过于集中在这一点上也是不正确的。更具根本意义的是，更为普遍化的行政控制力度越来越大，这个现象并非完全出自某一人的行为，因为这恰恰影响了每一个人的活动。即便是在前现代的制度体系内，监控也总是与制度反身性相结合而出现的。它是制度反身性的条件，而同时在某些方面又是制度反身性的产物，因此它以一种特殊的制度形式体现，代表了对所有的社会再生产特质的重新描绘。然而，在监控机制发达的制度中，社会再生产的条件也日益成为一种自我动员机制。

尤其是在制度再生产所包括的信息或知识的编码形式上，监控机制 *150*
把社会制度从其外部参照物中切割开来，同时又准许该机制在越来越宽泛的时空领域延展开来。监控和反思叠加在一起便意味着“抹平毛边”（smoothing of the rough edges），以致未整合进制度的行为（即从知识角度未能被整合进制度再生产机制中去的行为）变得怪异且凌乱。当外部性被降到最低点（零点）时，制度方能成为一个具有内部指涉性的制度。这一看法并非意味着具有内部指涉性的制度是相安无事、毫无冲突的，相反，它们有可能充满内在矛盾并有可能被长时段的冲突所撕裂。然而，这些冲突是在制度原则而非外部标准或需求的意义上形成的，原因正是它们潜在的多变性。

实际上，反身性的制度再生产与习惯或传统外部性的惯性之间的张力会带来很多冲突。但是，传统的情景却是复杂的，这主要是因为传统的象征或实践的吸引力可经由反身性方式体现，并且这种吸引力就是具有内部指涉性的社会关系的构成部分而非其对立面。在彻底的后传统情境中谈论“传统是否可被再创造”这一问题，必须从上述条件中来进行。这一观察不仅适用于社会关系中包含的人际关系，而且适用于人造的物质世界。因此，在当今建筑界有关后现代主义和浪漫主义复苏的争论中，关键问题便在于：人们对“现代主义”的抵制是否会使传统的外部模式得以延续，或这些抵制会否彻底卷入具有内部指涉性的制度中去。当后一种情形发生时，任何试图复苏传统风格的努力都可能很快退化成矫揉造作之物。

影响内部指涉性的第二组重要的制度转型便是私人与公共领域的重新排序。这一现象可部分地从社会领域的出现这个角度加以理解，当然，前现代制度体系中是不存在社会的。社会直接与现代国家的出现密切相关，并因此在指涉性意义上与后者绑定在一起。在传统国家中，大
151 多数的日常生活（至少在农村地区）处于国家行政权力所覆盖的范围之外。就传统和生活方式而言，本土社群在很大程度上是自治的，并且绝大多数个人活动也不是行政机关的治理对象。但是，这种行政权力以外的领域并非社会，相反，它代表的只是政治中心反身性秩序之外的生活方式的一种延续。

在现代社会形态中，国家与社会得以共同发展，并且这一发展是一个相关联的转型过程。矛盾的是，这一过程得以发生的条件却是国家对日常生活诸多方面的行为施加影响的能力。社会是作为国家权力对日常生活的渗透之“另一面”而被建构起来的。坦率地讲，在现代性所建立的反身性制度体系内，国家和社会都具有内部指涉性。国家与社会之间的区隔同样适用于公共领域与私人领域之间的区隔。私人领域与公共领域之对立可从两层意义上来分析，两者虽不完全源于与现代性发展相关联的社会变迁，但也受到这些变迁的强烈影响。国家与社会之分野体现了第一层意义上的对立。公共领域便是国家的领域，而私人领域则是指抵制国家监控活动的侵蚀的那个领域。由于国家是法律的维护者，从这个意义上讲，私人领域在某种程度上是由法律界定的。但这并不意味着未被纳入国家权限范围内的均可视为私人领域，因为国家有时也以积极的态势参与界定私人所独有的权利。

公私之间第二层意义上的对立涉及个体在何种事物上对他者保持隐瞒以及在何种事物上对他者保持开放这一问题。需要强调的是，我们不应把私密性（以及对私密关系的需求）的发展解读为传统情景下公共领域的瓦解。森尼特在其早期的著作中曾提出过这种观点。[6] 他指出，“公共”和“私人”这两个词都是现代的产物。“公共”源于一种逐渐发

展起来的对共有财产和产品的感受，而“私人”则最早用于指涉统治阶层的特权。直到 18 世纪，这两个词语才具有了当今的那些意涵。“公共”逐渐被认为等同于全体选民（即“公众”之意），以及将生活领域 152 向大众公开或共同的善等意涵。“私人”领域则成为与公共领域完全不同的生活领域。[7] 森尼特认为，公共秩序兴起于现代性早期，集中表现在城市的大都市生活上，后来由于社会变迁的影响而逐渐衰落了。

但这一观点并非完全让人信服。森尼特所认为的公共生活在传统城市场景中与在现代社会生活中的那些特点几乎是一样的。前现代时期的城市已然形成了大都市的文化繁荣氛围。在这些城市中，人们已然会经常性地遇见陌生人。然而，绝大多数的上述遇见还保留有一种社团式的特点，即主要还是朋友、亲属或其他家庭成员之间的交往。此处的私人领域尚未成为一个完全隐秘或独立的领域，一如伊莱亚斯在其名著《文明的进程》中所指出的。[8] 当且仅当完全意义上的陌生人社会形成之时，即“陌生人”的概念失去其意义的时候，公共领域才与私人领域彻底区分开来。从那时起，作为公众信任配套机制的公民冷漠，便逐渐与私人领域尤其是私密关系的领域彻底区分开。

童年期与成年期的进一步分离，使得隐私（以及与之相关的心理需求）获得一定的发展。在前现代时期，欧洲以及其他大多数传统文化中的儿童，从较早的时刻起便生活在与家庭成员和非家庭成员的成年人进行互动的集体场景中。一种独立的“儿童”领域的出现，从外部活动领域标定了儿童独特的成长经历。童年变得封闭和家庭化，同时要受到正规学校教育的根本性影响。当把儿童从成年人的活动中分离出来之后，或者说至少以某种不同方式对儿童加以塑造以后，这便构成了一个私人经历得以被建构的封闭领域。从某种意义上讲，学校教育是一种公共活动，因为它是在家庭之外进行的。但是对于学生来说，学校仍是一个与成人工作及其他活动环境相区别的相对隔离的环境。包括性意识等主要方面在内的儿童发展素质的逐渐封闭化，便是这些隔离过程的结果。[9] 这一点非常重要，它解释了治疗的出现与和治疗目的相关的儿童学习过程之间的紧密关联。童年作为一个独立的领域成为一种人格的 153 “基础结构”。这并不是说我们在此就认可现代性即等同于心理压抑这一观点，因为它与本书所持观点不同。相反，童年时期的“发明”所带来的新“学习领域”的出现，使得以儿童经历为基础而实行的治疗性重建变为可能。

上文分析了两层意义上的私人领域——作为国家渗透“另一面”的私人领域和作为不可被揭露之物的私人领域。在这两个意义上，私人领域是公共领域的产物，反之亦然；两者都是渐渐出现的、具有内部指涉性的制度体系的构成部分。这些变迁也构成了私密关系转换之框架的基础。

第三组制度影响在于，上文所描述的两个广泛过程的心理后果是与自我身份认同相关的羞耻感（而非负罪感）的增强。本质上讲，负罪感依赖于那些外在于现代性内部指涉制度体系的机制。负罪感含有道德上犯罪的意涵：一种源自挫败和无能的焦虑感，即无法在个人行动过程中满足道德规则的特定形式。此种焦虑形式在一些特定社会中会表现得最为突出，尤其是当社会中的人们要严格依据固有的道德戒律（包括那些为传统所确立或赞许的条款）来行动时更为如此。羞耻感比负罪感更直接且更广泛地与基本信任相关，这是因为负罪感涉及的是具体的行为和认知模式，而不是对自我完整性的威胁。与负罪感不同，羞耻感会直接对自我和周围社会环境的那种安全感造成伤害。自我身份认同越具备内部指涉性，羞耻就越会在成年人的人格中起到根本性作用。个体不再主要依靠外在道德戒律来生活，而是借助反身性的自我发展手段来生活。这一点非常重要，因为它指出了弗洛伊德也曾提出过的观点，即现代文明并非建立在对欲求的放弃之上。

弗洛伊德在其著作中是从一个非常广泛的意义上使用“文明”（civilization）一词的，他谈论的不仅仅是现代性问题。[10] 文明是任何超越“原始”本身的社会文化组织形式。它是一种预示着社会生活日趋
154 复杂化的渐进社会秩序。这种复杂性的代价以及文明生活使之成为可能的“更高文化成就”的代价，便是渐次提升的压抑及由此而生的负罪感。文明预设了一种对身体的剥夺，因为只有这样，一些特定的冲动才会被克制住，否则这些冲动会导致对陌生人不当的情欲投入，或对他们产生无法接受的攻击性行为。弗洛伊德认为，文明的生活普遍来讲比

“原始生活”更为安全。然而，这种安全也是经由对人类特有倾向的严格约束而换来的。因此，从这个角度来讲，与早期的社会秩序相比，文明更是一种道德事业。被文明所压抑的攻击性行为和爱欲的冲动，都以一种苛刻的道德良心形式而被引导回自我中去。这样一种过度的超我便催生了无处不在的负罪感。文明和超我遂变得密切相关，正如“一座被攻克的城市中的守备部队与这座城市的关系一样”。弗洛伊德得出结论说，负罪感是“文明发展过程中最重要的问题”，“我们对文明的进步所付出的代价便是经由这种负罪感的增强而导致的幸福感的尽失”[11]。

如果我们把文明和现代性之间画上等号，同时关注其早期的发展阶段，我们便会理解文明与负罪感和良心之间的密切联系。如果马克斯·韦伯对清教主义与资本主义兴起之间因果关系的分析是正确的，那么我们便会发现一种良心形成之机制。[12] 毕竟，韦伯笔下的资本家摒弃了伴随财富积累而来的那种欲求，并为现代制度的出现提供了推动力。那么，随后的阶段——现代性逐渐成熟的阶段——的情形又如何呢？弗洛伊德的信徒们长久以来面临的一个困难便是将他们的观点与极盛现代性貌似更多的自由放任相协调。或许，文明被其自身的需求所压垮，使得个体有机会去恣意妄为；或许，道德约束会以各种方式被享乐主义所取代。这些解释都不那么令人信服。如果加强了的负罪感本来就与更加复杂的文明形态存在内在关联性，那么现代制度的逐渐强化和全球化的时期为何会导致负罪感舒缓呢？如果我们抛开日益增长的文明即意味着日益增长的负罪感这种定论，那么我们便会发现事情的另一面。
在个体经验这个层级，现代性的发展特点是逐渐远离负罪感。或许在韦 155
伯所描述的那种意义上，道德良知在现代的早期是至关重要的，因为正是在这个基础上，外部的道德力量才能转换成社会行动的内部标准。清教徒教义是新经济体制从外部限制中脱域过程中的变动因素，因此，清教徒教义遂可能成为超越经济领域本身的“起飞阶段”的重要工具——“起飞”进而进入社会和自然的越来越包容的内部指涉秩序中。

然而，与其急于去寻求一种新的自我身份认同，不如认为清教主义提供了一种稳定性，使得早期的创业者们在探索新路径的同时又不会与预设的习惯和风俗彻底割裂。这样，徘徊于现代性后续体系中的

"清教主义幽灵"遂成为新的社会秩序外部性源泉，而不是如马尔库塞（Marcuse）及其他学者都论述过的那样，是其自身进一步发展的推动力。对传统的坚持被打破得越多，且自我的反身性投射越是成为核心问题，那么心理上产生得越多的便会是羞耻感（而非负罪感）。毫无疑问，即便是在极盛现代性时期，负罪感机制也仍然是至关重要的，这正是重大的道德牵涉所要求的。我在下文将要指出，这一现象的原因便是现代性内部指涉性所催生的制度压抑远未结束。

封存的领域

在内部指涉体系的情境中，现代性的控制性倾向在文化和哲学层面上有着许多为众人所知晓的意涵。以各种不同外形出现的实证主义思想在现代性的反身性中遂成为中心指导思想。实证主义试图从转型过程中抹去道德判断和美学标准，而这个过程恰是由实证主义自身所推动，并为其提供解释和分析框架。不过，我不准备把讨论过多地集中于话语特
156 征，而是要直接关注它们的"制度关联物"（institutional correlate），后者是使有限耐心的外部影响成为可能的过程之积累。制度性封存的过程体现在各个领域。在每一个具体场景中，这种封存都把生活经验的基本方面（特别是道德危机）从经由现代性抽象体系所建立的日常生活规律中移走。因此，此处"经验之封存"这一术语指涉的正是相互联系的封闭过程，该过程把日常生活的惯例从下列诸现象中剥离：癫狂、犯罪、疾病和死亡、性意识以及自然现象。在某些具体场景中，这种封存具有直接的组织外形：精神病医院、监狱和医院。在其他场景中，这种封存则更多地依赖于现代性的内部指涉体系更为一般化的特征。大体上讲，我的观点是：在日常生活惯例层面上，现代性所要追求的那种本体安全依赖于以制度方式将社会生活与根本的存在性议题隔绝开来，而这些议题击中的恰恰是人类的核心道德困境。为了追随及延伸这一观点，我们需要大量的历史材料。简要地回顾一下封存的不同领域的起源，我们便

可识别出在现代性的社会系统构成的过程中内部标准取代外部标准的那些进程的具体内容。

在我们讨论精神病医院时，罗思曼的研究比福柯的研究更值得关注。[13] 尽管罗思曼的研究主要关注的是美国精神病医院的起源，但他的分析框架仍具有普遍的适用性。福柯对精神病医院和监狱的分析使我们得以把监禁与确立资本主义理性支配地位的驱动力相联系。[14] 因此，那些试图挑战理性的至高无上地位的人们，便会被排除在社会秩序之外。这个观点有一定的启发性和重要性，但它也有不足。我们不必深究太多细节便可认识到，问题与其说在于“理性”不如说在于反身性转型的发展。在现代之前，后来被指称为“癫狂”、“犯罪”、“贫穷”的那些现象被视为人类存在的外部特征，而且，癫狂、犯罪、贫穷尚未被认为是“社会问题”。甚至到 18 世纪晚期，体现出了这些特征的人们会发现自己被归为某一类人，但这些特征仍不被视为个人失败或集体 157
失败的指标。

此处，人们对贫穷的态度很有启发性。18 世纪早期，“贫穷的”（poor）这个词所包含的社会条件是多种多样的。针对穷人的讨论和立法的对象包括寡妇、孤儿、病人、老人、残疾人和精神病患者，对他们之间的差异未作清晰划分。人们对其进行辨识所依据的特征是由道德限定的需求，而非产生这需求的具体环境。马萨诸塞州的一项法律（后来成为全美各州立法之典范）认为，当“一个人想要获得他人的理解，而这种欲求发生得如此之频繁，以至于无法赡养自己”的时候，贫穷便会出现。[15] 这一态度与欧洲先前时代的观点相比，已有了不少改变。这是因为，到这个时候，贫穷已逐渐被认为是需要共同关注的现象，而并不纯粹只是社会生活场景的外部特征。

然而，这些态度仍然与外部考虑绑定在一起，其密切程度可以从 18 世纪美国对犯罪（更确切地说是流浪）的处理手段窥斑见豹。大体上讲，流浪和贫穷在很大程度上都被视为地方特有现象。它与一系列不确定的道德上的越轨行为相关联。

> 殖民者们把一个宽泛范围内的行为均视为越轨行为，认为一个细小的冒犯行为都会产生巨大影响。这种延伸出来的定义最初的源

头在宗教，即把违背宗教原则的原罪恶行视为犯罪。于是刑法典也对违反宗教信条之行为（如崇拜邪神、亵渎神灵、相信魔法等）施以重罚，神职人员也把对他人人身和财产的侵犯宣布为对上帝的冒犯。将此两类行为混合在一起，殖民者们便开列了一张极其冗长的行为单。把非正常行为统统视为违背宗教原则的原罪行为，使立法者和神父们很难去仔细辨别主要重大违法行为和轻微违规行为之间的区别。故此两类行为均被视为人类堕落和恶魔力量的证据——这些明确的信号使得冒犯者注定要成为公众的威胁并进而变成被诅咒的恶人。[16]

世俗惩罚机制的出现是缓慢的，它应被视为一个更宽泛过程的构成部分；经由这个过程，人类社会和自然界才被视为是可改变的而非先定

158 的。因此，“社会控制”并不只是对先前存在的不同种类“越轨”行为的控制手段。实际上，“越轨”在很大程度上是由把自然给定的条件转化为人能驾驭的条件这一过程的势在必行性所导致的。当这些行为与一般性的贫穷相分离，而且当人们相信所有人都具有内在的改变能力的时候，对癫狂和犯罪行为的封存便会加速。为越轨者构建一个特殊场景，即在日常生活情境中提供一个把补救措施和保持常规控制加以整合的重要手段。

人类可被置于惩罚机制中从而获得矫正这一观念，必然性地与社会生活有可能发生重大变迁这一观念绑定在一起。早期的监狱改革者（一如后世的诸多职业社会学家）试图证明，犯罪行为源于居住在环境较差社区中人们所过的那种惨淡生活。改变这些生活条件，也就有助于改变那些曾经挑战主流规矩的人的越轨行为。19 世纪 40 年代一位官员在观察一名囚犯时说道：“其社会生活的堕落预示着其个人幸福与希望的破灭。”[17] 犯罪现象的存在不仅指出了人性中难以驾驭的元素，而且也指出了社区缺乏一定的能力去完成创造有责任的公民这一重大任务。一个组织良好的社会，应该既能防止潜在违法者被引诱，又能铲除那些有可能引发犯罪行为的情景。

设立监狱的推动力最初源于道德考量。狱中生活的规训和管教被视为一种道德教育形式，该形式主要通过把犯罪行为从其周遭不良环境中

移除来实现，故而具有使人获得重生的效果。监狱遂变成一个社会改造的实验室。然而，夸张地讲，监狱生活的惯例性与现代性整体的社会环境中所建立的种种惯例非常相似。因此，监狱成为一个几乎具备所有现代性场景的实验室——在其中，社会组织和变迁以反身性方式被组织起来，它们既是个人生活的背景，也是个人身份认同重构的一个载体。

社会对癫狂的容纳

精神病医院的历史反映了人类发展历史的相似趋势。与犯罪行为类似，在前现代时期，癫狂也被视为神意之后果，精神病患者是需要获得集体照顾的那群人。皮内尔（Pinel）下令解开精神病人身上锁链的画像可被视为现代性的要旨。毫无疑问，挣脱束缚的普罗米修斯这一鼓舞了卡尔·马克思的观念，体现了从传统与习俗的枷锁中挣脱出来的画面，而这一画面自启蒙运动以来多次出现。精神失常与既定的社会行为和社会关系的所有其他方面共享着一个“开放式”的范围。用医学方法处理精神失常——如将其作为“精神疾病”来治疗——仅仅是这种现象的一部分。精神失常还是一种生理疾病，但大多数的精神失常被认为是源于社会环境，并且对失常者的行为施以控制被认为是可产生治疗效果的重要手段。事实上，许多早期的治疗精神病的医生都把社会因素结合进精神疾病的病源考察中，这其中就包括“文明”。 159

然而，尤为重要的是下列观点已开始浮出水面，即精神疾病和犯罪行为一样，在特定的环境下可能会对人群中的任何人造成伤害。从被视为贫穷的专有特征（尽管无法得到清晰划分）到被视为在最弱势群体中频发，精神疾病逐渐被人们视为伴随现代生活而来的一种风险。“精神失常不专属于任何阶级。任何个人都不可能被抬高到它无法企及的高度……它罢黜了君主，并使蔽舍更加残破阴暗。”[18]

精神病医院最初是因其心理治疗效果而建立起来的。监禁的方式是试图经由场景本身来使病人恢复心理健康，而不仅仅是通过那里的药物或者治疗技术来实现上述目的。精神病医院应该创造一种环境，从而系统性地纠正社区生活中的那些不足之处。此处，我们再次发现，对病态性格的纠正带有明显的道德维度。一如在监狱中的情景，最大化的监控加上规训惯例之建立便是达至上述目的的主要手段。与癫狂类似，精神
160 失常被人们依据“社会承载量”（social incapacity）而定义，即缺乏以外部世界所要求的那种方式去生活的能力或意愿。

精神病医院和监狱一样令人震惊之处在于其与更广泛的现代性社会环境之间的高度相似性。福柯错误地将此种相似性追溯至规训本身，实际上，被强制送入监狱和精神病医院的人，他们各种社会权利及个人权利的丧失与其自身性格有着密切联系。监狱和精神病医院与更广泛的现代性框架之间的相似之处在于，它们都试图在看上去不合作的那群人身上形成一种反身性的自我控制机制。两种情景中的道德要素不久就让位于其他必要性要素，而退居第二位了。所谓的“治愈之法”失去了其绝大多数外部特征，而一个人是否能够及愿意在更广泛的社会环境中正常行事遂成为其衡量标准。在其他方面，简单的监禁成为一种主流特征：监禁至少能起到一定的保护作用，使被监禁者免受外部世界少数人不可更改的且无规则行为的干扰。

“越轨”遂被作为现代性内部指涉性体系的一部分“发明”，并因此在受控制的意义上被加以界定。于是，犯罪行为和精神失常给绝大多数人带来的外部问题以控制的方式被彻底压制。但这主要是制度性压制而不是人为的压制，因为它并不带来“良心”的增强。它是被排除在具有潜在令人不安的问题、价值和行为模式之社会生活领域以外的。因此，被压制的问题基本上是有关道德和存在性的问题。例如，现如今被划定为“心理疾病”的那些行为中，每天现实的另一版本实际上远离日常生活所专注的事务。精神病医院一旦被建立起来，便极少有人和精神失常者保持常规联系。先前意义上的“贫穷”与外部的道德戒律和传统之间的联系也随之消失。监狱和精神病医院很快便失去了那种曾经可为外部世界所观赏的特质；随后，它们变成了适应现代性转型关系的技术性矫正场所。

疾病和死亡的封存

现如今被称为“医院”的场所，由先前处理“贫穷”之影响的组织渐渐分化而来。在监狱、精神病医院以及现代医疗场所出现之前的所谓“医院”把前文所提到的各类人群都混杂在一起。独立的医疗领域（即集中关注人的“生理问题”的机构）的出现，是创造其他监禁类组织的类似进程的一部分。 161

现代意义的医院的发展是与医学专业化进程紧密相关的。医院遂成为一个整合医学技术并培养生产医学专业知识的场所。然而，一如监狱和精神病医院，医院也是一个把那些不适合参加常规社会活动的人封存起来的地方，而且，医院在把特定严重的生活经历（如疾病和死亡）隐藏起来这个面上，也有着类似的后果。一如前一章所讨论过的，在前现代社会当中，慢性疾病已然是许多人生活的一部分，而且对每个普通人来说，接触到死亡几乎是稀松平常之事。伊莱亚斯曾经指出，埃里斯（Ariès）对这个问题的研究或许代表了前现代时期的世界对死亡的颇为偏颇的观点。埃里斯倾向于认为，由于死亡是一个渐变过程，故人们能够以安详姿态获得善终并在最后时刻有亲友陪伴周围。然而正如伊莱亚斯所言，弥留之际他人在病榻前的出现并不必然会使人宽慰，实际上，奄奄一息者被依然健在的人讥讽和辱骂的情境也时常发生。[19] 无论真实情形如何，尽管死亡仍被根本性的恐惧和焦虑所环绕，但在过去，死亡确实不是一件被隐藏的事情。

这一观点不仅仅是说死亡过程现如今已经常规性地不再是可供观赏的场景了，死亡已然变成了一种技术性事务，对死亡的判断已经成为医学专家之业务。死亡的内涵已经变为在某具体时刻从各类不同的身体功能停止运作的意义上宣布某人已处于死亡状态。死亡仍然是有关人类存在的巨大外部性因素，故而它不能被拉入现代性内部指涉性体系中进行 162
考量。然而，所有直接导致及被牵涉进死亡过程的事件都可被拉入这一体系中来。死亡遂变为一个起始点：正是在这一精确时刻，人类对自身存在的控制有了一种外在局限。

死刑的发展史恰恰见证了将死亡转变为一种纯粹“事件”的冲动。一如福柯和其他学者曾指出的，在前现代场景中，死刑常伴有各种使身体遭受痛楚的具体手法，因此也常常是一种集体性的观赏性场面。随着监狱的出现，惩罚“不再作为可供观赏的场景而出现”，而成为一种规训的形式。尽管这一点与福柯的分析基本一致，但福柯并未深入探究的却是监狱中对死刑产生影响的那些变迁。公开处决的形式不仅令人痛苦，而且还伴有看客的嘈杂之声和时间上的冗长。死刑后来发展的重点，在于使处决成为一种尽可能“安静的”过程。[20] 例如，在英格兰，为了使死刑犯最后的痛苦时刻尽量缩短，监狱管理方会让他们在离行刑室最近的一间牢房度过最后一晚。此外，一系列使行刑手段更有效和更安静的技术革新也被陆续引进。换言之，死亡成了瞬间的和不再引人注意的事情。在许多国家，死刑已被废除。这种改革是因人道主义动机而产生，同时也因认识到死刑最终会把个人置于社会控制可能性之外这一动机而产生。

激情的私人化

把性行为转移到幕后是一种“激情的私人化”（privatisation of passion）现象。曾经激情这个词所指涉的是宗教意义上的狂热和虔诚。它具体指的是个体直接与超出日常经验的宇宙力量相接触的那些确切时刻。后来，激情的概念几乎完全失去了上述含义，进而变得世俗化并主要限定在性的领域。这是“性行为”作为一个独特现象出现的过程的重
163 要组成部分，同时它也与一度同美学和非社会化性质的经验相连接的更普遍、更广泛的爱欲（eroticism）相分离。[21]

在人们所知的所有文化中，尚未发现任何一种性行为可以以一种完全公开的方式在众目睽睽之下进行。但许多证据表明，在很多非现代文

化以及在前现代欧洲，性行为并不严格地要回避他人的视线。在某些场合，这种"可视性"（visibility）是无法避免的，因为对社会经济地位较低的群体而言，父母与子女（有时还有其他亲戚）同住一间房是常有之事。偶尔发生于住所之外的性行为，似乎也是普遍发生之事。

或许，性行为的私人化会被视为与新型道德观的出现有着密切联系。那么依据这种观点，性行为逐渐变成一种遭受责备的放纵情欲之好色行为。在福柯看来，这种理解是一种误导，他的研究起到了一定的纠正作用。他用一个小故事讲明了如下这个大道理：

> 性有着明确的边界，它是家庭之事。已婚人士对此有严格管束，并赋予其严肃的生育功能。在有关性的问题上，沉默不语便是原则……在社会空间以及每家每户，性都只能在唯一的场所发生——父母的卧室——但其仅发挥着功利和生育方面的作用。其余都是模棱两可的，得体的姿态要求避免有肢体接触，而文雅的语言则要求人讲话要使用文明用语。[22]

这一解释基本上与弗洛伊德的观点相符，它认为性行为的私人化实际上是一种压抑——而这种压抑却是我们为了获得文明的果实不得不付出的代价。福柯并不那么反对他所说的"压抑假设"，尤其是在将其与那种强调把性带入新公共空间的话语之扩散的观点作对比时。

然而，福柯的有关性已变成强迫的并在现代世界中遍及四方的担忧，并不比那种设计出来取代性的概念更能使人信服。我们能够以下列方式提出一种能取代上述两种观点的看法。在现代意义上，"性"是当 164
人类把性行为"转移至幕后"时所发明的词汇。从此以后，性遂成为一种个体属性，更确切地说是一种身体属性，爱欲与负罪感的结合逐渐被性与自我身份认同和羞耻倾向之间的联系所取代。性行为的逐渐隐秘化，与其说是将不雅景象隐去，不如说是性的重构及其将重点重新置于新出现的私密领域。自此，性的发展和性的满足开始与自我的反身性投射绑定在一起。福柯所言及的不同种类的"有关性的言说"构成了具有反身性和内部指涉性的体系之发展的重要部分。

于是，一如鲁曼所言，性已经变成"一种交流的代码"（communicative code），而不是单纯与人类存在的迫切需求紧密相关的一种现象。[23] 在性行为中，欢愉和生育之间总会有一个清晰的区隔。然而，当性与私密关系之间建立起新的联结的时候，与先前相比，性就完全剥离了与生育的联系。性遂被赋予了双重含义，其一便是自我实现之中介，其二便是私密关系的主要手段和表达方式。于是，性就失去了与更广范围的传统和伦理之间的外部联系，同时也失去了与代际延续之间的联系。性仍是（或者说已变为）“经验”的核心构成，而“经验”一词也在性生活中具有了重要意义。但是，这种“经验”与经由性而把人类联系起来的那个关乎生存的领域早已不再有任何关系。

与外部自然的分离

因此，在上文所论及的每个方面，我们均可找寻到一个逐渐扩展的道德封存之过程。生活的重大领域，包括那些表面上看来更具“生物性”而非社会性的领域，都受到了自我指涉性和反身性的双重动力的影响。存在性问题被以制度性方式压抑着，与此同时，社会活动和个人发
165 展的新机遇则被陆续创造。从某种意义上讲，经验之封存是一种精心谋划的文化成果，在这种文化中，技术知识的扩展使得道德和美学的领域逐渐消散。然而，很大程度上，经验之封存也是现代性特有的结构化过程之意外后果。更进一步讲，这是在现代性的内部指涉体系与外部标准失去联系之后所产生的情形。

在已经被言及的诸多过程以外，我们还应加上人类所造环境之发展。现在人们普遍认为，现代性的核心观点是把自然看成工具性的，即把它视为实现人类目的之手段。对这一观点最为权威的论述毫无疑问只出自卡尔·马克思一人。在他看来，本应对现代社会生活进行激烈批判的批评者们，在现实中却与现代社会生活根深蒂固之特征相一致了。这种谴责无疑是有理有据的。马克思是资本主义的批判者，在他眼中，资本主义在本质上是现代工业的非理性组织手段，但他也认为生产力的发展对人类的美好未来有着至关重要的意义。尤其在其早期的作品中，马

克思也曾精辟地论述过自然及其与人类欲望之间的关系。但总体而言，马克思的观点仍是一种工具性解释模式，因此在这个意义上，与其说马克思对西方知识界思想和文化的主流脉络持批判态度，不如说他与它们是一致的。

然而，讨论至此尚不算完结。问题的核心不仅在于人类（随着现代性的到来）把自然看成是一组专用于满足人类目的之惰性力量，因为这还隐含着自然是独立于人类社会之外的领域这层意思。一如我们前文所强调的，人类所创造环境之发展（或自然的社会化进程）所造成的影响更为深远。当自然界逐渐依据现代性的内部指涉体系而被重新安排时，我们可以说“自然终结了”。在现代性条件下，人类在人造环境中生活可从两种意义上来理解。首先，绝大多数人现如今都居住在建筑物中，而这些建筑物环境的扩展使得人类逐渐与大自然相分离，如今只有“乡村”和“荒野”才是自然的代表。其次，在更深层的意义上，由于曾经可以自然而然发生的事件现在都越来越被纳入由社会化影响所决定的体 166
系中，故自然确实已经不复存在了。

就上述意义的第一条而言，我们可以说，当人类生活在人造场所时就已经与外部自然相分离了。在城市中，“自然”仍然以被小心看护的绿地的形式存在着，但这些绿地中的绝大多数都是人造的，外在形式是公园、休闲场所等。公园是挖出来的，树木是修整过的，房前屋后的植被都是人工培育的，这些显而易见都是人造环境之构成部分，但它们在依赖自身有机生长过程而非仰仗人力的意义上是“自然的”。现代都市是迄今为止人造影响最广且最深的人类活动场所。到郊外观光或去荒野徒步旅行或许可满足人们接近“大自然”的愿望，但此处的“自然”也是以社会化手段被驯化和整合了的。在现代社会发展早期，“荒野”的概念显得尤其重要。具体而言，这个词曾几何时意味着自然世界中尚未被现代西方世界所知晓和探索过的区域。然而现如今，荒野仅仅指那些出于某种原因不适宜耕作或居住的地方，或是直接留作休闲场所之用的地方。

在上文提及的第二种意义上，自然从根本上脱离了人类活动之影响。自然日益臣服于人类干扰，并因此失去了其外部指涉源的特征。比之第一种意义上所提及的分离，这种与自然的分离更细微，却也更普遍。因为自然（即时令和季节变化与气候的影响）似乎依旧“在那里”，即无论其工具性倾向如何，它们仍是人类活动所必需的外部环境。但是这种感觉是徒有其表的。自然由于被社会化而被纳入人类对未来的殖民的进程中，同时也被卷入现代制度在受其影响的所有领域所催生的不可预期的风险地带中。

那么，经验封存的长远影响是什么呢？这个问题我将在后续章节中展开讨论，而此处所要提及的只是总体评价。这样的一种封存是在现代
167 性条件下建立日常生活中广泛的相对安全感的先决条件。其结果是对人类生活的基本道德性和存在性要素的压抑，应被视为现代制度发展的一个出人意料的后果，而这些因素在某种程度上也都变得不再重要了。

然而，道德封存所显示的那种制度性压抑并非一种心理压抑，因为这种封存不依赖于弗洛伊德所论述的更严格良知的内化。相反，与自我身份认同的“开放”特性相关联的羞耻感机制在某种实质性意义上取代了负罪感机制。

日常生活之相对安全环境的发展对本体安全感的维持有着十分重要的意义。换言之，本体安全感主要经由惯例而得以维持。尽管在现代社会条件下，日常生活在许多方面都已变得比其在前现代文化的情境中更受约束且更具预期性，但本体安全感的框架也变得易于破碎。保护壳越来越依赖惯例的内在连贯性，因为它们是在自我的反身性投射中形成的。在韦伯所说的提供了行动的“可估算”环境这一意义上，经由抽象体系之安排而运作的日常生活广泛领域是安全的。但是，由于提供了上述安全感的惯例大多缺乏道德意义，因而其要么被认为是“空洞的”实践活动，要么就可能是压倒一切的。不论出于何种原因，当惯例被某种激烈方式打断，或当某人着手对自己的身份认同实施更大程度的反身性控制之时，存在性危机就有可能出现。个体可能会在决定性时刻倍感失落，因为在此时，道德性和存在性的两难困境会以压力的形式呈现出来。某种程度上，个体可能会重回备受压抑的状态，也可能缺乏应付上述问题的心理与社会资源。

伴随着社会发展的其他进程，我们不应把经验封存理解为无所不包

和同质的，因为实际情况本来就并非如此。其本身内部是复杂的，充满着各种矛盾，同时也会产生再调整的可能性。我们要强调的是，封存并非一个一劳永逸的现象，并且它也没有光滑而无摩擦的边界。作为一个 168
压抑的场域，其排他性特征一般都含有等级分化和不平等的意思。被封存的经验之前沿便是断层线，充满着矛盾和不受控制的力量。或者我们换一种比喻来说，前沿就是战场，是社会品性的战场，战斗会经常性地在自我的心理领域发生。

经验之封存

日常生活逐渐与下列现象分离：

癫狂：与被正常的本体安全态度"排除在外的"经验相关的人格和行为特质的表露

犯罪：可代表常规考量与活动的"替代品"的人格和行为特质的表露（很显然并非所有犯罪形式都属于这一范畴）

疾病和死亡：社会生活与有关死亡率和有限性的外部标准之间的联结点

性：作为个体与代际延续之间的联结形式的爱欲

自然：作为独立地建构人类社会活动之元素的自然环境

我们也必须考虑传递性经验所带来的长远影响。除了那些专业人士，人们或许很少与死亡和重病的经验有直接接触，但是依靠传递性经验，这种接触就变得稀松平常了。科幻文学和纪录片充斥着描写暴力、性和死亡的情节。由于各种媒体的广泛影响，现代社会的人们实际上比前现代社会的人更熟悉这些活动的场景。许多流行艺术实质上都是道德故事，其通过杜撰故事而形成一种道德秩序。很明显，这些虚构的世界在某些方面已然取代了日常生活的世界。但是，经由被传递的语言和影像，个体可以接触到比缺乏这种传递时更为广泛和遥远的经验。因此， 169
存在性感知并非简单变模糊或消失，相反，在某种程度上，它们甚至可能因新经验领域的开放而得到扩充。

整体而言，实际情境是，传递性经验进一步巩固而非克服了这种封存。例如，人们对肥皂剧这样的"虚构现实主义"的着迷体现了自身对日常生活中流失的道德的担忧。但这种执着的偏见恰能够证实日常活动与它们曾嵌入其中的外部性的分离。当个体面临存在性需求的时候（即决定性时刻)，他们将有可能体验到震撼和现实的倒置。事实上，这种现实的倒置是一种功能性的心理反应机制，它减缓了在这一时刻涌现出来的焦虑，即起到了一种无意识的中和作用。

自恋与自我

森尼特：自恋与性格失序

前文内容隐含了一层意义，即晚期现代性时期的自我发展会在实质性的道德剥离的条件下发生。人类如果将自己与把日常生活甚至长期生活规划和存在性问题相关联的重要经验分离，则其自我的反身性投射会在道德匮乏的背景下获得动力源。难怪在这样的情境下，新的纯粹关系会承受沉重负担，即要为个体生活发展提供道德上有益的环境。这种现象是否代表着自我身份认同在面对顽强的外部世界时所形成的防御性退缩？无疑，一些学者已经提出过此种观点，鉴于他们的影响力，我们尚需对这些观点进行更为细致的考察。

现代社会中的自我是脆弱的、易碎的、有裂痕的、碎片化的——这种观点恐怕是当下有关自我和现代性的讨论中最具代表性的观点。这种分析中的某些部分在理论上与后结构主义相关联：认为社会世界已变成
170 场景化和分散化的世界，而自我也发生了类似变化。[24] 实际上，对于那些从后结构主义视角来开展其研究的学者们来说，自我早已不复存在了：唯一的主体是去中心化的主体，只能在语言和话语片段中找到其身份认同。一个具有同等重要性的观点集中关注自恋问题。因此，森尼特在其有关公共生活消亡的讨论中，也论及了“自恋式性格失序”的出现。随着公共活动空间的萎缩，且当城市变成道路的组合而不再是开放的聚会场所时，自我便被号召来承担它所不可能成功完成的任务。[25]

森尼特认为，自恋不应与自我崇拜这一外行观念相混淆。作为一种性格上的失序，自恋是一种对自我的执着偏见，它使得个体无法在自我和外部世界之间建立有效边界。自恋把外部事件同自我的需求和欲望相

连，对每一个事件都只问一句“这对我意味着什么”。自恋假设存在一种对自我身份认同的持续追求，但这是一种总会遭受沮丧感的追求，这主要是因为无休止地追问“我是谁”是自恋式着迷的表达，而非一种现实可行的追寻。自恋反对因维持私密关系而产生的那种承诺，而其所赞成的承诺则限定于个体尝试自我实现所需要的经验的机会。自恋把身体看作一种感官愉悦的工具，而不是把感受度与和他人交往相联系。在自恋的影响下，私密关系以及与社会世界更为广泛的联系有可能会具有一种固有的破坏性。尽管有（或由于有）对愉悦的长久追求，个人活动的范围似乎仍是暗淡且无吸引力的。同时，任何意义上的个体尊严或公民责任都会趋于消失。真实替代了尊严：一个好的行动就是对个体之欲求而言是真实的行动，并且也是能如实地展示给他人的行动。

在森尼特看来，公共空间逐渐“消亡”这一事实，恰是自恋得以广泛流行的原因之一。人们在私人生活中找寻那些在公共领域被拒绝的东西。这种情形的制度源头在于传统权威的衰退以及一种世俗的、资本主义城市文化的形成。资本主义制造了消费者，后者区分了也培育了各类需求；世俗化则具有一种将道德意涵限定在感官与知觉的即时性上的功 171
效。“人格”（personality）取代了自然“性格”（character）中早期的启蒙主义信念。人格因人而异，同时表明人们的行为是他们的内在自我的表征；在人格发展过程中，对自我身份认同的形成意义重大的是情感而不是对行动的理性控制。将人格的观念引入社会生活中有助于私密秩序的支配地位之确立。此后，无休止的、强迫性的对社会身份认同的执着会逐渐取代社会联结与社会参与。

> 如今，非人格化的经验似乎是毫无意义的，而社会的复杂性也似乎是难以驾驭的威胁。相比之下，那些表面上体现了自我以及有助于界定、发展和改变自我的经验，都得到了高度重视。在一个关系比较私密的社会，所有社会现象（不论其结构上多么非人格化）都被转换成人格化问题从而能获得一种意义。[26]

拉希：自恋的文化

克里斯托弗·拉希对与现代的自我相关联的自恋这一主题有过较为

深入的研究。[27] 拉希尤其把自恋这一现象与现代社会生活的灾难性质（apocalyptic nature）联系在一起。全球性风险已成为现代性制度的一个人所共知的方面，在日常行为的层面上，不再会有人去想如何避免潜在的全球性灾难等问题。绝大多数人都把那些问题排除在自己生活之外，并将其活动主要集中于私人化的“生存策略”上，从而彻底忘却了更大的风险场景。人们放弃了对更广泛的社会环境的控制，退回到纯粹的个人专注中，即心理和身体上的自我完善。拉希将此情形与历史的消散相联系，后者指涉在追溯过去、展望未来的代际延续过程中历史延续感的丧失。在这种背景之下，人们便渴求一种心理安全感，以及一种（令人不安且难以名状的）幸福感。

172 拉希和森尼特在以下问题上是一致的：他们认为自恋既是一种自我憎恨，也是一种自我崇拜。自恋是对婴儿式愤怒的一种防御机制，以弥补享有特权的自我之无所不能的幻想。自恋式人格对他人的需求仅有种含混的理解，以及与虚空感和虚假感相竞争的宏伟感。由于缺乏与他人的交流，自恋者所依赖的就是持续的输入崇拜和赞许以支持一种不确定的自我价值感。在拉希看来，自恋者：

> 习惯性地感到厌倦，无休止地追求瞬时私密感——没有情感投入和依恋的兴奋感——自恋者在性关系上是滥交的，这是因为攻击性活动中混杂着的发育前的和恋母的冲动助长了多形态的反常性格。自恋者内化于自身的坏形象也使其对健康有着习惯性的担忧，而抑郁症反过来又给予其一种对治疗与治疗组织和运动的特殊亲切感。[28]

治疗手段并没有缓解上述症状，相反，却延长了这些症状，这是因为个体在治疗中被鼓励成为反思和关怀的中心。

消费资本主义努力地使消费标准化并通过广告来塑造品味，这在进一步加固自恋方面发挥着基础作用。培养一种有教养的且能辨是非的公众观念，自消费主义遍及四方以来就已长时间存在了。具体而言，这种消费主义所导致的结果便是“一个为外表体征所支配的社会”。消费所致力于处理的恰是现代社会生活的异化特性，并声称自己便是这种特性的解决之道：消费通过“恰当的”产品和服务所提供的正是自恋者所需要的（即魅力、美貌和受欢迎度）。因此，在现代社会条件下，我们所有人在生活中似乎都被镜子所环绕，而在这些镜子中，我们所要找寻的正是一个无瑕疵的、在社会上有价值的自我形象。

拉希认为，在私人关系层面上，存在一种对新型私密关系的追寻。然而，每个人都十分渴望获得私密关系的这种大环境恰使得私密关系成了不可获得之物。人们无法做到除了使自己获利以外对其他事情都没兴 173
趣，故而这种情形使人们对私密关系的追寻成为一种枉费心机的努力。一方面，从与他人的私密关系中，个体现在对情感上满意和安全的需求远远大于以前；另一方面，个体也形成了一种剥离感，这对维持自恋的自我保护而言是必不可少的。由此，自恋者会产生对恋人和朋友的非分要求；与此同时，他们也会拒绝这层关系所隐含的“给予他人”的要求。

在拉希看来，普遍意义的家庭以及特殊意义上家长制家庭之式微与自恋的出现密切相关。新出现的对专业知识的崇拜取代了旧有的“家庭权威”以及传统领导人和智者的权威。新出现的专家是自恋的治疗文化的一个内在构成部分。一种“新父权主义”已然出现，它意味着所有类型的专家都要服从外行人的需要。许多现代的专业知识并非源于对真实感受到的需求的满足，在很大程度上，新的专家们制造了那些他们声称可以满足的需求。于是，严重依赖专业知识遂成为一种生活方式。此处，我们再次与自恋有了密切联系，这是因为自恋型人格源于一种对儿童式依赖性的防御机制。在现代社会，由于依赖性已经扩展到成年人生活的大多数领域，故自恋作为对由此而产生的无力感的一种反应而被强化了。

在其后续的著作中，拉希进一步阐明并在某种程度上修改了他最初的观点。在一个充满侵扰的外部世界，生存的主题得到了强调。拉希强调，生存是日常生活中以及诸如和平或生态运动这样的社交网络中个人常见的一种偏执性专注。在当今时代，生存变成压倒一切的重要事情。然而，对这一问题的宣传（这本身几乎也成为一种惯例）在个体层面产生了一种倦怠性回应。现如今，人类所面临的逐渐加剧的风险成为一种必需的事情，受这些风险的刺激而出现的社会压力和社会运动体现了我们对未来最美好的希望。人们又总是在讨论世界末日般的大灾难，但这会产生一种麻木而非有活力的封闭心态。于是，拉希先前所谓之“自恋
174 的文化”（culture of narcissism）后来变成了“生存主义文化”（culture of survivalism）。个体被迫去面对巨大灾难情境时所采取的策略使得现代生活变得模式化了，因此在这种生活中，以防御方式独立于外部世界的“最小的自我”（minimal self）是唯一存在物。对过去的冷淡、对未来的放弃以及在当下过好每一天的决定已经成为日常生活的基本特征，而这种生活所处的场景被一种个体所无法掌控的影响支配着。

批判性的观察

有些人赞成森尼特和拉希的观点，另一些人则对其持批判态度（实际上拉希对森尼特也持批判态度）。在此，我并不想对这些讨论作一个整体性综述，只是集中考察那些与本书观点直接相关的特定方面。对下述观点，我早已表达过不敢苟同之意：在现代性早期阶段可被辨识的公共领域却在随后阶段被消除了，于是个体便暴露在一个复杂且沉重的社会世界中。总体而言，人们可以认为，尽管会面临重重困难和挫折，但公共空间（以及个体有效参与公共空间的机遇）随着现代制度的逐渐成熟也不断得到扩展。这并非一个单线的发展过程。个人主义（privatism）无疑是现代城市生活的基本特征，其后果便是公共场域之消解和日益增加的流动性。然而，现代城市又使一种公共的、大都市的生活得以发展，而这在更为传统的社区中是无法实现的。[29] 这是因为现代城市场景为个体提供了多样化的机会以寻找趣味相投者并与之建立关系，同时也为个体培养普遍的多样化兴趣提供了更多机会。

在一个更为宽泛的意义上讨论“公共生活”，我们还应该谨记，在现代早期，不论是在政治领域还是在经济领域，普罗大众都没有参与权。在经典的资本主义劳动契约中，工人一踏入工厂大门便失去了对其自身劳动力的全部控制权；由工人运动的兴起所带来的组织工会的权利

以及一些实质性能力，都是经历了非常长的时期才逐渐形成的。类似 175
地，有效参与地方和中央政府事务的权利也是历经多年斗争才终于获得的。其他领域中的集体行动（例如广泛存在于现代社会中的多种多样的自助型组织）也是经由积极斗争并经历一个长期的过程方才逐渐形成的。当然，这些例证也说明了其他问题，即导致专断性权力的大型科层制组织的出现和发展，以及使个体对日常生活之掌控丧失殆尽的商品生产的影响，这正是森尼特和拉希所长期关注的，但这些倾向的出现并非一帆风顺，因为“官僚资本主义”确实要比学者们所设想的含有更多内在易变性和矛盾。

在拉希的作品中，以及其他一些提出过类似文化诊断的学者的作品中，我们可以读出一种对人类行动者的不充分的解释。在与压倒一切的外部社会力量的关系中，个体似乎在本质上是被动的。而有关个体行动的微观环境与更宽泛意义上的社会影响之间关系的错误观点，也被广为接受。要对与现代性相关的人类行动作一番充分的解释，我们必须完成以下三项任务，即必须认识到：(1) 在普遍意义上，人类行动者从来就没有也不会被动地接受外部的行动条件，而几乎总是在思考这些条件，并依据它们的特殊情境来对其进行重构；(2) 在现代性的条件下，日益增多的社会生活反身性会在群体和个体层面均产生大规模的集体活动之领域；(3) 有人认为虽然人类行动的微观环境易于改变，但较大范围的社会体系却形成了一个不可控的背景环境，这个观点是没有根据的。让我们来逐一展开这几点。

如果我们无法认识到，所有的人类行动者都在与社会世界的关系中占据着一个获取的位置（该职位是他们在行动中逐步建构和重构起来的），那么我们就无法在经验层面把握人类被赋予的权力的性质。现代社会生活使个体行动变得乏力，却使个体能获取新的机遇，这就是异化的过程；与此同时，人类也对他们视为具有压抑性的外部社会环境进行着抵抗。晚期的现代制度创造了一个混杂着机遇和后果严峻之风险的世
界，但这个世界并未形成一个能抗拒干扰的密不透气的环境。一方面， 176
抽象体系深深地渗透进日常生活；另一方面，对这种体系的反应又把个体活动与无限延伸的社会关系联系在一起。

各种形式的依赖（或者换一个引起较少争议的术语，信任）是由日常生活通过抽象体系而进行的重构而发展起来的。部分抽象体系在全球范围延展着其影响，它们所带来的社会影响无人可从总体上实施监控，同时这些影响所带来的后果在某种方面也无人可预测。然而在诸多方面，专家体系的扩展提供了再获取的可能性，其远远超过传统文化中的范围。

我们以家庭生活方式中正在发生的变迁为例证来说明上述观点，当然，伴随这个变迁而来的还有纯粹关系的出现。斯泰茜的研究为我们提供了不少案例。[30]一如斯泰茜所指出的，在经历传统家庭模式解体这个过程中，即便存在大量随变迁而来的各种危险和威胁，人们也会主动地去开发新的社会领域并建构新型家庭关系。斯泰茜的研究所选择的背景是加州硅谷这样一种变化迅速且极具干扰性的社会情境。该研究本身也是以高度反身性方式进行的，研究者和受访者之间一直在进行着对话，而受访者对访谈材料和文本的看法构成了最终研究报告的重要部分。

斯泰茜的研究关注的是那些（用她的话来说）“生活、恋爱、工作和担忧”都发生在硅谷中的工人们的两种亲属关系。她指出，与传统婚姻不同，现代婚姻依赖于持久的自愿性承诺。人们所抚养的孩子比先前少多了，家庭内外男女之间的劳动分工也变得不那么明晰了。婚姻关系在其中得以形成并维持下去的那种社会环境已变得混乱且不稳定。其结果毫无疑问是个体逐渐感到压抑和憋闷。对日常生活中“生存”的深思（一如拉希所描述的），在斯泰茜著作所描述的个体生活中得到了充分体现。然而与此同时，非常明显的是，这一观点并不必然（或普遍性地）使人们缩回自我的围城式世界。

177 相反，斯泰茜的研究表明个体如何主动地在固有的家庭生活形式之外重构新型的性别和亲属关系。这种重构并不仅仅是本土化的，也不是细碎化的。实际上，它所涉及的是本质上就是由这些人所主导的一个制度性重构过程。不再依据先前固有的性别划分而组织起来的“重组家庭”遂被创造出来；离婚不是在过去存在形式和未来存在形式之间制造裂痕，而是作为社会网络资源而被动员起来，从而把新任配偶与前任配偶、亲生子女与继养子女、朋友与其他亲属整合起来。自恋并不是从诸如斯泰茜这类研究中出现的清晰特质，这类研究显示出，个体并不是要从外部的社会世界中退缩回来，而是要勇敢地参与其中。

让我们进一步看看拉希所谓之“我们时代之自恋人格”的具体特征。他认为，“发生病变的自恋”的特征的极端表现，便是“我们的时代在日常生活上的奢侈”[31]。自恋把“宏大的客观形象结合在一起以抵抗焦虑感和负罪感”[32]。这是一种反应机制（reaction formation），用以抵御因担心被抛弃而产生的恐惧感。自恋者并不受一种僵化的、内化的良心或负罪感支配，他们更像一群“混乱且易受冲动驱使的人”，一方面需要他人的赞赏，另一方面却抗拒亲密行为。自恋者忍受着“遍及四处的空虚感和自尊深深受到扰乱”的痛苦。在拉希看来，自恋是一种防御性策略，它适应于现代世界的威胁性特质。自恋者既排除与过去的联系，也放弃与未来的联系，他们在心理上将上述二者“摧毁”以回应当下世界所呈现出来的危险，同时也回应对“所有事情都会终结”的恐惧。

令人吃惊的是，拉希并未提及在通常理解中自恋的一个主要构成元素，即自我和身体之关系。那喀索斯（Narcissus）的故事讲的就是他对自己外貌的崇拜，而在绝大多数将自恋作为一种人格特征的讨论中，身体表征与个体的关系被认为是最根本的。通过考虑饮食、着装、面貌及其他要素，对身体的形塑是当代社会生活中有关生活方式的活动的共有特征。这些考虑在多大程度上体现了一种自恋的特征呢？此处和前几章 178
中所作的分析为这一问题的答案提供了基础。身体不能再依据传统仪式仅仅作为“被接受的”、被供养的以及被装饰的客体而存在，相反，它应该成为自我身份认同反身性投射的核心要素。因此，对与风险文化密切相关的身体发展之持续关注，遂成为现代社会行为的内在构成。一如前文所强调的，尽管身体的发展方式须从多样化的生活方式选项中来实现，但是，在不同备选之中作决定本身并不是一个选项，而是自我身份认同建构过程中的一个固有要素。因此，有关身体的生活规划并不必然具有自恋性质，而仅仅是后传统社会环境的一个常规组成部分。与自我身份认同反身性的其他方面一样，身体规划更多的是一种与外部世界的互动和参与，而非一种防御性的退缩。

用临床术语来讲，自恋应被看作由现代社会生活在某些方面所引发的身体病变的一种。作为一种人格的变形，自恋源于人们无法获取基本信任。当儿童无法令人满意地认清主要看护者的自主权，并且无法清晰地划定自己的心理界限之时，上述判断则显得极为正确。在这些情境中，儿童所具有的那种认为自己无所不能的感受就会转变成其对立面，即一种空虚和失落感。随着儿童逐渐长大成人，这些特质便会使人变得倾向于神经质般地依赖于他人，尤其在保持自尊的方面，但他们的自主性又发展得不充分，因而也不能与他人进行有效的交流。这种人不太可能与现代生活情境所体现出来的风险达成妥协。因此，他们便有可能依赖于对身体吸引力（或人格魅力）进行培育，从而达到对生活中出现的危险进行控制的目的。紧接着上文的讨论，自恋最核心的动力机制便是羞耻而非负罪。自恋者所要应付的沾沾自喜感与毫无价值感交替出现的情况，实质上是对易于受羞耻感重压而显得脆弱不堪的自我身份认同的回应。

在评价晚期现代性时期自恋现象普遍流行的问题时，我们应该谨慎地将（拉希经常提到的）商品化形象的世界与个体的实际反应区分开
179 来。我们所观察到的与拉什的解释基本一致，人们在实际反应中大多表现得比较被动，比如在浮华的广告中便是如此。的确，人们在面临消费资本主义制度时的那种被动性和依赖性正是拉希所主要强调的。然而，尽管商品化的影响无疑是极为强大的，但受它们影响的人们却很少不经批判就将其全盘接受。

治疗手段的使用

在结论中，我们将回到治疗的问题上。尽管拉希运用了精神分析学的理论，但他仍以负面态度来看待治疗，将其视为对专家的一种依赖形式。拉希对这个问题有直接的论述，但我们也可以从著名的菲利普·里

夫的著作中找到类似的观点进行讨论。[33] 里夫把治疗的出现既和世俗化相关联，也与他所看到的传统宗教之式微所催生的一种道德匮乏联系起来。他所说的“治疗控制”所要达到的，是在宗教不再提供相互关联的场景中保持“充分的社会功能”。先前的人们如果处于困境中时，便会去教堂以寻求安慰；如今，人们则会就近去找心理治疗专家。通过治疗的手段，人们想达至的目标是“在疯狂的世界成为一个正常的自我，在核裂变的时代保有一个完整的人格，对巨大的爆炸声给出一个静默的答案”[34]。治疗旨在创造一个没有更高道德感的自信且幸运的个体，它通过揭开生活的巨大谜团来换取一种谦和且持久的幸福感。一如里夫所指出的：“重要的是要继续下去。”[35]

这一观点具有相当的可信度，但我们仍不得不将其抛掉。我们首先还是应该注意到，治疗并非复制先前时代的“权威”，其中最为突出的就是宗教权威。治疗是没有任何权威版本的。一如我们在前面章节中指出的，任何寻求治疗的人都不得不面对各种不同的理论学派和不同的实践手法，而它们中的多数是相互冲突的。如果说正统的精神分析学在有关治疗方式的学术讨论中占有优势，那么这主要应归功于弗洛伊德的天才创造，而不是在实践中对这一学派具体实践的全面接受，并认为这种 180
治疗手段就一定比其他手段更合理或更有效。因此，治疗是一种与极盛现代性相关的困境与实践的具体表达，而非一种用以取代较为传统的社会或道德准则的现象。

难道说，治疗仅仅是一种使不满意的个体得到调适从而能适应千疮百孔的社会环境的手段吗？还是说，它仅仅是世俗化意义上在前现代情境中可进行的深度参与的替代物？不可否认，治疗可作为一种嗜好而出现，并且可以催生出自恋者般的退缩。绝大多数治疗都会耗费大量时间和金钱，所以从某种意义上讲，治疗是特权者的一种消遣。

然而，治疗的内涵不止于此。[36] 治疗是一种在自我的反身性投射中隐含着的专家体系：它是现代性的反身性的现象之一。在精神分析学的影响下，治疗成为一种与人格的病变作斗争的手段。它是围绕着“疾病”和“疗法”这样的隐喻而形成的，而不同治疗形式（包括正统的精神分析学在内）的治愈属性一直都是争论的焦点。但是，晚期现代性情境下治疗的最为重要的方面并不体现在这个方向上。实质上，治疗应被理解为一种有关生活规划的方法论，而且对它的评价也应沿着个方向进行。在当今社会，“有能力的个体”不仅应具有一种成熟的自我理解能力，而且还应该用一种源自过去的心理遗产来协调当下的考量和未来的规划。治疗并非一种调适工具。作为一种普遍化反身性的表达，它尽可能地展示了现代性所催生的混乱性和不确定性。与此同时，它还参与到掺杂着机遇和风险的晚期现代秩序中去。它能带来依赖性和被动性，也能带来参与和获取。

尽管如此，治疗上的种种尝试和努力都发生在经验之封存和现代性的内部指涉体系这一大背景之下。不足为奇的是，多数（然而并非全部）治疗所要达成的主要目标都是控制。它们在自决的意义上对自我的反身性投射进行解释，并因此确认了（甚至强调了）生命周期与外部道德考量的分离。

注 释

［1］Edward Shils，*Tradition*（London：Faber，1981），p.25.

［2］John Kotre，*Outliving the Self*（Baltimore：Johns Hopkins University Press，1984）.

［3］Anthony Giddens，*The Consequences of Modernity*.

［4］参见 Erick Erikson，*Identity*：*Youth and Crisis*（London：Faber，1968）。

［5］参见 Giddens，*A Contemporary Critique of Historical Materialism*，vol.1。

［6］Richard Sennett，*The Fall of Public Man*（Cambridge：Cambridge University Press，1977）.

［7］Ibid.，第 5 章。

［8］Norbert Elias，*The Civilising Process*，vol.1.

［9］Ibid.，175 页及其后数页。

［10］Sigmund Freud，*Civilisation and its Discontents*（London：Hogarth，1950）.

［11］Ibid.，pp.61，71.

［12］Max Weber，*The Protestant Ethic and the Spirit of Capitalism*（London：Allen and Unwin，1976）.

［13］David J. Rothman，*The Discovery of the Asylum*（Boston：Little，Brown，1971）.

[14] Michel Foucault，*Discipline and Punish*.

[15] Rothman，*Discovery*，p.4.

[16] Ibid.，p.15.

[17] Ibid.，pp.72-73.

[18] Ibid.，p.124.

[19] Norbert Elias，*The Loneliness of the Dying*（Oxford：Blackwell，1985）.

[20] John Lofland，*State Executions*（Montclair：Patterson Smith，1977）.

[21] Niklas Luhmann，*Love as Passion*（Cambridge：Polity，1986）.

[22] Michel Foucault，*The History of Sexuality*（Harmondsworth：Penguin，1981），pp.3-4.

[23] Luhmann，*Love as Passion*.

[24] 例如，参见 Michael R. Wood and Louis A. Zurchner，*The Development of a Postmodern Self*（New York：Greenwood，1988）。

[25] Sennett，*Fall of Public Man*.

[26] Ibid.，p.219.

[27] Christopher Lasch，*The Culture of Narcissism*（London：Abacus，1980）and *The Minimal Self*（London：Picador，1985）.

[28] Lasch，*Culture of Narcissism*，pp.85-86.

[29] 参见 Claude Fischer，*To Dwell Among Friends*（Berkeley：University of California Press，1982）。

[30] Judith Stacey，*Brave New Families*（New York：Basic，1990）.

[31] Lasch，*Culture of Narcissism*，p.74.

[32] Ibid.，p.79.

[33] Philip Rieff，*The Triumph of the Therapeutic*（Harmondsworth：Penguin，1966）.

[34] Ibid.，p.34.

[35] Ibid.，p.35.

[36] 与拉希有关美国实际情形的解释进行辩驳的两本著作，见 Daniel Yankelovich，*New Rules：Searching for Self-fulfilment in a World Turned Upside Down*（New York：Bantam，1982）；and Peter Clecak，*America's Quest for the Ideal Self*（Oxford：Oxford University Press，1983）。对拉希的理论更为尖锐的批判，参见 Dennis H. Wrong，"Bourgeois values，no bourgeoisie? The cultural criticism of Christopher Lasch"，*Dissent*，Summer 1979。

第 6 章
自我的苦难

181 极盛现代性中的自我不是最小的自我，而是一种对大规模的安全的体验。具体而言，这种安全又以或微妙或令人烦恼的方式与普遍化的不安的源头相关联。在个体经验中，焦躁、预感和绝望的感觉会以某种可靠的社会和技术架构的形式混入一种信念之感。我们将在前文分析的基础上来考察这种感觉的源头。

风险与怀疑的影响

极端的怀疑至少会以一种背景现象的形式渗入日常生活的大多数领域。对外行行动者而言，这种渗透最重要的后果便是要求他们在相对立的抽象体系所提出的相冲突的主张之间作出抉择。但这也会催生出更多令人担忧之事。坚持一种明确的信念（尤其是那种能提供全面生活方式的信念）便可消除这些令人担忧之事。但即便是对原教旨主义信仰者中最坚持原教旨主义的那批人而言，也很少有人能完全避开极端的怀疑。现如今，每个人都只能意识到，依据一种坚定信念的准则来生活，只是其他诸多可能性中的一种生活选择。“真正的信仰者”对局外人的那种道德激愤常常表现出一种深层次的焦虑，而非一种由坚持信仰“原则”

而带来的安全感。

人们在一个世俗的风险文化中生活便会面临一种固有的不安定感，而且在一些决定性时刻会有非常明显的焦虑感。一如前文所言及的，生 182
活在风险文化中的艰辛并不意味着日常生活会有比以前更多的不安全（即便在制度化的风险场景中也并非如此）。这种艰辛体现在由风险估算本身所产生的焦虑之上，也体现在排除掉“不可能的”偶然性，进而将生活规划降至可掌控比例的问题之上。“滤除”（filtering out）是保护壳的任务，但是，对现在和未来事件的“有根有据的”信心与那些有着较少安全感的信心之间很难画出一条清晰的界线。作为一种“括除了无知”的现象，这一事实也体现了信任的内在属性。对这个界线的审慎而具有创造性的控制，是人们培育出来的诸多冒险形式的主要灵感之一。然而，当它们不能被用以催生激动和兴奋感时，这个界线仍是焦虑的核心。

对殖民未来而言，风险评估是至关重要的要素，同时，它也必然会把自我带入一个未知的领域。在一些风险环境中，对身处其中的个体而言，风险要素可被精确地计算出来。即便此处我们假定与特定的活动和策略相关的风险很小，个体通过对风险的认知，也必须被迫承认任何一个特定情境都可能发生“事情出错”的情况。如果相关个人已经形成基本信任感，这当然不会成为一个问题。但是，如果他的基本信任感比较脆弱，那么即便是对小型风险（尤其是那些与最珍视的目标相关的风险）的考量也会让他无法忍受。

此外，有许多实际情境中的风险是无法得到充分评估的，还有一些实际情境中，相关专家对某些具体行动过程中的风险则完全无法达成一致意见。生活在世俗风险文化中的艰辛会经由生活方式的选择而变得更加严峻。某人可能会选择一种传统或前现代的生活方式，以之作为减低时刻困扰自己的焦虑的手段。但是，基于上述理由，这个策略所带来的安全感有可能非常有限，因为这个人只能意识到任何选择都只是众多可能性中的一种而已。

对大多数人而言，对后果严重之风险的认知是非特定焦虑的来源之
一。基本信任同样是个体能否主动或经常性摆脱这种焦虑的困扰的关键 183

因素。没人能证明，人们在面临生态灾难、核战争以及对人道主义的摧残等未能预期的灾难时表现出持续不断的担忧是“不理性的”行为。然而，那些的确无时无刻不在担心这些事情的人却被认为是不正常的。如果绝大多数人都能“括除”这些可能性事件并继续其日常生活，这毫无疑问至少是因为他们把风险的实际因素都评估得非常小。不过，这也部分是因为，此处所言及的风险是专属于命运的——这也是晚期现代性时期幸运观念回潮的一个重要方面。某人或许可以把这些偶然事件都抛诸脑后并假设所有事情都会最终成功，或至少认为，一旦某种全球性灾难发生，其他人会首当其冲。或者，他也可能相信政府及其他组织能有效地应对这些威胁。

世界末日会变成一组有关人们生存的、平淡无奇的风险统计参数。在某种意义上，每个人生活中都要面临这样的风险，即便人们会积极主动去抗衡相关的危险——例如以加入压力集团和参与社会运动等方式，但是任何的“括除”都不可能完全克服由一个能自我毁灭的世界所导致的背景式焦虑。拉希所描述的有关“生存的”主题将这些总体性焦虑与个体在更严格的行动情境下所实施的生活规划关联在一起。个体作为一个“幸存者”（survivor）所获得的满足，主要与以反身性方式组织起来的生涯中问题之协商相关。但是，在后果严峻之风险世界中更为普遍化的集体生存焦虑感也深深影响着上述满足感。大量证据可以证明，对“万物终结”的无意识的恐惧在人群中广为流行，特别是在儿童的梦境和幻想之中体现得尤为清晰。[1]

本体安全、焦虑与经验之封存

现代性所催生的变迁过程与全球化的影响有着内在关联性，而那
184 种被卷入全球剧变大浪潮中的真切感受亦让人坐立不安。[2] 更重要的是，这种变迁也是相当剧烈的，它日益深入个体活动和自我建构的过程当中。然而，与拉希的观点相反，没有人能轻而易举地保护一种世俗性

“本土生活”不受较大的社会体系和组织的影响。在生活方式上对变迁实施控制，需要我们积极地介入外部社会世界，而不是从中退缩回来。

对现代性势不可当的本质的理解经过了一条漫长的道路，其目标是要解释，为何在极盛现代性条件下危机都变得常态化了。学者们对这个问题的研究已是汗牛充栋，此处我们也无须赘言。“危机”一词听上去像是在描述现有状态下的一个重大剧变（或是具有危险性的剧变）。这个词最初在医学领域被广泛使用，意思是某种病症的危及生命的阶段。[3]然而，在现代社会条件下，不论在个体层面还是在集体层面，危机几乎成为常见现象。在某种程度上，对这一效果的描述可能带有些许修辞手法：在一个会发生持续且深刻变迁的体系中，诸多正在发生的事情均可被大略视为“危机”。但它又不仅仅是一种修辞。实际上，现代性本身在许多方面都易于制造危机。每当与个体生活或集体的重要目标相关的活动突然变得不好时，“危机”就会发生。在这个意义上，危机成了生活的一个“常态”部分，但依据定义它们又不能成为常规。

在某些方面，人们特有的那种屈从的厌世感可能会有助于其从心理上应对遍及四方的危机——这种态度只有在命运概念的支撑下才可能出现。但是，即便许多危机所出现的环境离个体非常遥远，人们也不能以上述态度对待之，因为这些危机无论怎样都会给个体生活的环境带来一定的后果。例如，某人会获知周期性的政治危机，或许也会嘲笑政治领导人，并质疑其处理危机的能力。但这类危机中的多数（如经济危机、高失业率以及房地产市场上的困境等情形）都会直接影响到这个人的活动和能力。因此，晚期现代性易于制造危机的这种特性会在两方面产生令人不安的后果。其一，它会加重一种普遍的不确定氛围，无论个体如何试图将其抛诸脑后，这种氛围总会使人感到不安；其二，它不可避免地把每个人暴露在或轻或重的多元危机情形之中，而这些危机情形会威 185
胁到自我身份认同的核心部分。

经验之封存有助于人们抵御多种焦虑，否则这些焦虑就会威胁到本体安全。当然，这种抵御的代价也是巨大的。存在性的问题和疑问引发了一些人类终将面对的最基本的焦虑。总体而言，在现代性条件下，人们不必直接去面对这些问题；它们会被以制度化方式“搁置”，而并非直接以人为方式处理。在对焦虑进行控制这个意义上，此种情形会产生一种悖论。一方面，在普通情境下，个体会受到保护，从而不受那些有可能会使他们坐立不安的问题的干扰；另一方面，每当决定性时刻出现或其他个人危机出现时，本体安全感就有可能立刻倍感压力。

在心理层面上，经验之封存、信任以及对私密关系的寻求三者之间有着密切的关联度。抽象体系有助于形成日常生活中的安全感，但是这一体系所赋予的信任则几乎不会给个体带来任何心理上的回报；抽象体系中的信任括除了无知，却无法提供人际信任所能提供的道德满足感。

经验之封存催生了对生活环境的徒有其表的控制，它有可能会与心理紧张的持久形式相关联。因为存在性问题关注每个人生活的最根本方面，制度化压抑无论如何都无法达至完美境地。此处，我们可以看到一种情感焦虑的强有力根基，尤其是当与后果严峻之风险背景结合起来考虑时，情形更是如此。内部指涉体系的发展所产生的固定参照点的消失，导致了道德焦虑的出现，而这恰是个体永远无法完全克服的。

纯粹关系：压力和负担

在自我的反身性投射中，自我身份认同的叙事存在着固有的脆弱性。形成一个独特的身份认同的任务，会带来一种独特的心理上的收
186 获，但这很显然也会带来一些负担。自我身份认同需要在日常生活变迁的经验的背景以及在现代制度碎片化趋势的背景下被创造并被持续地重构。此外，对这样一种叙事的维持直接影响着身体与自我，并在某种程度上有助于身体与自我的构建。

这些压力对个人生活领域产生了直接的、长远的影响。与极盛现代性的其他方面类似，纯粹关系也是一把双刃剑。它们为建立在自愿的全情投入和强烈的私密行为基础之上的信任之发展提供了种种机遇。当人们获得信任并相对稳固地维持这种信任时，其在心理层面就是稳固的，这主要是由于基本信任和看护者的可信度之间有着密切联系。鉴于这些

联系容纳了客观世界以及人际关系领域中的安全感，故其重要性可见一斑。纯粹关系是自我的反身性投射得以建构的一个重要环境，这是因为它既允许又要求人们形成一种有组织且具有连续性的自我理解，这其实是确保与他人保持持久联系的重要手段。当然，许多实际的关系在对称关系几乎不存在的情境中出现并得以延续，而当每个人都受制于表面上排斥他的那些由他人特质而形成的束缚时，这种实际关系是存在的。但是，纯粹关系中的对称性发展趋势并非只是一种理想，实际上，它们在很人程度上是纯粹关系的固有特性。

治疗的兴起与纯粹关系的出现有着密切的联系，但这并不仅仅（或并不主要）是因为治疗工作有助于治愈此种关系可能带来的心理创伤。治疗的重要性表达了一个事实，即纯粹关系愈发居于支配地位，一种使个体对“自我感觉良好”的更深层理解则愈发重要。这是因为，自我控制能催生开放过程，经由这个过程，希望（或承诺）以及信任得以在纯粹关系中形成。

然而，纯粹关系及其所涉及的私密关系为自我之整合制造了不少负担。当一种关系缺乏外部指涉物时，它会经由“真实性”而在道德意义的层面上形成。真实的人不仅认识自己，而且也能从话语和行为上让其
他人知道这一点。与他人建立一种真实关系，可以为道德支持提供一个 *187*
重要来源，这同样是因为这种关系与基本信任之间有着一种潜在的相关性。但是，由于纯粹关系被切断了与外部道德标准之联系，故当这种关系要为关键时刻以及人生重大转折时刻提供安全感时，这种安全感来源是比较脆弱的。

此外，纯粹关系含有内在的张力甚至矛盾。从严格意义上讲，纯粹关系是一种可被随时中断的社会关系，当且仅当它能为每个个体提供充分的心理回报时，这种关系才得以维系。一方面，它要求关系中的双方全情投入，不仅是对关系中的另一方，而且是对这一关系本身。全情投入同样是纯粹关系的内在特点。另一方面，这一关系却又能被双方以自愿方式终结，而且双方都认为“目前状况良好，如有需要再来调整”。由相关个体以自愿方式来终结这一关系的可能性，也是全情投入的构成部分。不足为奇的是，盛怒、愤懑以及抑郁感广泛存在于纯粹关系的情

境中，并且在某些具体场景中，私密关系在心理上可能会带来更多麻烦而非回报。

“生活在这个世界”：自我的两难困境

在晚期现代性的条件下，我们“在这个世界上生活”与在先前的历史情境下生活大不相同。每个人都依然过着一种本土性生活，而身体的局限性使得任何人在任何时刻都身处具体的时空场景中。然而，场所之转换、远距离活动对本土活动的干扰以及传递性经验的重要性，极大地改变了“世界”的内涵。毫无疑问，不仅在个体的“现象性世界”层面，而且在集体社会生活得以实施的社会世界层面，这一点都是正确的。尽管每个人都过着一种本土性的生活，但现象性世界在很大程度上是全球性的。

在抽象层面，要刻画出每个个体的现象性世界之特征着实是一件难事。构成“周遭世界”的直接经验和传递性经验是多样的，而我们每个人都在以选择性的方式应对着这些多样化的经验源。我们可以确信无疑
188 的是：现象性世界在几乎所有场景都不再与个体活动的惯常场景相适应。不论其被视为一个重要的过程，还是被视为社会生活的惯常部分，本土性早已被远距离影响完全渗透。所有人都主动地（尽管并非总是有意识地）以有选择性的方式把传递性经验的诸多方面整合进日常生活中。这不再是一个随机的或被动的过程，与拼贴画效应带来的影响也是不同的。例如，一份报纸所呈现的是一种拼贴画式的信息，在更广范围上，在某具体国家或地区发行的报纸也都是如此。然而，每位读者对这种多样性有着自己的阅读和信息梳理顺序，如选择哪份报纸来读以及选择报纸中的哪些内容来读。

在某种意义上，对传递性经验的获取既遵循了既定的习惯，又遵守了规避认知差异之原则。这就是说，人们所能获取的过量信息是通过习惯性态度来加以缩减的，而这种态度会剔除或重新解释那些潜在的、令

人不安的知识。从消极观点视之，这种封闭式的思维可被视为一种偏见，是对那些与个体已经掌握的观点和观念不同的观点和观念的严重拒斥。然而，从另一种观点视之，对差异之规避构成了保护壳的一部分，后者有助于保持本体安全感。这是因为，即便是对那些最有偏见或思维最狭隘的人来说，定期地与日常生活中固有的传递性信息进行接触都是一种积极的获取形式，即一种以日常生活惯例来解释信息的方式。显然，某个具体个人对新知识形式有多大的开放度，以及他对差异性有多大的容忍度，这都是因人而异的。但是，无论是最本土性的生活方式还是最全球性的生活方式，所有现象性世界都是积极的成果，也都遵循同样一种基本精神动力机制。

"生活在这个世界"——晚期现代性的世界——在自我的层面上涉及了各种各样独特的张力和艰辛。我们若把这些张力和艰辛理解成一系列两难困境，便能很容易地对它们加以分析。进一步讲，无论在何种层面上，这样的两难困境都必须加以解决，从而保持一种条理清楚的有关自我身份认同的叙事。

统一与破碎

上文提及的两难困境中的第一个便是统一与破碎（unification versus *189*
fragmentation）之间的困境。现代性既是破碎的，也是统一的。不论是在个体的微观层面，还是直至行星体系的宇观层面，分裂趋势和统一趋势总是处于势均力敌的竞争状态。就自我而言，统一的问题所考量的是在面临现代性所带来的程度激烈且范围广泛的变迁时保护和重构自我身份认同的叙事。在大多数前现代情境中，经验的碎片化并非焦虑的首要根源。信任关系经由个人关系得以定位且聚焦，而即便是现代意义上的私密关系也普遍地缺乏这种信任。然而，在后传统秩序中，无限多的可能性不仅体现了行为选择的多样性，而且也体现了"世界"对个体的"开放性"。一如上节所指出的，"世界"不是一个从个体延伸出来的无缝的时空秩序，它经由各种不同的渠道和源头闯入了现实。

然而，在社会体系在规模上是庞大的、在空间距离上是远离个体的这个意义上，我们不应把“外面那个世界”看成是具有内在异化特性和压抑特性的体系。人们通常会在这个现象基础上加以归纳以支持统一的影响，因为这些现象对自我的长期影响不止于分裂和破碎。遥远的事件可能会变得很熟悉，或比最直接的影响更令人觉得熟悉，因而被融合进个人经验的架构中。实际上，“眼前的”情况可能要比影响了数百万人的大规模事件更显得模糊。让我们来看一些实例。某人可能会和12 000英里之外的一位朋友通电话而与其室友则只有寥寥数语，鉴于他们聊天的时长，这个人和远方朋友的关系比他和室友的关系更为亲密。某人可能会熟知某世界政治领袖的外表、个性和政策，但对其邻居的类似信息却一无所知。某人或许会对全球变暖的议题了如指掌，却无法知晓厨房的水龙头为何漏水。遥远或大规模的现象并不必然在个体的心理特征
190 和身份认同“背景上”是模糊的。例如，对全球变暖问题的关注或许会成为某人独特生活方式的构成部分，即使这个人并非一位生态保护主义者。因此，此人或许会密切关注相关的科学讨论，并依据这些讨论所提出的操作性建议来调整自己生活方式的方方面面。

破碎显然是由伯杰和其他学者所强调的影响而催生的，具体而言，这种影响便是互动场景的多元化。在许多现代情境中，个体会卷入各种不同的困境和环境中，而每一种具体的环境都会要求有不同的“得体行为”与之相适应。我们一般都把戈夫曼视为研究该现象的卓越理论家。当个体离开某种情境而进入另一种的时候，他会很敏感地依据特定环境的具体要求来调整“自我的外在形式”。这一观点常被认为含有以下这层意思，即个体面临多少种不同的互动场景就会有多少种自我，这与后结构主义者对自我的解释有几分相似，虽然他们的理论出发点有很大不同。然而，我们仍然不能认为，场景多元化简单并不可避免地导致了自我的碎片化，更不能认为这种多元化会裂变为多元的“自我”。至少在某些环境中，这种场景多元化也可能促进自我的整合。这种情境更像是前文所论及的乡村生活和城市生活之间的差异。人们可能巧妙地利用这种多元化创造一种独特的自我身份认同，后者会以积极方式把不同场景

的元素融合成一个整体性的叙事。因此，一个具有全球化心态的人，确切地说就是一个待在家里却从不同场景中获取力量的人。[4]

一如下文将要论及的其他几种困境，统一与破碎之间的两难困境也有其病变特征。一方面，我们发现有一类人，他们根据一系列固定的承诺来构建自己的身份认同，这种承诺就像是一个过滤器一样使各种不同社会环境得以再呈现或再阐释。这种人就是（强迫性意义上的）僵化的传统主义者，他们反对场景的相对主义。另一方面，当自我消失在斑驳的行动场景中时，我们便发现了一种弗洛姆（Erich Fromm）所说的“威权式顺从”（authoritarian conformity）现象。弗洛姆以下列方式对其进行了具体阐述：

> 个体不再是自己，他完全接受了文化模式赋予他的那种人格。191
> 因此，他便成为与其他人完全一样以及其他人所期待的那种人……这一机制可与某些动物所具有的保护色相比。这些动物与其周遭环境如此相似以至于很难将其从环境中辨别出来。[5]

我们认为，在这样的情境中，虚假自我压倒并遮蔽了体现个体真实动机的原初的思考、感觉和意愿。真实自我所剩余的便是空虚和不真实，但这种真空却不能以不同场景中个体所扮演的“虚假自我”（pseudo-selves）来填充，因为这些情境既由他者的反应所激发，也是基于个体内在主张而形成的。这种情况下的本体安全感的根基很弱，一如僵化的传统主义者所处的情境。当且仅当他人将某人行为视为恰当或合理的时候，他才会从心理上感受到自我身份认同的安全感。

无力与获取

第二个两难困境便是无力与获取（powerlessness versus appropriation）之间的困境。如果说有哪个主题能把几乎所有研究过现代社会中自我问题的学者都联系起来，那么这个主题便是：身处多元和庞大的社会世界时个体会体验到无力感。这一观点认为，传统世界中的个体在本质上能掌控那些对其生活产生影响的因素，相比之下，在现代社会中，这种掌控却让位于外部机构了。一如卡尔·马克思在其著作中详细论述过的，异化的概念在对此问题的分析中居于核心地位。随着生产力的发展，尤其在资本主义生产方式的影响下，个体将其对自身生活环境的掌控让渡于机器和市场的支配性影响。原初意义上的人类便随之异化了，人力被视为客观社会环境产生出来的一种力量。不仅马克思的信徒们表达了类
192 似观点，“大众社会”理论家们的著作中也以某种不同方式体现了这种观点。依据这一观点，现代社会体系发展的程度越深，每个具体个体的自主性被剥夺感就越强烈。在某种程度上，每个人都仅仅是由个体所组成的巨大集合中的一个原子而已。

我在本书中试图要表达的观点与上述论点颇为不同。许多前现代情境中的人们（以及作为整体的人类）比现代情境中的人更加无力。人们通常都生活在小群体和小社区当中，但是，规模小并不意味着力量大。在许多小群体场景中，人们相对而言都无力去改变或逃离他们当时所处的那种社会环境。譬如，对传统的坚持常常是无法更改的。类似的例子还有很多。譬如，前现代的亲属体系非常僵化，以至于个体几乎没有独立行动的空间。于是，我们很难证实一个整体上的归纳，即随着现代制度的建立，绝大多数个体都会（或者感到）比先前时代更加无力。

现代性具有剥夺的特性，这一点是不可争辩的。时空疏离和抽象体系之去技能化效应是现代性带来的最重要的两个影响。即使疏离和无力感并不必然相生相伴，全球化联系的出现以及后果严峻之风险都体现了社会生活的范围，而个体对此则几乎毫无控制可言。类似地，剥夺过程是现代制度不可或缺的组成部分，它不仅触及日常生活的方方面面，而且也延伸至自我的核心。

然而，如果我们以辩证的方式来理解这个过程，并且认为全球化带来了既深且广的变革，那么一副复杂的画面便会逐渐显现。并非所有形式的剥夺都必然会带来再获取的机遇，当然这是在个体行为层面上。多数剥夺过程被脱域所转变，或在抽象体系的入侵影响下被重组，这却是超越相关个体的范围的。但是，其他一些过程使得人们对生活情境的控制成为可能，而这在前现代时期却是无法实现的。

无力感和再获取在不同时代的不同场景中错综复杂地交织在一起：鉴于现代性的动态特征，这两者之间几乎不存在稳定的关系。一个信任 193
他人或信任某种特定抽象体系的人，通常会被认为缺乏对后两者施加重要影响的能力。但是，这种信任却又能产生新的能力。试以金钱为例来加以说明。为了能合理利用自己手中的资金，某人必须要参与到经济交换体系中去（如存入银行或进行投资等），但他对此体系几乎没有任何直接控制力。然而，这一过程又赋予这个人（在充裕资源前提下）多样化的机遇，而这在其他情形下是不具备的。

无力的经验被视为一种心理现象，总是自然而然地与个体所持有的目标、规划和愿望相关联，同时也和现象性世界的构成相关联。个体在人际关系中感受到的无力感，较之于个体在更具容纳性的社会体系的关系中感到的，在心理上或许会有更大的破坏性和更严重的后果。当然，这也会流变成其他形式。例如，对后果严峻之风险的普遍性焦虑也可能导致个体在本土性场景中体验到一种无力感。相反，个人的无力感会“向上”扩散为更为全球性的担忧。我们似乎有理由判断，这样一种联系有可能成为“生存性”心态的基础。一个“幸存者”就是在面临一系列颇具威胁性的个人与社会环境时被剥夺了适当的社会支配力的人。但是，生存主义观点的内涵中既有获取之意也有无力之意。即使某人只将其精力集中于在人际关系（或其他某个具体领域）中生存，我们也不能说他已放弃了所有有关其生活环境的自主选择权。即便是在一个消极的意义上，个体也会明确地寻求主动的支配权——对个体来讲，生存即意味着以一种毅然决然的方式经受住生活带来的磨难并克服之。

同样，无力与获取之间的两难困境也有其病变特征。当某人感觉被现象性世界主要领域中的无力感所压倒时，我们可将其称为一种“吞噬过程”（engulfment）。具体而言，个体会感到被外部的侵蚀力所支配，而他却又无法反抗或超越。他感到或被一种剥夺了他所有行动自主性的强大力量所困扰，或陷入一个事件的大旋涡中而无力挣扎。无力与获取 194
之间的两难困境的另一个极端是一种无所不能的境地（omnipotence）。与所有的人格病症类似，这是一种虚幻的状态。个体的本体安全感是经由一种虚幻的支配力而获得的——似乎是由他从幕后像操控木偶一样操控着这个现象性世界。由于这种无所不能感是一种防御机制，故它是脆弱的，并且也常常在心理上和无力与获取之间的两难困境的另一端相关联。换言之，在重压之下，它有可能转化成吞噬过程。

权威与不确定性

第三个两难困境便是权威与不确定性（authority versus uncertainty）之间的困境。在极盛现代性条件下，社会生活的诸多面向（包括自我的领域）都不再有决定性的权威。然而对权威的诉求却是相当多的，远多于前现代文化中所具有的类似要求。传统本身便是权威的首要来源，它并不限于某个特定制度内，而是遍布于社会生活的方方面面。尽管具有这种蔓延性，但在根本上，传统却是一种单一性权威。尽管在较大的前现代文化中常常会发生不同传统之间的激烈冲突，但在大多数情况下，传统观点和行事方式却是所有这些不同传统之基础。即便在存有竞争性传统的地方，对传统框架的参与也是普遍具有排外性的，故他者便被拒绝于传统之外。

当我们言及具体的权威制度时，宗教毫无疑问居于重要地位。实际上，所有较小的前现代文化都只有一种主要的宗教秩序，不过在这些文化中也不乏对这一宗教秩序持怀疑态度之人，以及那些与正统宗教观念相背离的魔法师和巫师。然而，这些另类秩序几乎无法替代居于支配地位的宗教体系的全局性权威影响。在较大型的传统社会，宗教秩序有时虽会有多元化趋势，却并不具备现代意义上的多元性，即宗教正统要与各种异端相对抗。此外，本土的社群和亲属体系是另外两个稳固权威的
195 来源，它们与传统场景下信任关系之维持直接相关。两者既是“约束性原则”的来源，也是具有强烈规范性强制力的行为模式的根源。

在传统文化中，不论对传统权威的服从程度有多深，都不能够消除日常生活中的不确定性。前现代权威的力量几乎可被理解为一种对日常生活不可预期性以及对人类掌控力之外的影响的反应。宗教权威尤其会

经常性地让个体感到身处威胁和危险之中，因为只有宗教神职人员才能或理解或成功控制这种危险。宗教权威在制造神秘的同时，也同时宣称对这些神秘拥有特许介入权。[6]

在现代的时期，某些传统形式的权威还一直存在，宗教即是一例。的确，正是出于某些与现代性和怀疑之间的密切联系高度相关的原因，宗教非但不会消失，而且会有复苏之迹象。然而，现如今的权威与过去的权威有着本质不同。传统权威之诸形式变成了多数权威的“某种权威”，仅仅是无限多元专门技术的一个构成部分。专家与传统意义上的“权威”有相当大的不同。除了以强力批准和认可的权威（如国家权威和法律权威）以外，其余权威皆基本等同于专家建议。不再有跨不同专门领域的权威，换言之，现代体系中的每个人在社会活动的所有方面都是一个外行。此种情形下，权威便不再能替代怀疑，恰恰相反，专家体系恰是由怀疑原则所生发的，为了评估不同权威之主张，外行人倾向于使用这一怀疑原则，而这也是多元性环境不可避免会带来的后果。

当然，日常生活不能以长期“质疑”的方式去度过。经由专家体系而重新组合的日常生活创造了许多惯常的活动形式，这些形式较之大多数前现代文化场景下的形式有着更高的预见性。通过保护壳，大多数人都从怀疑一切的经验中积存了大量时间，而这种怀疑经验既是对日常活 196
动惯例的挑战，也是对深远的雄心抱负的严重挑战。权威与怀疑之间的两难困境通常能以下述方式得以解决：把惯例和对某种特定生活方式的热爱相结合，并辅以对一系列给定的抽象体系的信任。不过，这样一组“妥协建议”在重压之下也会随之瓦解。

某些人在心理上似乎很难接受（或不可能接受）各种不同且相互冲突的权威的存在。人们发现，在众多权威中自由选择是一种负担，于是他们在一种覆盖全局的权威体系中寻求安慰。于是，偏爱“教条的威权主义”（dogmatic authoritarianism）便是权威与怀疑之间的两难困境在这一极端上的病变。处于此种情形下的个体并不必然是一个传统主义者，但本质上却放弃了批判性判断的能力，以换取由某种能涵盖其生活所有方面的权威所供的确信。我们应该把这种态度和信仰作一番区别。因为信仰从定义来讲是基于信任而形成的。但是，在一个支配性权威中寻求庇护本质上却只是一种服从行为。个体不再需要参与到所有信任关系所假定存在的悬而未决的争论中，相反，他所需要的就是以心理投射之方式对某特定的支配性权威形成认同。领导心理学在此处发挥了重要作用。对权威的服从通常都会以一种对某无所不知的权威人物盲目信奉的方式呈现。

在另一极端，我们发现的病变状态是个人实际上以普遍怀疑之倾向面对一切。在此状态最明显的形式中，这一倾向以一种偏执多疑和意志麻痹的形式表现出来，其表现程度是如此之深以至于个体从日常社会交往中全面退缩。

个人化经验与商品化经验

第四个两难困境便是个人化经验与商品化经验（personalized versus commodified experience）之间的困境。现代性为自我的规划打开了一扇大门，然而这个过程却要在受商品化资本主义标准化效应强烈影响的条件下进行。在本书中，我并未以一种细致入微的方式来探寻资本主义生
197 产方式对现代社会生活的影响。我只想强调以下两个观点，即资本主义是现代性的一个主要的制度性维度，而且资本的原始积累过程是整个现代制度背后的首要驱动力。资本主义的商品化体现在多种意义上。一如马克思所指出的，抽象商品的出现或许是作为一个整体生产体系的资本主义扩张过程中一个最基本的要素。只有当使用价值变得与商品和服务的生产、销售、分配机制不相关时，交换价值才会出现。因此，交换价值使得经济关系有可能摆脱不确定的时空范围的局限。

商品化进一步深深地影响了劳动力。实际上，劳动力本身只有当其作为纯粹“商品”而与整体“劳动”分离的时候才能存在。最终，商品化直接影响了消费过程，特别是伴随着资本主义秩序的逐渐成熟，情形更为如此。经由广告及其他方式所导致的标准化消费模式的确立对经济增长来说至关重要。总而言之，商品化影响了自我的规划以及生活方式

之确立。

我们可以用下述方式来对商品化的长期影响进行一番详细解读。资本主义市场以其不断扩张的那种“驱动力”对传统造成了冲击。资本主义的蔓延使得社会再生产的大部分内容（当然不是全部）被置于产品和劳动力市场中。市场的运作并不遵循固有的行为模式，而后者在很大程度上阻碍了自由交换的产生。在极盛现代性时期，资本主义企业越来越试图影响人们的消费习惯，并垄断生产的条件。从最初开始，市场因其对个人权利和责任的强调进而催生了一种个人主义，但早先这一现象所指涉的是内在于资本主义雇佣关系中的流动自由和订立契约的自由。然而，随后，个人主义逐渐延展至消费领域，即个体需求的指定化特征成为市场体系得以延续之根基。市场所主导的个人选择自由逐渐成为一个无所不包的个体自我表达之框架。

反映在广告领域中的“生活方式”概念的变形，遂成为上述过程之 198
缩影。广告商们使自己逐渐适应了因消费者种类不同而形成的社会分层，与此同时也培育了针对不同群体的具体消费“包装”。在某种程度上，自我之规划被理解为，对某种梦寐以求商品的占有以及对人为设计的生活方式的追求。此种情形的后果是很明显的。对新潮商品的消费部分地替代了真实的自我发展；外表取代了实质，这是因为成功人士消费这一视觉符号在事实上超越了商品和服务本身的使用价值。鲍曼对此有着入木三分的描写：

> 个体对自主性、自我界定、真实生活以及个人完善之需求都转化成了对市场所提供的商品的占有和消费。然而，这种转变与这些商品的使用价值的外在形式相关，而并不和使用价值本身相关。因此，这种行为是不恰当的，而且本质上是在自我摧毁，它会导致暂时的欲望缓和，但最终还是会形成持续的沮丧感……人类基本需求和个人欲望之间的沟壑由市场的支配地位所造成，同时，这一沟壑又是市场再生产之基本条件。市场所赖以存在之基础便是由它所催生的那种痛苦：市场所引发的恐惧、焦虑及不充分感带来的痛苦释放了市场体系延续所不可或缺的消费者行为。[7]

在某些方式上，商品化甚至要比上文言及的特征更为阴险，这是因为自我的规划本身就可能遭到严重的商品化。不仅仅是生活方式，而且也包括自我实现，都被依据市场标准来加以包装和分配。如果以自我实现的商品化生产过程视之，则如《自我治疗》那样的自助性书籍便都是岌岌可危的，因为它们以某种方式偏离了标准化的、包装化的消费手段。然而，当且仅当这些书作为预包装的有关如何“过生活”的理论而进入市场时，它们恰恰落入了它们自己所坚决反对的那种过程。

此处应该厘清的是，一如前文所论及的其他那些现象，消费的商
199 品化并不仅仅是生活领域和固有行为模式的重组。相反，大众市场支配下的消费本质上是一种新兴现象，它直接参与到日常生活条件的持续性重塑过程中。传递性经验在此处发挥了重要作用。大众媒体常规性地呈现出一种生活模式，并暗示这正是所有人应该渴求的；富裕阶层的生活方式以各种可能的方式被媒体呈现在全体人眼前，并被媒体描述为值得效仿的生活方式。然而，更重要且更微妙之处在于，媒体所传达的叙事的长期影响。这种叙事手法并不必然倡导人们都渴望的某种生活方式，相反，它产生的一种叙事连贯性会得到读者或观众的强烈认同。

毫无疑问，肥皂剧以及媒体娱乐的其他形式，都是一种逃避手法——它们替代了常态社会条件下所无法获取的真实满足感。然而，更重要的或许是这些娱乐形式所提供的叙事形式，这种形式为自我叙事的构建提供了一定的蓝本。肥皂剧靠着观众所熟知的程序化方式把故事情节之可预期性与偶然性巧妙糅合在一起，而这种程序化方式在令人欣慰的同时也带来一丝丝不安和恐慌。肥皂剧还把偶然性、反思和命运混杂在一起。于是，我们可以感到，形式比内容重要；在这些故事中，个人获得了对其生活环境的反身性控制感，这是一种叙事的连贯感，它平衡了现实社会情境中获取自我叙事之艰难。

然而，不论是在个体层面，还是在集体层面，商品化并非永远没有反对之声。即便是最受压抑的人，也会对冲击他们生活的商品化过程作出富有创造性和诠释性的反应。这在传递性经验和直接消费过程中都是有真实案例支撑的。对传递性经验的反应不能纯粹以它们所传播之内容

来对其进行评估，这是因为个体会主动在各种有效信息中作出区分，并以自己的方式对其进行再阐释。即便是年幼的儿童也会以真实程度来评价电视节目，指出其中哪些完全是虚构的，并把这些节目当作怀疑、嘲笑和幽默的客体。[8] 商品化在集体层面上并未大获全胜这一事实对个体经验来讲也相当重要。例如，空间作为脱域进程的一个基本构成部分而 200
被商品化，但是，空间并不就因此而完全变得商品化或服从于商品生产之标准化影响。人类所营造之环境的诸多方面及其他空间形式，都表明了一个去商品化的模式，这当中当然少不了人类行动者的主动参与。商品化是催生内部指涉体系的主要驱动力，不过，一如下节将要论及的，美学和道德经验上的外部支撑不会彻底消失。

正是在这样的复杂背景下，我们才能理解个性化（individuation）的过程。自我的反身性规划，在某种程度上，必然会反抗商品化之影响，然而并非商品化的所有方面都不利于这种反身性规划。严格按照定义来理解，市场体系会生产各式各样的商品和服务，以供消费者选择；在本质上，商品化过程的结果就是选择之多元化。商品化也并不简单等同于标准化。在上文所言及的大众市场中，生产商的兴趣固然是要确保相对标准化的产品的大规模消费，但是，标准化也常常被转化成一种形塑个体属性的方式。一如前文所举的那个服装的实例。不管标准化影响和其他影响力量如何决定了个体之选择，个体仍能在为大众市场所生产的服装中挑选不同样式和款式。

与商品化影响首先关联的一种主要的病变行为便是自恋，在普遍意义上，拉希的观点是立得住的。当然，自恋也有其他来源，尤其是作为一种人格发展中的根深蒂固的现象时更为如此。但是，在消费主义的大背景之下，当且仅当商品化将外表提升为价值判断的标准，并把自我发展视为一种展示的时候，自恋主义特质才有可能变得很明显。同样，个性化也有其病变的那一面。所有的自我发展都依赖于个体对针对他人的适当反应之准确把握，与他人都“不同”的个体则无法通过反身性方式来形成一个连贯的自我身份认同。过度的个性化与自大的概念密切相关，个体无法找到一种“足够冷静的”自我身份认同，从而符合社会情 201
境中他人的期待。

自我的两难困境

统一与破碎：自我的反身性过程吸纳了诸多背景性事件和传递性经验，而其具体进程亦须经由此而形成

无力与获取：现代性所赋予的生活方式选项提供了诸多获取的机遇，但也催生了一种无力感

权威与不确定性：在缺乏终极权威的环境中，自我的反身性过程必须要在全情投入和不确定性之间把握一个方向

个人化经验与商品化经验：自我的叙事须建构于个体之获取受消费的标准化影响所左右的情境中

基本动力机制：无意义感造成的威胁

如果截至目前的所有分析都是准确无误的话，那么个体在自我的反身性规划的场景中遭遇上述两难困境，便会在内部指涉体系普遍流行的背景下发生。换言之，自我的反身性规划必须要在某种特定情境下展开。具体而言，这个情境限定了个体对一些最基本问题的参与，而这些基本问题是人类存在这一事实向我们所有人提出的。自我的规划必须要在一个技术性有竞争力然而在道德上贫瘠的社会环境中以反身性的方式获得。在根本上影响生活规划（及上文提到的每一个困境）便是“个体无意义感”（personal meaninglessness）逐渐逼近的威胁。

理解这一因果进程的最佳出发点，便是要理解无处不在的抽象体
202 系。现代的日常生活比前现代情境中的生活更加具有可计算性。这种可计算性不仅在稳定的社会环境条件中得到体现，而且也在个体通过调整自己与周遭世界的关系的长期反思中得到体现。个体无意义感所造成的威胁通常可被牵制住，这是因为惯常化的活动和基本信任一起有助于本体安全感的维持。令人不安的、潜在的存在性问题被内部指涉体系中日常活动之受控特性所化解。

换言之，掌控替代了道德。为了能控制个体的生活环境，成功地殖民未来及生活在内部指涉体系的范围中，在诸多情境下，都能使社会和

自然结构中的事物成为生活行动的安全背景。甚至是治疗（作为自我反身性规划的标准案例）都可以变成一种控制现象，而这种现象本身就是一种内部指涉体系。基本信任是保持个人与社会活动的有意义感的必要因素。基本信任以一种想当然的态度把世界看成“正确且适当的”，从而平息了有可能出现的恐惧情感。然而，一如前文所论及的，当且仅当这种控制是源自内部指涉体系的时候，这种态度才显得非常脆弱。实际上，我们可以这样认为：自我的反身性规划越开放且越普遍化，在现代制度的核心就越可能出现一种被压抑者的回归。

被压抑者的回归

被压抑者的回归将会发生在何种社会环境或社会面貌中呢？我们可以列出如下几个要点：

（1）在决定性时刻，个体被迫去面对一个处境，即以反身性方式形成的抽象体系的正常运作通常都不涉及良心等问题。决定性时刻必然会扰乱惯例，而且常常会以一种较为极端的方式行事。因此，个体被迫去重新思考有关其现在和未来规划的一些基本方面。或许决定性时刻可以 203
在内部指涉性体系中得以妥善处理。但是，正像它们常常为个体设置困难一样，它们也常常给与这一个体有着密切联系的人设置困难。这便把事情推至外部考量上来。当然，决定性时刻的概念有着很宽泛的内涵，但许多类似的时刻却非只是个体处于困境的时候，而是若不参照道德与存在标准，这些困境便无法解决的时刻。在决定性时刻，对个体而言，纯粹地依据风险场景来做连续性思考或纯粹地把对行动的潜在过程之评估限定至技术性参数上，都是极其困难的。

生活中大多数主要转折点所代表的都是外部标准迫使生活重回轨道的那些时刻。出生和死亡是无生命和有生命之间的两个主要转折点，其更为宽泛的存在性含义是较难避免的。在这两种情形中，制度化的体系把这些经验及其附带的含义与其他经验隔绝开来。在前现代文化中，生育和死亡的过程当然不会在整个社会的众目睽睽之下进行。但是，这些过程通常会发生在家庭或群体场景之下，它与传统习俗有着密切联系，同时也与对代际传递的宏观解释紧密相关。而现如今，上述两个过程都倾向于在医院那种被隔离的环境中发生，并且被当成一种离散的现象来对待。它们既不与代际循环有什么关联，也不与有关人类和非生命的自然之间的关系之广泛道德话题存在任何明显的关联。两者中，死亡更趋于彻底的隐藏，这主要是因为依据外部标准的回归来看它更加危险。生育是一个创造生命的过程，并且可以通过技术手段来加以控制，死亡过程则只能被视为控制的丧失。具体而言，死亡似乎是无法被精确了解的，这是因为它恰恰是控制消失的原点。

我们恰恰应该在这个意义上把有关表现死亡过程的文学理解为更广范围的公共讨论的议题。[9] 这种倾向有很多制度化的表现形式，其一就是作为某种特殊环境的医院的发展。在这一环境中，人们可以讨论和直
204 面死亡，而不仅仅是将其从一般观点中排除出去。很多学者都曾指出，现代社会缺乏“生命礼仪”（rites de passage）这样的基本仪式，具体而言，即生命开始和终结这样的基本转折点。大多数参与讨论者都强调，如果没有程序化的仪式和集体的参与，个体就无法以结构性方式来应付由此而产生的焦虑。集体仪式在转折时刻为群体提供了团结一致的核心精神，并为那些参与者安排了明确的任务，如明确好固定的吊唁时间以及与此相关的行为准则。

这一论点或许确实有理有据。然而，伴随传统仪式而消失的是一些更加深刻的事情。生命礼仪把那些涉及的人置于更广泛的宏观力量中，把个体生活与更广泛的存在性问题相关联。传统礼仪以及宗教信仰则把个体行为与道德体系以及那些关乎人类存在的基本问题联系起来。不论仪式的体验如何模糊，也不论它们与传统宗教话语有何种程度的联系，仪式的消失便是对这种体系的参与的消失。在严格的神学领域之外，我们对死亡的讨论在很大程度上已变成：一谈到死，其假设前提一定是疾病。例如，在艾滋病的问题上，令人不安的倒不是这种疾病本身，或者说也不是这病的后果（它能致死），而是这一疾病会在年轻人中出现，以及会在两性行为中传播。只有在英年早逝的情况下，死亡才是

一个问题，即某人（在特定风险之下）未能活过生命预期可能含有的所有历程。

（2）我们可能会发现，有一种被压抑者的回归会努力去促进各领域的去监禁化（decarceration）。去监禁化的起源毫无疑问是复杂的。例如，建立开放式监狱或在社区中对犯人进行改造的尝试，以及靠社区关爱的方式来对待心理疾病等方案，或许部分是受经济驱使而被提出的。但是，这些变迁中的一个重要因素则是改良主义之信念。这种信念认为，把社会中的“失常者”从“正常者”中分离出去，这在道义上是不正确的。表面上看，去监禁化似乎是一种对失常者的“纠正过程”，即一种让犯人去密切接触正常人的做法。然而，这也可能是另一种情况，即鼓励“正常”人去面对潜在的令人不安的问题，而这些问题都是由那 *205*
些不遵守规范社会生活的重要准则的人所造成的。

一如许多作者所指出的，在传统文化中，与心理疾病者接触常被看作一种评价某种精神体验或神圣真理的方式。现如今，这种接触已经不可能再产生出这种情感了。从另一方面来说，心理疾病（尤其是各种各样的精神分裂症）在提醒我们，人们赖以对社会现实经验和更为一般化的存在性参量加以秩序化的社会习俗是非常脆弱的。例如，妄想症式的精神分裂可能会引发我们反思，即为何我们没有从他者角度来看待恶毒行为，或者是在街上发生的身体间的突然碰撞。“听见圣音”（hears voices）的人可能并未真的与上帝有沟通，却会引发我们重新思考我们自己的所谓“常态”：也许我们存在的一些想当然的（建立在基本信任之上的）认识应该遭到质疑。

福柯认为，疯癫代表了所有从现代理性的崛起中被排除出去的东西，但我们无须这样一种有关疯癫的高贵观点便可知晓，心理疾病揭示的是有关我们存在的受压抑的方面。戈夫曼对心理疾病的观点或许比福柯更有见地。他认为，心理疾病体现了特定人群不愿或不能遵循日常交往中某些最基本“情境利益”时的状态。如果我们看看世俗生活的“另一面”，就会发现它揭示的是不确定的关联性，甚至是主观臆断之特点。心理疾病患者（或者说他们中的特定群体）实际上生活在一种恐惧当中；一如加芬克尔的“信任实验”所揭示的，日常社会互动中的建构性习俗压制着这些恐惧。

（3）我们可以在两性行为中追溯到一种被压抑者的回归。激情变得私人化了，但是其意义和反响却远没达到私人化效果。性已成为追求私密关系的一个重要因素，但是它所揭示的问题和激发的情感，却并不局限于两人之间的关系。现如今，人们常常会在亲密的性关系中找到生活中最大的道德满足感。从某个角度来讲，这一现象可视为道德目的与存
206 在意识减退至纯粹个人领域中的一种现象，这是一种与经验之封存的一般过程相对应的一种退缩。然而，与此同时，性也从这些束缚中挣脱出来，而且它或许也是“激情”的更深度内涵借以被重新发现之手段。性逐渐与生殖并进而与生死的宏观进程相分离。但它仍保持一种与配偶间自我主义关怀相分离的道德责任和可被普遍化的重要意义。性不可能彻底同道德感和潜在悲剧相分离，因为在坠入罗曼蒂克爱河之前，性爱与这两者通常是联系在一起的。[10] 福柯所说的性的现代性话语的假设前提，在某种程度上体现的就是对上述联系的承认。性一方面拒绝介入人的生活，另一方面也以道德上超越的条件和经验来赋予人类生活以实质形式。

一如阿尔贝隆尼所指出的，坠入爱河的体验（而不是日常的性行为）遂成为上述现象之缩影。与大多数的性形式不同，坠入爱河是一种强烈的、令人愉悦的、超乎寻常的感受。“在这个时候，性成为一种手段，生活可借此去探索可能性的边界，以及去探索想象力和自然的范围。”[11]

（4）我们也可在以重构传统来应付现代社会状况的新要求这一逐渐成形的想法中来找寻一种被压抑者的回归。当然，现代社会中的诸多方面仍存有传统要素，尽管它们常常是碎片化的，并且也只影响着部分的人类行为。此外，现代社会生活的一些“传统”特征，实际上仅仅产生于现代性的早期。[12] 它们是概述和代表现代社会倾向的方式，而并非与深深沉淀着的过去相联系的手段。

现如今，我们能发现一个试图重建消失的传统或创建新传统的明确趋势。一如我们在上一章所言及的，传统能否在极盛现代性条件下被有效重建，是很值得怀疑的事情。传统丧失了其理论基础，更为彻底的反

身性联合专家体系渗透至日常生活的核心。“新传统”的建立是前后矛盾的。然而，相对于现代进步主义“不断改进”的观点，回归日常生活的道德恒定性源头则是非常有意义的现象。它的意义并非构建一种对现代性的“浪漫主义的拒绝”，而是一个超越由内部指涉体系所主导的世界的初步尝试。 207

（5）与上述几点较为不同，我们此处要略微提及宗教信仰和信念的复苏。宗教的符号和规则并非过去的残余，实际上，宗教的复活（或更宽泛一点说，精神层面的关怀）在现代社会也相当普遍。何以至此？毕竟，现代社会理论的每一位奠基者（如卡尔·马克思、涂尔干和马克斯·韦伯）都认为宗教会随着现代制度的扩展而逐渐消失。涂尔干承认在宗教中确实存在某些“不朽之物”，但是这些“不朽之物”并非传统意义上的宗教，而是在较为世俗情境中作为政治理念之赞颂而保存下来以显示集体的团结一致之象征。

宗教不仅没有消亡，而且我们随处可见以崭新面貌出现在世人眼前的宗教感悟和精神寄托。这一现象的原因与晚期现代性的根本特征密切相关。本应成为日益服从于特定知识和控制的社会与自然世界，却转而创造了一种体系，在这一体系中，相对安全的领域与极端怀疑和不平静的风险场景交织在一起。宗教在某种程度上催生了一种信念，认为现代性应被制止，从这一点便可看出原教旨主义具有独特吸引力的原因。但这并非全部。新形式的宗教和精神修行在最基本的意义上代表了一种被压抑者的回归，这是因为它们直接诉诸的是人类存在的道德意义等问题，而这些问题又恰恰是现代制度要彻底加以瓦解之物。

（6）社会运动的新形式代表了一种集体对被制度所压抑的生活领域之再获取的尝试。虽然这些新出现的宗教派别有着非常明显的差异，不过近来的一些宗教运动仍然得归入此列。但是，其他一些新兴社会运动尤其重要，它们体现着对现代社会生活基本制度的持久反抗。尽管（某 208
种程度上是由于）这些社会运动诉诸的问题先于现代性的影响，但仍不影响其重要意义。女权运动便是一例。在其早期阶段，女权运动在很大程度上关注的是确保女性享有与男性相同的政治和社会权利。然而，在其当前的阶段，这一运动所诉诸的是社会存在的基本问题，并制造了一种社会应进行急剧变革的压力。生态与和平运动也是这种对晚期现代性的感悟的重要构成部分，某些争取人权的运动也是类似情形。所有这些社会运动（虽然有内在差异）都极大地挑战了支撑现代性这一伟业的基本信条和组织原则。

我们会在下一章更加全面地讨论被压抑者的回归这一问题。极盛现代性时期是发生重要转型的时期——并非仅仅是现代性无止境的动力机制的延续，而是预示着将有更深刻的结构性转型。内部指涉体系的扩展已达到其外部的极限，在集体层面以及在日常生活中，道德性和存在性问题重新占据了核心位置。虽然这些问题所关注的是自我实现的过程，并进而也延伸至全球发展问题，但它们的出现则要求我们要重构社会制度，并且不仅要提社会学领域的问题，更要提关乎政治的问题。

注 释

［1］参见 Dorothy Rowe，*Living with the Bomb*（London：Routledge，1985）；Robert Jay Lifton and Richard Falk，*Indefensible Weapons*（New York：Basic，1982）。

［2］Arnold Gehlen，*Man in the Age of Technology*（New York：Columbia University Press，1980）.

［3］参见 Jürgen Habermas，*Legitimation Crisis*（London：Heinemann，1976）。

［4］参见 Claude S. Fischer，*The Urban Experience*（New York：Harcourt Brace Jovanovich，1984）。

［5］Eric Fromm，*The Fear of Freedom*（London：Routledge，1960），p. 160.

［6］W. Warren Wagar，*Terminal Visions*（Bloomington：University of Indiana Press，1982）.

［7］Zygmunt Bauman，*Legislators and Interpreters*（Cambridge：Polity，1989），p. 189.

［8］Robert Hodge and David Tripp，*Children and Television*（Cambridge：Polity，1989），p. 189. 也可参见 John Fiske，*Understanding Popular Culture*（London：Unwin Hyman，1989）。

［9］尤其参见 Norbert Elias，*The Loneliness of the Dying*。

［10］Niklas Luhmann，*Love as Passion*，第 13、14 章。

［11］Francesco Alberoni，*Falling in Love*（New York：Random House，1983），p. 13.

［12］Eric Hobsbawm and Terence Ranger，*The Invention of Tradition*（Cambridge：Cambridge University Press，1983）.

第 7 章
生活政治的勃兴

假设危机四伏的最小自我概念是确凿无误的，那么自我不仅彻底 209
和政治领域相隔离，而且还是经由一种对政治的防御性排斥而构建起来的，其偏好就是一种被严格限定的个人领域。于是，在这种观点之下，仍以对政治关怀的探索来总结本书的研究便显得较为怪异了。但我仍想强调的是，不仅本书之前所有章节中所阐述的观点均具有政治意涵，而且它们还关乎政治行为之重构，以及极盛现代性时期最为根本的诸多问题。

西奥多·罗萨克认为："我们生活在这样一个时代，发现自我身份认同以及实现自我命运之私人体验，早已在很大程度上变成颠覆性的政治力量。"[1] 罗萨克进一步指出，拉希等其他批评家们错把自我发现的新思潮认作"老一辈的现代"个体的自我吹嘘，他们未能分清促成个人成长新型冲动与对个人利益和物资积累的资本压力之间的界限。我同意这一观点，当然我的论证方式是不同的。在我看来，自我的反身性投射本身并不是颠覆性的，相反，自我成长的思潮标志着晚期现代性的重大社会转型。这些转型便是贯穿本书始终所强调的那些——正处于萌芽状态的制度性反思、社会关系经由抽象体系而得以实现的脱域以及本土与全球之间的相互渗透。用政治议程的话语来讲，我们可以将其分为解放
的政治（emancipatory politics）与生活政治（life politics）来把握其意 210
涵。在下文中，我将首先对前者进行一番论述，但后者才是与本书主题

更为直接相关的概念。如果读者发现本章开篇就论述解放的政治似乎与主题的相关性不大，那么请诸位少安毋躁，因为在本章行将结束之时，这一问题将会变得相当明朗。

何为解放的政治？

自现代时期的早期发展以来，现代制度的动力机制便刺激了（并在某种程度上得益于）人类解放之观念。最初，这个观念意味着人类从传统和宗教的教条性规则中解放出来。通过将理性方法应用于科技领域以及人类社会生活领域，人类的活动逐渐摆脱了固有的束缚。

在克服了过于简单化的困境后，如果我们认定理解现代政治总共有三种总体性路径——激进主义（包括马克思主义）、自由主义和保守主义，那么我们可以说，解放的政治对这三者均有重要影响，当然其影响方式是不尽相同的。自由主义政治思想家和激进主义者一样，都试图将个体和更普遍化的社会生活条件从固有的习俗和偏见中解脱出来。但是，自由的最终获得不仅要经由个体的不断解放，而且要在一种自由状态中而非通过一个设计好的革命过程方能实现。而保守主义从其定义来看就对现代性解放的可能性带有一种偏见。但是保守主义并不具备独立存在意义，亦即它是作为解放的对立面而存在的。具体而言，保守主义既是在反对自由主义和激进主义思想的过程中逐渐发展起来的，也是在对现代性脱域倾向的批判中发展起来的。

我将解放的政治定义为一种一般化的观点，它的首要关注点是将个体和群体从影响其生活机遇的种种束缚中解放出来。解放的政治包含两
211 个主要的因素：其一，试图卸下传统枷锁之努力，并因此对未来抱有一种改造的态度；其二，试图完成克服某些个人或群体支配另一些个人或群体的缺乏合法性的统治这一目标。第一个目标促进了现代性正面推动力的形成。与固有的传统习俗决裂使得人类可对其生活环境保持一种持久的社会控制。当然，有关这一目标该如何实现的问题引发了哲学上的

主要争论。有些学者认为，解放的驱动力是受制于偶然条件的，该条件在社会生活情境中的运作方式与其在物理世界中的运行方式基本一致。而另一些学者则认为（这一观点相对更加可信）解放的驱动并非简单的因果关系，而是一种反思关系。人类可以以反身性方式“利用历史来创造历史”[2]。

将人类从传统束缚中解放出来基本上反映了现代性的特有属性——把先前对人类活动产生决定影响的社会与自然世界置于人的掌控之下。解放的政治只有在对人类进行区分之后才具有一定的实质性内容。本质上，解放的政治就是“他者”的政治（politics of others）。当然，对马克思来说，阶级是解放的力量也是历史的推动力。人性的普遍解放将通过一种无阶级秩序的出现而实现。而在非马克思主义者看来，解放的政治也要对人类中的一些其他区分赋予重要意义，如种族之区分、性别之区分、统治阶层与非统治阶层之区分、富国与穷国之区分、当前一代与未来一代之区分等，都被赋予了重要意义。但是，在所有解放的政治情形中，其目标或为将无特权群体从其不幸的境况中解脱出来，或为消除所有这些群体中的相对差异。

解放的政治在权力的等级化观念情境下得以运作，在此，权力被理解为个体或群体将其意志施予他人之上的能力。一些重要概念以及导向性的目标尤其具有这种政治的主要特征。解放的政治主要关涉的是减少或消除“剥削”（exploitation）、“不平等”（inequality）和“压迫”（oppression）。毫无疑问，不同学者对这些概念有着不同的界定。不过，由于本章所主要关注的并非解放的政治的实质，我将不会对此展开系统 212
的论述，只是点到为止。一般来讲，剥削假定某个群体（如与工人阶级相比的上层人物、与黑人相比的白人、与女人相比的男人）以缺乏合法性的方式垄断了被剥削阶级所无法获得的资源或急切想得到的商品。不平等可以指代稀缺资源的任何差异，但其首要指代的还是获取物质报酬上的差异。例如，不同于一般遗产继承上的不平等，在获取物质报酬上的差异是现代性生产机制的重要构成部分，并因此在理论上（并非在实际中）能够被调节至各种想要的程度。压迫直接就是一种差异性权力，它可被某一群体用以限制另一群体的生活机遇。一如解放的政治的其他方面，将人民从被压迫的遭遇中解放出来这一目标，本身就暗含对道德价值观的接受。当且仅当差异性权力被证明在道德上不具备合法性之时，“正当的权威”方可对加之于身上的压迫罪名进行自我辩护。

解放的政治把“正义”、“平等”和“参与”当作首先要实现的目标。一般而言，这三个目标与上文所区分的三种权力类型相对应。它们都有不同的变化形式，并且或多或少都有些实质性的重叠。

正义的准则限定了哪些行为可被视为剥削，反之，也限定了一种剥削关系何时能成为在道义上合情合理的权威。无政府主义认为，某种社会秩序中不仅剥削而且权威本身都不再存在的时候，该秩序才是可行的。于是在这个意义上，此处可以无政府主义为例来说明。在某些学派看来，促进平等被看作其首要的价值，并且也不时被视为解放的政治的首要目标。然而，绝大多数激进主义和自由主义思潮却都把某些不平等看作是合理甚至是可取的，如物质上的不平等即被认为是正当的，这是因为它们能提供进行有效生产的经济激励。而参与是与压迫相对立的范畴，这是因为它鼓励个体或群体去对有可能施之于其自身的政策施加影响。正如等级化的权力并不必然比任何本身就带有剥削性的权威导致更
213 多压迫一样，区分不同层级的参与度也不会损伤民主参与的理想。

由于解放的政治首要考量的就是克服剥削、不平等或压迫的社会关系，因而其基本导向也就倾向于“远离”某物而非“朝向”某物。换言之，解放的实质几乎不涉及造就或带来新鲜事物，而是指个体或群体在有限的束缚框架下发展其潜能的一种能力。自启蒙运动以来，绝大多数进步主义思想家（当然也有很多例外）都不愿以乌托邦式思维来进行思考，便是这种倾向的表现。卡尔·马克思的著作便是其中的绝佳实例。“乌托邦式的社会主义”为众人所回避，主要是因为它为人们理想中追求的社会赋予了太过具体的形式。我们不能提前就人们应如何在此种社会秩序中生活等问题而设定好各种规范，这恰恰应该等此种社会秩序成为现实后，留给要在其中生活的人们去解决。

如果说在绝大多数解放的政治的具体形式背后存在一种调动人类行为之原则的话，那这可能就是自主原则（principle of autonomy）。[3] 解放意味着，集体生活以如下方式被组织起来，即个体在其社会生活环境

中有能力进行自由且独立的行动。此处，自由和责任达至某种平衡。个体从置于其行为之上的束缚中解放出来，而这束缚均为剥削、不平等或压迫条件的结果。但是，这并不意味着个体获得了完全的自由。自由假定人们要在他人关系中承担其责任，并且承认在个体行动中会涉及集体义务。罗尔斯的《正义论》为解放的政治提供了一个非常著名的例证。[4]以正义的主题观之，规范行动自主性的基本条件已被算出，罗尔斯所论证的那种正义的情形，就是一种有秩序的解放。但是，有关个体和群体在一个正义秩序中应如何行动等问题却不在其讨论范围中。

同样值得一提的是哈贝马斯从交往理论的角度来建构解放的政治的努力。[5]哈贝马斯认为，理想的言谈情境（ideal-speech situation）在所有语言中都普遍存在，它提供了一种更加充满活力的解放的版本。社会情境越接近理想的言谈情境，基于自由和平等个体的自主行动之上的社会秩序便越有可能出现。个体可以根据具体情形自由地对其行动作出选 214
择；在集体层面上，人类也会作出类似选择。至于那些选择具体是什么内容，我们却知之甚少。

生活政治的本质

生活政治假定上文所论及的两个主要方面都已存在（特定程度的）解放——从固化的传统中解放以及从等级化的支配条件下解放。如果我们简单地认为生活政治所关注的是个体获取一定程度的自主性之后的事情，那么这未免有冒犯之嫌，因为生活政治也涉及了许多其他因素。不过，这种看法毕竟为我们提供了一个认识生活政治的初始方向。生活政治并非主要关涉那些使我们得以自由作选择的条件，实际上它就是“有关选择的政治”。如果说解放的政治是一种生活机遇的政治，那么生活政治便是一种生活方式的政治。生活政治是关于一种以反身性方式而调动起来的秩序的政治，这一秩序便是晚期现代性的体系，它在个体和集体层面上都极大地改变了社会活动的存在性参数。生活政治还是关于在一种以反身性方式组织起来的环境中进行自我实现的政治，在这一具体环境中，反身性将自我和身体与全球范围的体系关联起来。在这一活动领域中，权力是生成性的而非等级化的。在前文章节所讨论的严肃且丰富的议题这一意义上，生活政治就是生活方式的政治。接下来，我将为生活政治给出一个正式的定义：生活政治所关涉的是后传统场景中进行的自我实现过程所引发的政治问题，在这种场景中，全球化进程强烈地影响着自我的反身性投射，同时自我实现之过程也极大地影响着全球策略。

对生活政治的关注直接源自本书的主题，故我将在下文逐一展开论述。尽管生活—政治的议题可被追溯至非常久远的历史中，但生活政治仅仅是在极盛现代性被加强之后，以一组完全独特的问题和可能性之形式而出现的。一如前文所论及的，对生活政治的关注预示了未来的某种意义深远的变迁，即现代性“另一面”上社会秩序的发展。

215

解放的政治	生活政治
1. 将社会生活从固化的传统和习俗中解放出来	1. 源自选择自由和生成性权力（即作为转换能力的权力）的政治决策
2. 减少或消灭剥削、不平等或压迫。关注的是权力和资源的差异性分配	2. 形成一种在全球背景下能促进自我实现且在道德上合情合理的生活方式
3. 遵循由正义、平等和参与规范所提倡的行事规则	3. 在后传统秩序以及在存在性问题的背景下形成有关“我们应如何生活”的伦理问题

应当重申，生活政治是一种有关生活决策的政治。那么，这些决策的具体内容是什么？我们又该如何设法对其加以概念化？首先便是影响自我身份认同的那些决策。一如本研究所试图证明的，自我身份认同在当今是一种通过反身性方式而获得的成就。自我身份认同的叙事需要在与不断变迁的本土和全球社会情境的关系中被形塑、修正并以反身性方式被保持。个体必须以这种方式把多元化的传递性经验所产生的信息与本土的实际生活相整合，从而使未来的投射与过去的经验得以通过一种合理且连贯的方式实现联结。而只有当个体能形成一种内在真实性时，这样的整合和联结才能实现。具体而言，那种内在真实性指的是，在不

断变迁的社会事件的背景下，经由把生命历程理解为一个统一体的手段而形成的一个基本信任框架。在给定的不断变化的外部情境下，以反身性方式而组织起来的自我身份认同叙事，为有限的生命历程提供了保持连贯性的手段。因此，从这一点来讲，生活政治关注的是由自我的反身性投射而产生的争论和角逐。

在探求“个人的即是政治的”（personal is political）这一理念的过程中，学生运动——尤其是妇女运动——是这种意义上的生活政治的先驱。当然，在模棱两可的意义上，我们是可以这么理解的。学生运动的参与者们，尤其是那些与“情境主义”（situationalism）有关的人，试图把个人举止与“生活方式上的抗争”作为一种向官方进行挑战的形式。参与者们想表明的不仅是国家权力的方方面面均体现在日常生活中，而 *216*
且他们认为，通过彻底改变惯常的日常生活模式，他们可以在事实上威胁国家权力。然而，以这种方式视之，个人的政治仅仅隐隐约约预示了生活政治的来临，但实际上仍更加接近解放的政治之形态，因为其目的仍是以生活方式作为一种反抗（或消除）压迫的手段。

相对更贴切而言，女权主义可被认为打开了生活政治的重要领域——当然，解放的关怀仍是妇女运动最根本的关注点之一。至少就其当代形式而言，女权主义在很大程度上要优先考虑自我身份认同的问题。曾有人贴切地说：“不满足于家庭生活的那些女性，她们离开家的每一步都会使她们的个人问题带上政治的烙印。”[6] 当女性逐渐走出家门的时候，我们可以说她们为自身的解放做出了卓越贡献。然而，女权主义者不久就会发现，对解放了的女性而言，身份认同的问题又凸显出来了。这是因为在把自身从家庭及琐事中解放出来之后，女性仍面临着一个封闭的环境。女性的身份被严格依据家庭和家庭成员来界定，这种限定如此严格，以致她们在“跨出家庭”走进社会情境之后发现，在社会上所能获得的身份都是男性固有形象所决定的。

当贝蒂·弗里丹 20 多年前首次提出“无名之问题”的时候，她所指的是，做妻子和母亲并未让许多女性实现她们所向往的（尽管她们对之知之甚少的）生活。[7] 弗里丹对此问题的深入分析把她引入有关身份认同和自我的讨论中。“无名之问题”后来演变为“我想成为何人”的问题[8]。弗里丹专门把她自己年轻时的经历与这一问题相联系。当她刚从大学毕业的时候，她感到自己将来的生活会有很多选择，比如想要成为一位职业的心理学家。但是，她后来并没有继续攻读博士学位，就连自己都不知放弃这个职业梦想的原因是什么。她后来结了婚，生了孩子，逐渐变成了一个住在市郊的家庭主妇，但实际上，她一直以来都压抑着自己生活缺乏目的而产生的那种不安。最终，她挣脱了这个牢笼，承认并面对了自我身份认同这一重大问题，并认识到她需要在家庭之外获得自我实现。

217 弗里丹清楚地表明，她对个人身份的深深忧虑，恰恰是因为现如今女性有更多选择这一现实。也正是在这样一种备选选项多元性的情境下，女性才能认识到，现代文化并没有“满足她们形成并实现人的潜能的基本需求……”[9] 弗里丹的著作以对生活投射的讨论作为结论，在她看来，生活投射是帮助女性在之前未曾探索过的公共领域中形成新的身份认同的重要手段。她所提出的“女性的新生活投射”预见了诸多后来都成为现实的自助手段。新生活投射包括对个人成长的全情投入、对过去的再思考和再建构（以拒绝“女性的奥秘”而实现）以及对风险的承认。

生活政治、身体与自我

如今，距弗里丹那本振聋发聩的著作首次问世已过去近半个世纪，那些最初似乎仅仅与女性相关的问题，现在都与性别身份认同这一相关现象绑定在一起。性别身份认同是什么？它应该以何种方式表达？这些问题本身就已经变成了多选题——其范围甚至包括个体是否保持与其出生时相同的（解剖学意义上的）性别这种选择。当然，自我身份认同的政治并不局限于性别区分。我们愈发以反身性方式按照普通人的标准来“塑造自己”，“人”或“人类”这些范畴的内涵就愈发引人注目。许多实例都能说明这个问题。例如，当今有关堕胎的争论似乎就集中在身体上，或身体的“主人”对其“产物”的权利之上。但是，有关堕胎的争论也开始关注胎儿是否可被视为人，而且如果是的话，究竟在其发育的哪一具体阶段可被视为人。在这一问题上，与生活政治领域中常出现的问题一样，出现了跨哲学定义、人权和道德等诸多领域的综合性问题。

一如上文堕胎案例所显示的，要想将关涉自我身份认同的生活政治议题与那些更加专注于身体的议题明确地区分开，并非总是一件易事。和自我一样，身体也不再被视为一个固定不变的生理学实体，而是被深 218
深地卷入现代性的反思性中。身体曾经只是自然的一个方面，其运行受制于极少受人干涉的物理规则。身体是一种“给定之物”，它为自我提供了一个不甚便利且不甚充分的所在。随着抽象体系对身体的逐步侵入，所有这些都已发生改变。和自我一样，身体也变成了互动、获取、再获取的场所，并起到将反身性的行为过程与系统化的专家知识相联结的作用。身体自身已获得解放，这是它进行反身性重构的基础。身体曾被认为是灵魂之居所，后来又被视为黑暗和堕落之集散地，这些经历都使得身体现如今完全能够承受极盛现代性带来的巨大影响，身体的边界遂发生了改变。在某种程度上，它拥有了一个完全可被预计的“外层”，自我的反身性投射和外部形成的抽象体系可经由此外层进入身体。在这两者之间的抽象空间中，便出现了越来越多的有关健康、饮食、外表、运动、恋爱以及其他诸如此类活动的指南和操作手册。

生活政治的理论论争和实践斗争的一个根本构成要素就是对身体过程和身体发育的反身性的获取。在此强调这一点很重要，其目的在于发现身体并非只是一个从属于商品化或福柯所谓之“规训”的惰性实体。如果实际情况真是这样，那身体将首先成为解放的政治之场所，从而问题的核心将变为把身体从被压迫状态中解放出来。在极盛现代性条件下，身体在与自我的关系上远不如以前“听话”，这是因为两者被以私密的方式放置于自我身份认同的反身性投射中。身体本身（一如在实践中被协调起来的那样）与个体所提出的身份认同更加直接相关。一如梅卢奇所言：

> 回归身体即产生了新一轮对身份认同的追寻。身体以一个秘密领域的形式而示人，只有个体才握有开启这一领域的钥匙，并且个体可回到这一领域去寻求一种挣脱了社会规则和社会期待束缚的自

我界定。现如今，身份认同的社会属性侵入传统上曾经为“私人空间”界限所保护的所有领域中。[10]

219 我们认识到，身体“所有权”问题实际上是身体受到抽象体系和自我的反身性投射双重影响之后所产生的一个独特问题。一如前文所言，此处的“所有权”是个较为复杂的概念，它引发了界定“人”这一概念时的所有问题。在生活政治的领域中，这一问题则具体包括：个体如何在生活规划中作出有关身体发展策略的抉择，以及该由谁来决定对身体产物和身体部分进行“处置”。

身体和自我的关联还出现在另一个根本性的领域中，该领域早已被现代性的内部指涉体系彻底渗透，这便是生殖的领域。“生殖”这一术语既可以指代生物学意义上的物种传承，也可以用来指涉某种特定社会延续。这种术语学上的关联性并非偶然，因为“生物学意义的”生殖现如今已全部社会化了。换言之，生物学意义的生殖已被抽象体系所抽空并通过自我的反身性而获得了重构。很显然，生殖从来都不是单独由外部来决定的事情。例如，在所有前现代文化中，人们使用过各种不同的避孕方法。尽管如此，生殖领域在很大程度上仍无可避免地要听从命运安排。随着完全保险的避孕方法的出现、对性生活的反身性控制以及各种各样生殖技术的引进，现如今，生殖也成为一个充满多元选择的领域。

“生殖取决于命运的终结”与“自然的终结”密切相关，因为直到现在，生殖占据着人与相对无涉的自然之关系的其中一极，而死亡占据另一极。基因工程学使原先作为一种自然过程的生殖开始解体，而它的潜能才刚开始被开发。基因传递便可通过人工手段来实现，这也会因此而切断物种生命和生物进化之间最后的纽带。在这一过程中，自然消失了，新兴的决策领域不仅直接影响生殖进程，而且还影响到身体的物理构成以及性特征。因此，这样的行动领域又反过来与性别和性别身份认同的问题以及身份认同形成之其他过程相互关联。

生殖技术改变了生育与绝育之间经年历久的对立。人工授精（artificial insemination）和体外受精（in vitro fertilisation，IVF）几乎完
220 全把生殖从传统的异性交媾中分离出去。不孕不育者能再次受孕，各种

各样的代孕父母也因此变得可能。例如，同性恋伴侣所获得的生育和抚养子女的机遇，仅仅是这些技术创新所带来的多样化生活方式的一种。性不再和生殖有必然联系（反之亦然），这一事实使得人们要重新调整性与生活方式的关系（尽管在很大程度上只有通过反身性获取这一渠道才能实现）。

生殖技术领域现如今已引入的或不久即将研发出来的各种选择，为生活政治的机遇和挑战提供了鲜明的实例。1978 年 7 月 25 日路易丝·布朗（Louise Brown）的诞生标志着人类生殖历程中的一个重大转折。人类审慎的建构被首次用于创造新生命，而非通过诸如避孕等手段来控制生命。体外受精使用的是许多现存的技术，但是这些技术得以使用的前提则是在人体外让卵子受精这一创新。更进一步的发展就是植入前的性别筛选。通过体外受精的手段，有可能通过 DNA 放大技术将一个“已确定性别的”胚胎移入某位女性的子宫。雄性胚胎和雌性胚胎可通过这一技术加以甄别，那么被植入的胚胎则可拥有父母心向往之的性别。此外，还有胚胎冷冻技术。这一技术使得胚胎可被无限期保存，同时能让人不必再进行卵巢刺激及卵子收集就能获得多次受孕的机会。因此，同卵孪生双胞胎的其中一个可以间隔数年再降生。

人类生殖的可行性控制手段的进一步发展还包括体外发育技术和克隆技术。体外发育技术，是指完全在人体之外创造并培育一个新的人类生命的技术，即无须怀孕的生育。而克隆，则指创造在基因结构上完全相同的个体。尽管这仍显得比较奇幻，但也已接近现实，并在动物实验中已经获得成功。[11]

个体的生活与全球的需求

到目前为止，所有关于外在于自我的社会关系世界的讨论都主要集中在它们对自我身份认同和生活方式的反身性影响这一方面。然而，个体的决策也会造成全球范围的影响，这种情形下的关系链便是从“个 221

体”到“全球”。社会化的生殖将个体决策与地球物种的延续联系在一起。当物种繁殖不再涉及性的时候，未来物种的繁衍将不再有保证。全球人口增长被纳入内部指涉体系中。一系列个体决策过程经由这些体系而相互关联，其有可能产生的不可预期性堪比其他社会化秩序。生殖变成了一个可变的个体决策，它对物种繁衍有可能造成不可估量的长期影响。

我们还能找到生活方式选择和全球性影响之间的进一步联系。让我们考虑一下全球生态与减少核战争风险等相关话题。在讨论生态学问题以及与之相关的政治论题时，我们首先要问的是，为何在当下它们成了人们关注的焦点问题。部分答案可在日益累积的证据中找到，即我们所生存的物质环境已经处于日益广泛且深远的衰退中，而且远远超出我们先前所预期的情形。但是，人类对此问题的态度转变也是相当彻底的。这是因为“自然已经终结”这一事实早已不再局限于专家认知范围内，一般的公众也都知晓了。对生态问题日益激增的关注最明显的部分就是，承认生态环境之改善依赖于采取新的生活方式。截至目前，绝大多数生态破坏皆源于世界上已经进入现代化的社会所采纳的那种生活方式。生态问题突出了新的以及日益加速的全球体系的相互依赖，也让每个人认识到个人活动与全球问题之间的深层联系。

222 要解决由地球生态系统的破坏而带来的问题，一方面，尚需远不同于个体行动层面上的全球协调；另一方面，如果没有每个个体的反应和调适，那么这样的威胁也不可能得到有效的遏制。若想使我们现在面临的生态风险最小化，那么生活方式上的广泛变革以及不再强调持续的经济积累都是非常必要的。在复杂交错的反身性中，对目前正在改变我们生态形式的那种体系之性质的反身性认知，则既是必要的，也是可能的。

核动力的问题是所有这些关注的核心问题，并且将更普遍意义上的生态问题与核武器之存废联系了起来。有关是否应该继续修建核电站的争论，以及这些核电站建成后与现存的常规能源之间的关系的争论，就是生活政治领域所涌现的诸多问题的几个例证。这些问题会带来后果严峻之风险，有些源于长期、累加因素，有些则是更为即时性的影响。此处，对风险水平的技术性估算并非完全无懈可击。这是因为一方面它们无法完全控制人为因素之误差，另一方面尚存在许多不为人知的因素。假设某人想对有关核动力问题的争论有更深入的了解，那么他便会发现，与其他抽象体系所普遍影响的领域一样，在这个问题上，专家们的观点存在根本分歧。除非有其他新的技术创举出现（目前为止尚不为人所知），否则，如果全球经济增速仍保持当今的速度或更快的速度，那么核动力的广泛使用就无法避免。

无论是在某个国家或地区还是在更大范围内减少对核动力的依赖，或试图彻底消除核动力源，都会引发生活方式的实质变迁。正如在内部指涉体系扩展的其他领域，没有人能确定现存的核动力源对人类生活和自然环境究竟已经造成了多大伤害，在证据方面尚存有巨大争议。让我们再次回到有关社会生物学和生殖的私人问题上来。一如某位学者所指出的，“我们的精子，我们的卵子，我们的胚胎，以及我们的孩子”都 223
处在与“濒临中毒”作斗争的“前沿”。[12]

一如“深层生态学”的提倡者所主张的，改变单纯经济积累的做法或许可以用个人成长来取代不受约束的经济增长。此处，个人成长即自我表达和创新潜能的培养。因此，自我的反身性投射可能就是从当前秩序向全球化秩序的转型过程中非常重要的一个环节。核战争威胁也与自我的反身性投射相关联。一如拉希所言，两者都把“生存”问题摆在最为明显的位置。当然，我们同样也可以认为，两者都增大了和平的可能性，即全球范围内人与人之间和谐共存以及个人层面心理上获得的自我实现的回报。核武器问题进入生活政治领域，既含有积极意义，也含有消极意义。它清晰地表明了个人问题与全球问题高度相关，因为这与潜在的生态危机一样，地球上的人类均无处可逃。军事技术变得越来越复杂，有关该技术的一系列专家体系发展到如此高精尖的程度，以至于对外行人来说很难获取专业知识（当然这部分是由武器系统研发的保密性所致）。然而，这个过程让核战争的爆发不再仅仅是军事专家或政治领袖们所考虑的问题，而是对每个人的日常生活都会产生强烈影响的事件。若以消极意义视之，核对抗的危险与生活政治领域其他重要方面一起，将激发人们以反身性方式认知自然的社会化及其对个人生活的影响。

小结：生活政治的议程

生活政治问题给现代性的内部指涉体系画上了一个问号。现代制度的解放的影响催生了生活政治的议程，后者则揭示了纯粹依内部标准而进行的决策过程的局限性，因为生活政治又重新凸显了现代性核心制度所体现的那些道德性和存在性问题。此处我们明显感到“后现代性”解释力上的局限性，而这一解释模式又直接源于后结构主义思想。依据这种观点，道德问题在当前社会的情境下已经完全没有意义或与之毫无关系。虽然这一观点确实反映了现代性内部指涉体系某些方面的具体问题，但它未能解释为何道德问题又重新回归生活政治的核心议题地位。对生活政治问题的讨论不应脱离抽象体系的范围，这是因为从各种各样的专家知识中获取的信息对这些问题的定义至关重要。但由于这些专家所关心的也是我们应该如何在解放的社会情境下继续我们的生活，故他们也不得不突出道德性和存在性问题的重要意义。生活政治问题为那些受制度压抑者的回归提供了核心议程。它们呼吁对社会生活进行再道德化，并且使现代性制度以系统化方式消解的问题再度敏感起来。

224

现在，我们要对前文的讨论作一番系统总结和梳理。生活政治的议程源于现代性的内部指涉体系之延伸，它涵盖了不同领域。第一个领域便是自然。抽象体系对自然的入侵把外在于人类知识和行为的大自然带向了终结。但是，人类极度扩张的对自然的控制（与其他领域一样产生了新的不可预期）也已经达到了其极限。这种情况与其说体现在由此而带来的环境恶化和崩溃中，还不如说体现在重新引入外在于现代性抽象体系的争论的刺激因素上。换言之，被压抑的存在性问题不仅与自然相关而且还与存在本身的道德参数相关，它迫使自己重新回归生活政治的议事日程。当然，这一回归过程不是自动完成的，在日常生活层面以及在集体斗争层面，道德性和存在性问题被人为地重新恢复并推送至公共讨论领域。这些讨论所关涉的具体的道德领域，不仅包括人类应该如何行事以保证自己继续存活于大自然中等问题，而且还包括存在本身应该如何被把握和“被感知”（lived），而这就是海德格尔所提出的“存在的问题”（question of Being）。“自然的终结”引发了许多值得考虑的新问题，这是因为固有的组织领域已经变得非常广泛了。一如其他实质的道德性问题，所有这些都在某种程度上涉
及了生活方式的选择问题。它们既提出了颇有分析难度的问题，又设 225
置了两难的道德困境。

第二个领域是生物学意义上的生殖。在主流现代性观点看来，生殖是一种机械现象，即一种基因发挥作用的过程。但是从道德角度视之，生殖引发了生存矛盾之问题。此处主要涉及的道德问题是超越（transcendence），即人类如何无限接近自身之限度的问题。一如其他每个领域，如何解决在生活方式的选择上所附着的更为本质的道德性问题，取决于生存矛盾问题和有限性问题的处理之道。例如，一个胎儿拥有何种权利这个问题，既是一个道德问题，也是一个分析问题，它与人们对“生命”一词内涵的理解密切相关并受其影响。

全球化是现代性内部指涉体系扩展的第三个焦点领域。一如本书所始终强调的，全球化秩序的勃兴意味着我们现如今生活“于其中”的世界与先前时代的世界已大不相同。全球化进程把整个人类共同体结为一个统一体，这部分是因为后果严峻之风险的出现使得地球上的每个人都无法逃避这种风险。于是，新型合作方式亟待出现。然而，各国虽普遍一致地认可这种需要，但在一个由差异性极大的民族—国家构成的世界中，这种新型合作方式的发展也才刚刚起步。鉴于后果严峻之风险因素，全球化所引发的实质的道德性问题部分是“遏制性的”。我们是否应该把极端怀疑原则视为例外？我们是否应该给不受约束的科学探索加以限定？我们是否应该把拥有核武器谴责为道德上理屈的行径？这些问题影响着整个人类的生存，因此也冲击着我们的“存在”。但是它们也和互为主体性这一更为根本的存在性问题密切相关。

最后一个领域，我们回到自我身份认同，并通过自我和身体的内部指涉体系而对其进行集中论述。现代性的抽象体系彻底渗透了自我和身体，并使之成为各种各样新型生活方式选择的检验场。直到它被现代性核心观点所主导时，自我的投射仍然是一种控制，仅依据“真实性”原则即可实现。然而，鉴于其关涉人们的私密感受度，这种投射成为将日
226 常生活重新道德化的根本推动力。生活政治议程的实质问题集中在整体人类权利和个体权利（rights of personhood and individuality）之上，而后者又反过来与自我身份认同的存在性维度密切相连。

相关性与意义

“生活政治”中“政治”的含义是什么？在政治学理论中，我们通常把政治的概念分为狭义概念和广义概念。前者是指国家的政府领域中的政策制定过程；后者则把任何形式的政策制定都视为政治的，只要这些政策的制定过程涉及解决和处理不同利益或不同价值之间的争论或冲突。生活政治既是狭义的政治，也是广义的政治。

狭义的政治之所以存在，主要是因为民族—国家及其政府机构仍然占据着世界政治的舞台。单个的民族—国家无法制定出能对生活政治的问题进行有效管理并在更广泛的共同体中均能适用的政策。例如，某一国家制定的规范基因工程研究的政策几乎无法对该领域在全球范围的科学发展产生影响。某国政府可能会在其领土范围内禁止使用核动力，但如果其邻国仍坚持使用核动力，那么该政府的这一举措也几乎无法保护其人口的安全。但是，生活政治的所有问题都涉及权利和义务的问题，而到目前为止，国家仍是以法律途径来解决这些问题的主要场域。生活政治问题有可能会赋予国家的行政和司法领域更大的重要性。一如前文所言，对解放的权利之需求因此就不那么重要了。例如，保持和扩大公民权仍是最根本的，因为这些权利保证了生活政治问题得以为民众公开辩论。

存在性问题与生活政治 227

领域	道德场域	内部指涉体系	实质的道德性问题
存在	生存和存在	自然	1．人类对自然应负有何种责任？ 2．环境伦理的原则包括什么内容？
有限性	超越	生殖	1．未出生者有何种权利？ 2．胎儿有何种权利？ 3．基因工程应遵循何种伦理原则？
个体和集体生活	合作	全球体系	1．科技创新应被置于何种限度内？ 2．人类对暴力的使用应在何种限度内？
自我身份认同	整体的人	自我和身体	1．个体对其身体有何种权利？ 2．性别上的差异应该维持其何种具体内容？ 3．动物拥有何种权利？

以广义的政治概念视之，生活政治的问题在晚期现代性时期扩散至社会生活的方方面面。这是因为，抽象体系的延伸和自然进程的社会化在个体层面和集体层面均提供了大量的选择。我的目的并非详细描述生 228
活政治在这一广义概念上可能的制度化范围。社会运动在把生活政治问题凸显出来并进而使其受到公众关注的过程中发挥了基本作用。这些社会运动可否被视为政治活动领域中组织变迁的先驱，仍是一个有待商榷的问题。[13] 在晚期现代性时期，以反身性方式对未来进行殖民的企图几乎遍布全球，而在这个过程中各种各样的个体行动和集体行为都可能形塑生活政治的问题。现存的政治框架并不能轻而易举地承载生活政治的问题，故这些问题会在国家和全球层面催生出不同于现存框架的新型政治形式。

到目前为止，解放的政治已被描述成似乎仅仅是为生活政治的勃兴做了基本的铺垫工作。不过，解放的政治与生活政治两者之间关系的复杂性远超过上述观点所指出的那层意思。即便生活政治将会涵盖所有政治议程中的绝大多数，解放的政治也不会走向终结；这是因为，本质上讲，生活政治的所有问题均会引发一种解放的政治。在晚期现代性时期，对自我实现手段之获取本身就是更普遍意义上的阶级分化和分配不平等的重要主题之一。推动现代性扩张的主要驱动力之一便是资本主义，它是一个阶级体系，而且会在全球范围和经济发达国家产生严重的物质上的不平等。因此，那些有助于调适“不受约束的”资本主义市场的极化效应的解放斗争，直接关乎生活政治所努力追求的目标。

解放的政治常常不止于仅仅为生活政治的考量“铺路搭桥”。我们可以通过以下两个具体实例来探究其可能的其他联系：女权主义运动与第一、第三世界之划分。

女权主义运动具有明确的解放的目标。其目的在于，将女性从传统的束缚中解放出来，并使她们能和男性一样以平等身份参与先前为男性所主导的社会活动。一如前文所指出的，妇女运动在其发展的较早时期，解放的意义居于支配地位。当然，其他一些考量在运动发展早期也
229 已出现。当妇女运动在 19 世纪掀起风起云涌的浪潮时，就已有人提出，最重要的并非仅仅是纯粹的解放。他们认为，要让女性发出的声音被社会倾听，既需要女性自己的努力，也需要社会生活实际构成的深刻变迁。当女性最终在性别平等的基础上进入由男性主导的社会领域中时，伴随她们而来的女性的价值观和态度将会给这些曾经的男性领域带来巨大冲击。

曾有人指出，在所有的社会变迁中，女性的解放或许给社会中的进攻性带来了一定程度的影响，并且也或许有助于改变人们固有的对待自然环境的态度。因此，早期和晚期的女权主义者都注意到军事权力和战争是男性所主导的领域这一现象。传统的勇士价值观总是男性价值观，这和女性的主要关注点在家务及家庭中形成鲜明对照。直到最近，大多数军队都还是完全由男性组成，而且在战场上的作战也绝对是男性的事情。这样一来，甚至在核武器时代，军事权力和对战争的偏好是否仍直接与男性的进攻性特征联系在一起？毕竟，暴力是男性的专长。和战争类似，强奸也几乎完全是男性的活动。[14] 随着女性日益获得与男性同等的地位，尤其是随着女性在公共领域中显得越来越重要，她们将有可能改变曾经由男性创造的、被视为战争和男性进攻性特征基础的那些价值体系。故有人认为，女性将会把养育的价值观融入先前从属于男性较为暴力的行为方式的生活领域中去。[15]

某些女权主义者们也认为，对待自然、技术甚至科学的普罗米修斯式的态度也同样反映出男性的倾向。男性对整个世界的态度在本质上是工具主义的，其基础是支配和操控。女性对此的观点则大为不同，她们与自然的关系也与男性形成鲜明对比。[16] 抚养子女及其他一些女性承担的养育任务，能让女性比男性更紧密地与自然的生殖过程联系在一起。从这一点来讲，生物学和生殖的社会化，会被视为男性控制对这个本质上为女性所考量的领域的进一步渗透。在把自身从男性主导中解放出来的过程中，女性凭借自身的存在将会改变人与自然的关系。 230

上述观点并非没有争议，实际上，很多人都不同意这些观点。[17] 如果有关性别差异的“本质主义”理论被抛弃，那么认为女性将通过自我解放而对军事权力的性质或自然的社会化产生实质性改变的观点便无法立足了。其原因正如诸多女权主义作家所认为的那样，主要是由于“男人”和“女人”之间不存在一般性的差异，而且两个范畴之间的具体差别往往盖过了两者一般性的共有特征。不过，这些观点是否有理有据并非此处的重点，重点在于，我们能够设想一个情境，在这个情境中，由于随之出现的变迁，解放会直接影响到生活政治的问题。

接下来让我们看看第一世界国家和第三世界国家的划分。没人会质疑若想实现长时段的全球安全，那么消除全球不平等便是非常重要的。解放的进程必须要切实推进，不过此时能实现最终解放的机制尚不凸显。我们似乎很难认定，富国与穷国之间的差距可以通过更大范围的进一步全球工业化来减少。姑且不考虑这一过程将可能导致全球生态的每况愈下，如果我们所有人都效仿第一世界国家的那种生活方式，我们也没有充足的资源来支撑。因此，穷国的解放只有在富国的生活方式发生极大改变的前提下方能实现。所以，解放要以生活政治的转型为预设前提。

解放的政治和生活政治之间的联系是否有普遍意义上的模式呢？卡尔·马克思在其为解决“犹太人问题”而设计的著名构想中曾经提出过一个一般性模式。[18] 卡尔·马克思认为，那些为把犹太人从宗教压迫和残害中解放出来而战斗的人，并非纯粹因为其教派利益。因为在把犹太人从这些压迫中解救出来的过程中，他们实际上也解放了全人类。但

我们似乎可以将这个原则再往前推进一步：解放被压迫者的斗争将有助
231 于解放其他人，在这个过程中相互容忍的态度会得到大力提倡，而这也将最终对所有人大有裨益。

我曾经不止一次地指出，生活政治的勃兴，源于晚期现代性时期自我的反身性投射之核心作用，以及现代性内部指涉体系的延伸之矛盾本性。自由选择生活方式之能力是得自于后传统秩序的一个根本性裨益，不过，它与解放的障碍以及广泛的两难道德困境都存在剑拔弩张的紧张关系。任何人都不应低估人们在处理这些关系时所面临困难的艰巨性，甚至也不应低估以达成广泛共识的方式来对其进行系统阐述时所遭遇的那种困难。[19] 我们如何才能对社会生活予以再道德化而又不致落入偏见？我们越是回到存在性问题，就越是能发现道德上的分歧，两者如何才能一致？如果不存在超越历史的伦理原则，人类又该如何以非暴力的方式来应对“真正的信仰者”之间的冲突？对这些问题的回答，毫无疑问既需要我们对解放的政治进行重构，又需要我们对生活政治的目标进行不懈追求。

注 释

［1］Theodore Roszak，*Person-Planet：The Creative Destruction of Industrial Society*（London：Gollancz，1979），p.xxviii.

［2］参见 Jürgen Habermas，*Knowledge and Human Interests*（Cambridge：Polity，1987）关于这一议题的经典论述。

［3］参见 David Held，*Models of Democracy*（Cambridge：Polity，1987）的结论章。

［4］John Rawls，*A Theory of Justice*（Oxford：Clarendon，1972）.

［5］Jürgen Habermas，*Theory of Communicative Action*（Cambridge：Polity，1987）.

［6］Barbara Sichtermann，*Femininity：The Politics of the Personal*（Cambridge：Polity，1986），p.2.

［7］Betty Frieden，*The Feminine Mystique*（Harmondsworth：Pelican，1965）.

［8］Ibid.，p61.

［9］Ibid.，p68.

［10］Alberto Melucci，*Nomads of the Present*（London：Hutchinson Radius，

1989），p. 123.

［11］David Suzuki and Peter Knudtson，*Genethics*：*The Ethics of Engineering Life*（London：Unwin Hyman，1989）.

［12］John Elington，*The Poisoned Womb*（Harmondsworth：Penguin，1986），p. 236.

［13］参见 Melucci，*Nomads*。

［14］Susan Brownmiller，*Against Our Will*（London：Secker and Warburg，1975）.

［15］参见 Jean B. Elshtain，*Women and War*（New York：Basic，1987）。

［16］有关此问题更为精妙的讨论，参见 Carolyn Merchant，*The Death of Nature*（New York：Harper，1980）。

［17］参见 Teresa Brennan，*Between Feminism and Psychoanalysis*（London：Routledge，1989）。

［18］Karl Marx，"On the Jewish Question"，in T. B. Bottomore，ed.，*Karl Marx*，*Early Writings*（New York：McGraw-Hill，1962）.

［19］这些问题是我筹备中的另一本书的主题，即《历史唯物主义的当代批判》的第三卷。当然，它同时也是本书的姊妹卷，将更多地关注现代性的制度性参数而非自我的领域。

概念词汇表

抽象体系（abstract system）：由象征标识和专家体系构成。

基本信任（basic trust）：对他者及客观世界的持续性的信任，源自人在婴儿时期的经历。

身体的行为举止（bodily demeanour）：个体在日常生活场景中的程式化行为，涉及用外表体征来创造自我的独特印象。

拼贴画效应（collage effect）：电子通信文本和形式中异质性知识或信息的并排呈现。

对未来的殖民（colonization of the future）：未来诸多可能性的创建，受反事实推理的影响。

日常生活的去技能化（deskilling of day-to-day life）：本土技术从抽象体系中被剥离并进而在技术知识的背景下被整合的过程，去技能化通常伴随着一个补充性的再建构过程。

本土和全球的交互辩证（dialectic of the local and global）：本土活动与全球趋势之间的对抗性互动。

脱域（disembedding）：社会关系从本土场景中的解脱，进而在无限的时空距离中再重组的过程。

解放的政治（emancipatory politics）：免于剥削、不平等和压迫的政治。

存在性矛盾（existential contradiction）：人类之于自然世界的一种矛盾关系，具体而言即人类作为有限的物种是有机世界的构成部分却要逆反于这个世界。

存在性问题（existential questions）：有关存在的基本维度的疑问，既包括人类生活也包括物质世界，人类通过其日常行为对这些问题进行“作答”。

专家体系（expert system）：专家知识构成的体系，依赖人与人之间可转移的程序性规则而存在。

外部标准（extrinsic criteria）：施加于社会关系或社会生活的影响，但这些关系或生活并不受现代性的制度反身性所制约。

决定性时刻（fateful moments）：需要作出能产生重要后果的决定之时刻，或需要采取相关行动的时刻。

后果严峻之风险（high-consequence risks）：对大多数人能造成普遍性重要影响的风险。

极盛（晚期）现代性（high or late modernity）：现代制度发展的当前时刻，特征是现代性基本特质的极致化和全球化。

历史真实性（historicity）：利用历史去创造历史，这是现代性的制度反身性的重要方面。

制度反身性（institutional reflexivity）：现代性的反身性，包括将新知识或新信息以常规方式整合进行动的场景中，这种场景因而得以重组或重构。

内部指涉性（internal referentiality）：社会关系或自然世界的相关部分按照内部标准以反身性方式被整合的具体场景。

生活规划（life-planning）：生活方式的策略性选择，以个体规划好的生命历程呈现出来，通常会凸显出对风险的关注。

生活政治（life politics）：实现的政治，以本土与全球的交互辩证以及现代性内部指涉体系的出现为实现场景。

生活方式的构成部分（lifestyle sector）：个体所有活动在某个时空切面的一部分，包含一组相对一以贯之的社会实践。

可传递经验（mediated experience）：具有空间上长距离、时间上长时段影响力的人类可感知的经验。

自我的叙事（narrative of the self）：人们以反身性方式来理解和认

知自我身份认同的那些故事，包括个人故事以及他者故事。

本体安全感（ontological security）：事件的一种延续感和秩序感，包括那些不直接为个体所感知的部分。

开放的人力控制（open human control）：人类对社会和对自然界展开的面向未来的干预，对未来的殖民要以风险评估为依据。

变幻不定的场域（place as phantasmagoric）：场域的本土特性被远距离社会关系所影响并进而依据后者重组之过程。

激情的私人化（privatization of passion）：激情被限定于性领域以及该领域和公共视野相分离之过程。

保护壳（protective cocoon）：一种防御性保护措施，过滤掉潜在的危险，这种危险在心理上植根于基本信任而且会对外部世界产生威胁。

纯粹关系（pure relationship）：一种具有内部指涉性的社会关系，在根本上依赖于对这种关系的满意度或收益。

自我的反身性投射（reflexive project of the self）：自我身份认同被自我叙事的反身性排序所建构的过程。

规则（regimes）：规范化的行为模式，该模式与身体特征的培育和延续相关。

风险文化（risk culture）：现代性的一个重要的文化面向，对风险的意识构成了对未来进行殖民的媒介。

风险情形分析（risk profiling）：在给定的行动场景以及当今技术知识的大背景下对风险要素所作的描绘性分析。

自我身份认同（self-identity）：个体通过其自我经历以反身性方式所理解和认知的自我。

时空分离（separation of time and space）：虚空的时间维度和虚空的空间维度之解脱，使跨越广阔时空领域的社会关系之脱域化成为可能。

经验之封存（sequestration of experience）：日常生活与能引起存在性问题的经验之间的分离，尤其是那些与疾病、疯狂、犯罪、性和死亡相关的经验。

象征标识（symbolic tokens）：一种交换媒介，具有标准价值，因而在多元场景中其指代意义可相互替换。

自我的发展轨迹（trajectory of the self）：现代性条件下形成的特定的生命周期，依据这一轨迹，人以反身性方式形成的自我发展遂具有了内部指涉性。

信任（trust）：对人和对抽象体系的信心，建立于“信仰”之上，这种信仰祛除了忽视或信息之匮乏。

周遭世界（umwelt）：一个现象世界，个体在其中总会惯常性的接触到潜在的危险和警报。

索　引

斜体字页码表示该词出现在文中图表中

Index compiled by Meg Davies (Society of Indexers)

《现代性与自我认同：晚期现代中的自我与社会》一书翻译自 Anthony Giddens 的著作 Modernity and Self-Identity：Self and Society in the Late Modern Age

This edition is published by arrangement with Polity Press Ltd.，Cambridge

图书在版编目（CIP）数据

现代性与自我认同：晚期现代中的自我与社会 /（英）吉登斯著；夏璐译. —北京：中国人民大学出版社，2016.4

（当代世界学术名著. 政治学系列）

ISBN 978-7-300-22087-1

Ⅰ. ①现… Ⅱ. ①吉…②夏… Ⅲ. ①社会学 - 研究 Ⅳ. ① C91

中国版本图书馆 CIP 数据核字（2015）第 261639 号

现代性与自我认同：晚期现代中的自我与社会

［英］安东尼·吉登斯（Anthony Giddens） 著

夏 璐 译

Xiandaixing yu Ziwo Rentong

出版发行	中国人民大学出版社		
社 址	北京中关村大街 31 号	**邮政编码**	100080
电 话	010-62511242（总编室）		010-62511770（质管部）
	010-82501766（邮购部）		010-62514148（门市部）
	010-62515195（发行公司）		010-62515275（盗版举报）
网 址	http://www.crup.com.cn		
经 销	新华书店		
印 刷	北京宏伟双华印刷有限公司		
规 格	155 mm×235 mm 16 开本	**版 次**	2016 年 4 月第 1 版
印 张	15.5	**印 次**	2023 年 3 月第 5 次印刷
字 数	221 000	**定 价**	68.00 元